GABRIELA HARNISCHFEGER

LIFE CHANGING TRIATHLON

südwest

Dieses Buch widme ich meinen drei Töchtern, Adina Salome, Darleen und Sarah-Maria.

Es war sicher nicht immer leicht für euch, da der Sport unser Familienleben stark geprägt hat und ihr auch immer wieder auf mich verzichten musstet.

In früheren Jahren habt ihr mich manchmal auf Trainingsstrecken begleitet, was für mich sehr schön war. Aber gerade auch in den letzten Jahren habe ich mich über deine Begleitung, Darleen, und auch über deine vielen Ermutigungen gefreut!

Und mein besonderer Dank gilt natürlich auch dir, Adina, für die tollen Fotos und die zahllosen Stunden. Ich bin sehr stolz auf euch!

Mein Dank gilt außerdem meinem Ex-Mann Peter, der mich viele Jahre lang unterstützt und begleitet hat!

Meinem Radlfreund Wolfgang, der sich Tausende Kilometer mit mir den Hintern platt gesessen hat, Franz, der meine Räder in Schuss gehalten hat, Tom und John die mich bei dem Buch mit guten Gedanken und Tatkraft vielfältig unterstützt haben, und Herrn Dr. Weniger, der mich in all den Jahren medizinisch gut behandelt und beraten hat und der mir auch wichtige Hinweise für das Buch gegeben hat. Und natürlich meiner guten Freundin Simone Kreiter, die ich für ihren ersten Wettkampf trainieren durfte und die mir so bereitwillig als für meine Youtube-Videos zur Verfügung stand.

Und nicht zuletzt der Stadt Bobingen und den Mitarbeitern des Aquamarins, die mir zum Training wie auch für die Fotos das Bad zur Verfügung gestellt haben.

INHALT

VORWORT THOMAS KURSCHEID

Die Weltmeisterin (der Altersklasse X) Gabi Harnischfeger macht in Ihrem neuen Buch auf sympathische Weise Appetit auf Bewegung. Auf sehr viel Bewegung – denn sie zeigt sehr anschaulich auf, dass sich mit der richtigen Vorbereitung auch der Späteinsteiger jenseits der 40 einen moderaten Triathlon zutrauen kann.

Sogar der absolute Anfänger wird nach der Lektüre des Buchs wissen, wie er sich über den Schnupper- und den Jedermann- Triathlon auch auf die Olympische Distanz vorbereiten kann. Mit viel Spaß, jeder Menge Selbsterfahrung und ohne seinem Körper zu schaden. Denn als gelernte pharmazeutisch-technische Assistentin schildert die Autorin allgemeinverständlich, aber medizinisch fundiert und ärztlich beraten, was in unserem Körper abläuft, wenn wir laufen, schwimmen und Radfahren. Immer mit Ehrfurcht davor, was unser Körper und seine „körpereigene Apotheke" Außergewöhnliches leisten können.

Um diese Leistung aufzubauen und abzurufen, liefert Frau Harnischfeger aus Ihrer reichhaltigen Erfahrung detaillierte Übungsvorschläge und Trainingspläne. Zudem gibt sie wertvolle Ratschläge zum Thema Ernährung und wie man ein evtl. erhöhtes Körpergewicht gezielt reduzieren kann, um den Körper damit beim Sport (und im Alltag) nicht zu belasten. Hervorragend ist die Betonung des Mental-Trainings, denn erst durch mentale Veränderungen wird aus einem normalen Triathlontraining ein wirkliches „live-changing triathlon"-Erlebnis.

Prof. Dr. Thomas Kurscheid

VORWORT SIMONE KREITER

Als Gabi und ich uns vor gut vier Jahren zum ersten Mal begegnet sind, war ich eine mittelmäßige, übergewichtige Dressurreiterin, die von Migräne geplagt war und unter einer chronischen Nebenhöhlenentzündung litt. Ich buchte bei Gabi Reitstunden auf ihrem Pferd Duende, der letztendlich meine Reitbeteiligung wurde und Gabi und ich richtig gute Freundinnen. Und so lernte ich auch Gabi als Triathletin kennen.

Niemals im Leben hätte ich mich als Triathletin gesehen. Dennoch wurde ich immer neugieriger, wenn Gabi von ihren Wettkämpfen erzählte, und eines Tages packte mich die Neugierde, und ich wollte im Corona-Lockdown das Joggen ausprobieren. Also vereinbarte ich mit Gabi eine Trainerstunde. Und dann passierte das für mich Unvorstellbare: Diese eine Trainerstunde hat mein Leben auf mehreren Ebenen verändert. Es passierte das, womit ich niemals im Leben gerechnet hätte. Mir gefiel das Laufen, nein, ich hatte sogar richtig Spaß daran! Plötzlich nahm ich alles so intensiv wahr. Die schöne Natur, die Luft, einfach alles. Meine erste Joggingeinheit wird mir auch für immer in Erinnerung bleiben (und der Muskeltiger danach natürlich auch). Ab diesem Moment hat sich alles verändert. Ich hatte Blut geleckt. Ich lernte innerhalb von drei Monaten das Kraulen, eignete mir Fahrsicherheit an und steigerte meine Joggingdistanz. Selbstverständlich lief nicht alles immer perfekt, und ich hatte auch schon einmal ein kleines „Runnerslow" oder kämpfte mit meiner Atemtechnik beim Kraulen, aber schlussendlich absolvierte ich dann am fiktiven Wettkampftag die Volkstriathlondistanz innerhalb von 1:22 Stunden. Mein Vorbereitungstraining mit Gabi könnt ihr euch gerne auf ihrem Youtube-Channel ansehen (youtube.com/channel/UCGLIyN1DBn295_QfNSMELqg).

Wenn Gabi von ihrem Triathlonsport als „Life-Changer" spricht, kann ich dem nur voll und ganz zustimmen. Seitdem ich diesen Sport betreibe (und auch auf meine Ernährung achte), habe ich Idealgewicht, wesentlich weniger Migräneattacken und bis jetzt nur eine Nebenhöhlenentzündung gehabt. Ich bin insgesamt mental fitter und stabiler geworden, was mir sowohl in meinem Beruf als auch privat enorm hilft. War für mich früher der Geländeritt eine angstbesetzte Pflicht, ist er heute für mich purer Spaß. Im beruflichen Bereich habe ich zum Beispiel gemerkt, dass ich wesentlich stressresistenter geworden bin, was in der heutigen Zeit auch nicht unbedingt von Nachteil ist. Ich persönlich kann nur jedem empfehlen, sich auf das Abenteuer und dem Life-Changer „Triathlon" einzulassen. Traue Dich, Du hast nichts zu verlieren.

Simone Kreiter

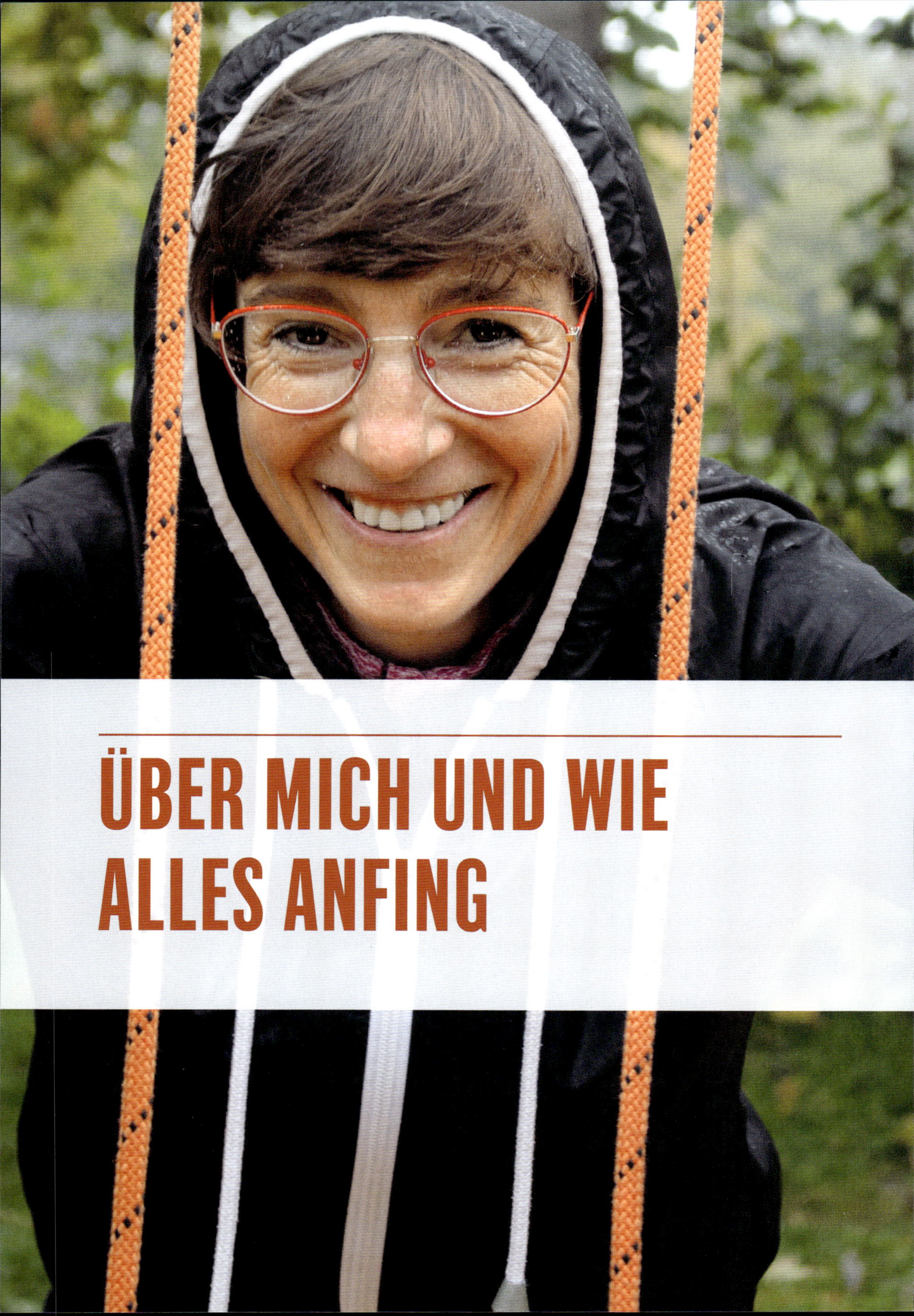

ÜBER MICH UND WIE ALLES ANFING

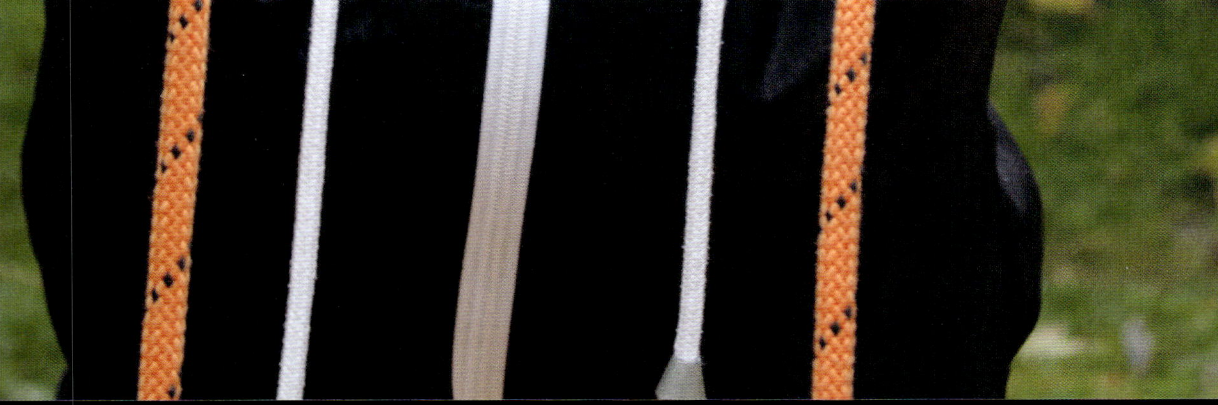

Bewegung war für mich schon immer essenziell, daher wurde ich schon als Kind häufig wegen meines Rumgehampels ermahnt, denn es fiel mir schwer, lange ruhig auf einem Stuhl zu sitzen – und daran hat sich bis heute nichts geändert. Kaum war die Schule beendet, ging's im Galopp nach Hause und weiter durch Wald und Wiesen, denn zutiefst verbunden mit den Pferden, war ich in meiner Fantasie manchmal mehr Pferd als Mensch und in meiner eigenen Welt und deren Geschichten unterwegs. Die Sommermonate verbrachte ich dann täglich im nahe gelegenen Freibad, und anschließend ging es dann häufig in den 15 Kilometer entfernten Reitstall. Da ich kein Geld für den Bus hatte und niemand mich hätte hinfahren können, bezwang ich die anspruchsvolle und bergige Strecke mit dem Fahrrad. In meiner Familie hatte der Sport keine größere Bedeutung, und so war ich auch nie Mitglied in einem Sportverein, außer beim Sonderturnen, wegen meiner Skoliose.

Ich war sportlich, aber ich war keineswegs sportlich ambitioniert.

Erst im Alter von 40 Jahren bin ich in einen Schwimmverein eingetreten, und das auch nur deshalb, weil meine drei Töchter richtig gut schwimmen lernen sollten. Um die Zeit sinnvoll zu nutzen, bin ich dann mitgeschwommen und habe dabei viele neue Erfahrungen gemacht. Das Training war abwechslungsreich, manchmal lustig, aber auch sehr anstrengend, ich hatte den Ehrgeiz, mit den jungen Leuten mitzuhalten, was meist auch funktionierte. Die Idee, an einem Triathlon teilzunehmen, faszinierte mich von Anfang an, und so überlegte ich nicht lange und meldete mich an – Vorkenntnisse hatte ich allerdings keine …

Lebhaft erinnere ich mich an diesen ersten Wettkampf, an 1500 mehr oder weniger sportlich aussehende Teilnehmer, die – erwartungsvoll und genauso aufgeregt wie ich – nach dem Startschuss in den relativ kleinen Kuhsee rannten. Die trübe braune Brühe wurde kräftig aufgewühlt, und ich kam trotz Atemnot und Panikattacken erleichtert aus dem Wasser. In meinem blauen Tankini rannte ich in die nahe Wechselzone, um dann anschließend auf mein Damenrad zu springen, und so ging es weiter auf der 20 Kilometer langen Schotterpiste. Nach recht gefährlichen Überholmanövern war ich froh, trotzdem ohne Sturz wieder an der Wechselzone anzulangen. Die anschließenden fünf Kilometer Laufen waren dann fast ein Kinderspiel, und zu meiner eigenen großen Überraschung wurde ich – ohne relevantes Training! – auf Anhieb Dritte in meiner Altersklasse. Dadurch motiviert, trainierte ich im Folgejahr einfach deutlich mehr, mit dem Ergebnis, dass ich Gesamtsiegerin bei den Damen wurde.

Das war natürlich sehr cool!

In gehobenem Alter neue Talente an sich zu entdecken, macht einfach total viel Spaß, und damit dann auch noch Erfolg zu haben, ist ein Geschenk des Lebens! So entstanden meine Liebe und Leidenschaft für den Triathlon, und es folgten zahlreiche Wettkämpfe, deren Distanzen mit den Jahren immer länger wurden.

Die Teilnahme an einem Ironman kam für mich jedoch viele Jahre lang gar nicht infrage.

Mir reichten die täglichen Herausforderungen in meinen Familienalltag: drei Kinder, ein großes Haus mit Garten, zwei Pferde und zwei Hunde. Dazu kam noch die freiberufliche Tätigkeit als Reitlehrerin, und alles zusammen führte immer wieder dazu, dass ich meine Trainingspläne über den Haufen werfen musste. Wenn Unvorhergesehenes passierte, war meine Flexibilität gefragt, und so war es oft schwierig, alles unter einen Hut zu bringen, und mein Alltag war straff durchorganisiert. Als meine Kinder dann etwas älter wurden und mich auch ab und an beim Training begleiten konnten, wollte ich es dann doch wissen und meldete mich beim Ironman in Regensburg an.

Wo ein Wille ist, ist auch ein Weg!

Aber es war kein einfacher Weg, diese anspruchsvollen Pläne umzusetzen, und ich brauchte sehr viel Disziplin. So erschien es mir manchmal unmöglich, und ich stellte mein Vorhaben immer wieder infrage, vor allem wenn eines der Kinder oder auch der Tiere krank war und meine Familie mich brauchte. Ich versuchte, das Unmögliche möglich zu machen, indem ich bei Wind und Wetter zu all meinen Reitschülern hinradelte. Es waren viele einsame Stunden und einzigartige Erfahrungen, die ich im Training und in den Wettkämpfen für den Ironman sammeln durfte, ich habe in dieser Zeit viel gelernt und möchte es nicht missen. Andererseits bin ich froh, dass es vorbei ist und ich wieder Zeit für andere Dinge in meinem Leben habe. Wichtiger als alle Pokale sind mir Ausgewogenheit, Freude und der Wohlfühlfaktor. Mit zunehmendem Alter realisiere ich die Grenzen meines Körpers und gehe nun achtsamer mit ihm um. An der Begeisterung für den Sport hat sich nichts geändert, und so trainiere ich, wann immer es in meinen Zeitplan reinpasst, nach Lust und Laune. Aber ich muss weder mir selber noch anderen etwas beweisen und genieße meine freie Zeiteinteilung. Jetzt liegt der Schwerpunkt auf der Gesunderhaltung meines Körpers und darauf, der Vielfältigkeit des Lebens Raum zu geben. Für mich ist es nach wie vor ein Highlight, wenn ich neue Städte und Länder erforschen kann – mit Laufschuhen oder auf dem Rad. Im Lauf der Jahre habe ich viele interessante Begegnungen mit Menschen und Tieren auf verschiedenen Kontinenten gehabt.

Das Leben im Triathlon ist spannend.

Es braucht nur ein Paar Laufschuhe, einen Badeanzug beziehungsweise eine Badehose und eine Schwimmbrille, irgendwo findet man auch ein halbwegs funktionstüchtiges Rad, und los geht's!

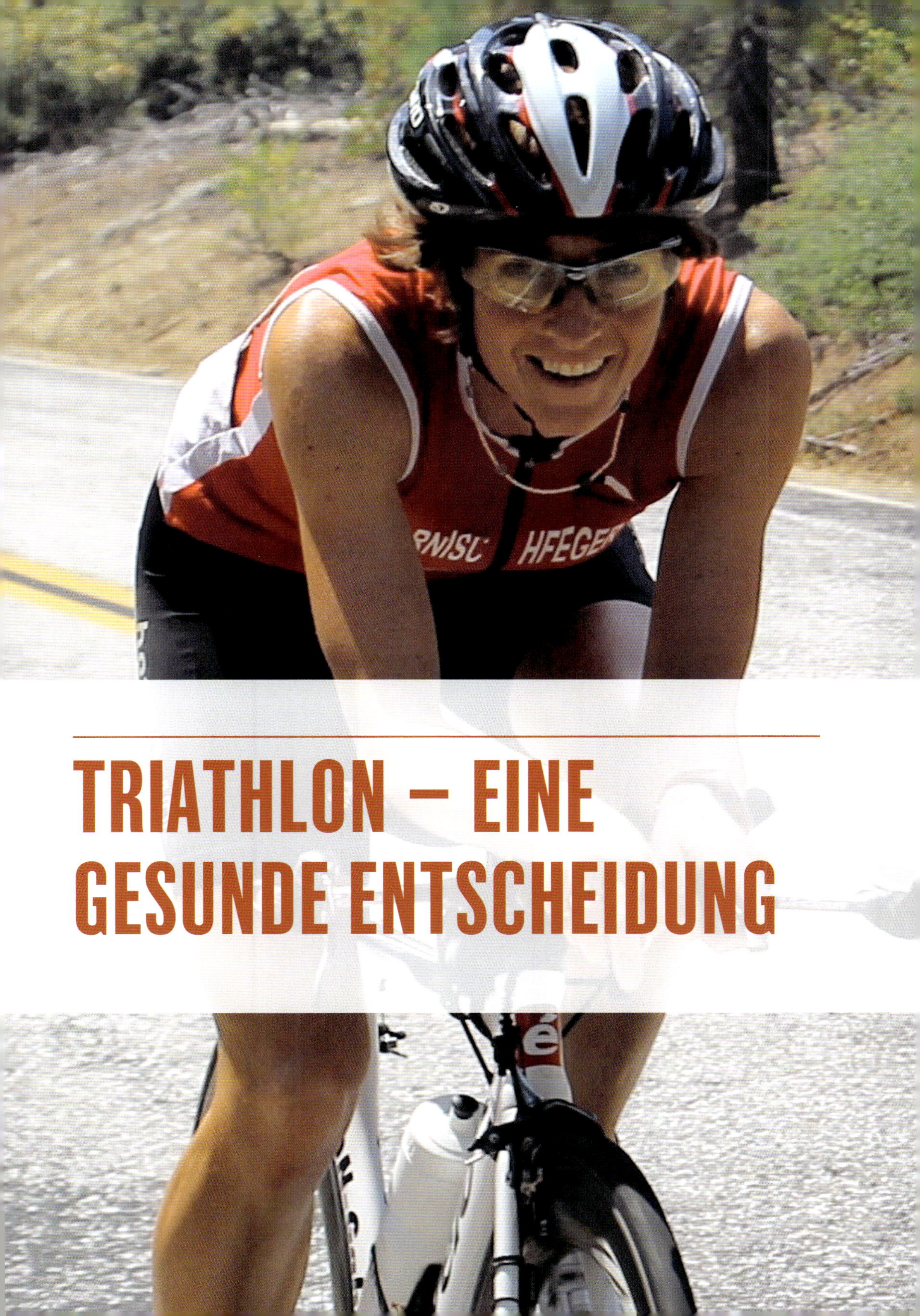

TRIATHLON – EINE GESUNDE ENTSCHEIDUNG

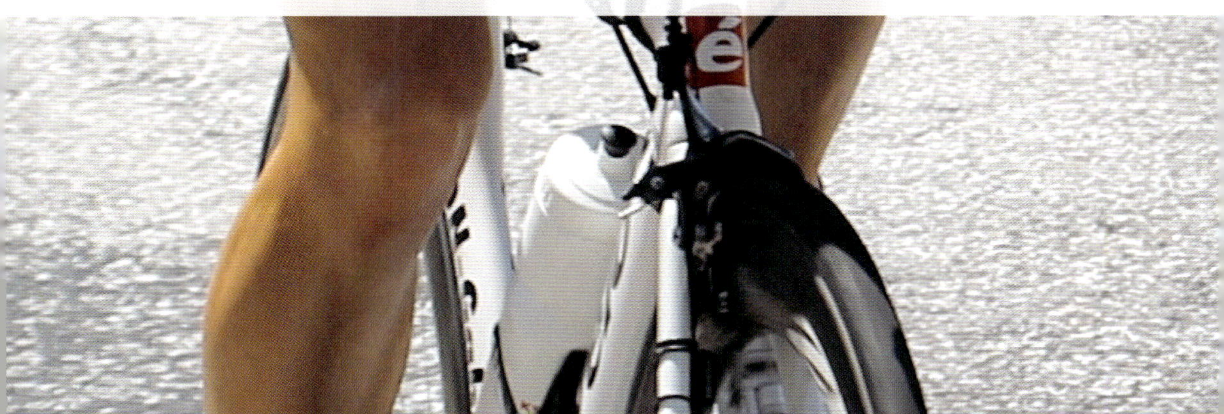

In unserer Gesellschaft arbeiten immer mehr Menschen in sitzenden Berufen oder fahren mit dem Auto oder öffentlichen Verkehrsmitteln von A nach B. Logischerweise ist es bequemer, den Fahrstuhl zu benutzen als die Treppe. Der Alltag ist oft so hektisch und ausgefüllt, dass keine Zeit zum Kochen bleibt, und man sich deshalb halt nebenbei noch schnell einen Döner oder Hamburger einverleibt. Die Folgen dieses stressigen und bewegungsarmen Lebens sind eher schleichend und unbemerkt. So gewöhnt man sich langsam an die Kurzatmigkeit und schiebt sie auf den Abbau im Alter. Müde sinkt man abends auf die Couch und verwöhnt Kopf und Bauch noch mit ein paar Leckereien. Irgendwie muss man sich ja etwas Gutes tun. So sammeln sich die Kilos an, und bis auf den Austausch der Garderobe nimmt das Leben seinen Lauf. Dieser Zustand kann sich über Jahre etablieren, wir bauen mehr und mehr Muskulatur ab, aber dafür gefährliche Fettpolster auf. Irgendwann, vielleicht mehr zufällig, stellt der Arzt einen erhöhten Blutdruck fest, oder die Gelenke schmerzen …

Wenn du deinen Arzt oder deine Ärztin nach den gesündesten Sportarten fragst, werden Schwimmen, Radfahren und Laufen sicher als Erste oben auf der Hitliste genannt. Die Kombination dieser drei Sportarten kann man also durchaus als „Superhit" bezeichnen.

Es gibt mehr als drei gute Gründe, Triathlon zu betreiben, nicht nur, weil Schwimmen, Radfahren und Laufen Spaß machen oder die Teilnahme an einen solchen Wettkampf eine tolle Herausforderung ist.

Die positiven Folgen für den eigenen Körper und für die Psyche sind vielfältig, und die gesundheitsfördernden Aspekte werden mit zunehmendem Alter immer interessanter. In Deutschland gehören Herz-Kreislauf-Erkrankungen mit rund 40 (!) Prozent immer noch zu den häufigsten Todesursachen. Männer sind dabei prozentual stärker betroffen als Frauen. Dafür verantwortlich ist häufig ein ungesunder Lebenswandel. Zu den Risikofaktoren gehören:

- **Rauchen**
- **Regelmäßiger Alkoholgenuss**
- **Übergewicht**
- **Schlechte Ernährung**
- **Bewegungsmangel**
- **Stress**
- **Bluthochdruck**
- **Hohe Cholesterin-Gesamt- und LDL-Werte**
- **Zuckerkrankheit (Diabetes Typ 1 und 2)**

Die verschiedenen Faktoren können zu einer Artherosklerose (Gefäßverengung durch Ablagerungen, früher oft „Arterienverkalkung" genannt) führen, sie zählt zu den häufigsten Herz-Kreislauf-Erkrankungen und entwickelt sich über Jahre oder Jahrzehnte hinweg. Das Gefährliche daran: Wir spüren lange nichts davon. Sowohl ein zu hoher Blutdruck (über 130/90 mmHg) als auch zu hohe Cholesterinspiegel (Gesamt- und LDL-Werte) bleiben häufig lange

Zeit unentdeckt, deshalb ist es wichtig, sich regelmäßig vom Arzt durchchecken zu lassen. Bluthochdruck und erhöhtes Cholesterin stehen meistens in engem Zusammenhang mit einem eher passiven Lebensstil und einer ungesunden Ernährung, beide – vor allem in Kombination – sind dann häufig auch für Übergewicht verantwortlich. Natürlich können auch genetische Faktoren dabei eine Rolle spielen, laut neueren Studien ist das aber eher selten der Fall. Bewegung hilft dem Körper nicht nur, gesund zu werden und zu bleiben, sie wirkt auch dem Alterungsprozess entgegen.

WARUM IST SPORT SO GESUND, UND WAS PASSIERT DABEI EIGENTLICH IN UNSEREM KÖRPER?

Damit wir uns überhaupt bewegen und leben können, ist unser Körper mit 656 Muskeln ausgestattet. Vieles in unserem Körper geschieht mithilfe der Muskulatur von ganz allein. Unser Herz schlägt, wir atmen, der Darm kontrahiert, oder wir bekommen plötzlich eine Gänsehaut. Ohne unsere Muskeln wäre uns nichts möglich, wir könnten nicht einmal lächeln. Unsere Muskulatur kann aber noch vieles mehr, als uns „nur" zu bewegen.

Die dänische Medizinerin Bente Pedersen entdeckte 2007 hormonähnliche Botenstoffe, die sogenannten Myokine, sie werden in Muskelzellen hergestellt und freigesetzt. Sie sind verantwortlich für vielfältige und wichtige Stoffwechselvorgänge in unserem Körper. Mittlerweile weiß man, dass es über 600 dieser Eiweißbausteine gibt, die aber längst noch nicht alle erforscht sind.

Die Wissenschaftlerin hat die Muskulatur zu Recht als „das größte Stoffwechselorgan unseres Körpers" bezeichnet. Ohne jetzt zu detailliert auf die einzelnen Myokine einzugehen, möchte ich dir doch aufzeigen, welche wichtigen Auswirkungen eine gut trainierte Muskulatur auf unseren Körper hat. Die im Muskel produzierten Myokine, deren Anzahl nach sportlicher Betätigung nachweislich deutlich erhöht ist, bewirken unterschiedliche Prozesse:

- **Verbesserter Fettstoffwechsel und Fettabbau**
  Sie kurbeln den Fettstoffwechsel an und und fördern den Fettabbau, das heißt, sie helfen beim Abnehmen. Der veränderte Fettstoffwechsel hilft auch, die gespeicherten hellen Fettzellen in wärmeproduzierende braune Fettzellen umzuwandeln.

- **Positiver Einfluss auf chronische Erkrankungen**
  Da sie die Bildung von Abwehrzellen anregen, haben sie auch eine entzündungshemmende Wirkung. Das wirkt sich sehr positiv auf chronische Erkrankungen aus.

- **Blutdrucksenkend und gefäßschützend**
  Sie fördern die Bildung der Mitochondrien (unserer „Energiekraftwerke" im Zellinneren), die mithilfe von Sauerstoff Zucker in Energie umwandeln. Auch die Faserstruktur der Muskulatur verbessert sich. Sie wird stärker durchblutet, da sich die Blutgefäße verzweigen und dadurch eine bessere Versorgung gewährleistet wird. Das wirkt auch entspannend auf die Gefäßwände, was wiederum einen direkten Einfluss auf unser Gefäßsystem hat: Die Gefäßwände bleiben oder werden wieder elastischer und stabiler. Dadurch können sich die Blutdruckwerte wieder verringern.

- **Positive Wirkung gegen Osteoporose („Knochenschwund")**
  Sie fördern die Neubildung von Knochensubstanz und verbessern deren Stabilität und Dichte, was vor allem für Frauen in und nach den Wechseljahren wichtig ist. Denn infolge der in dieser Zeit immer stärker herabgesetzten Östrogenproduktion („Östrogenmangel") vergrößert sich das Risiko, dass sich die Knochenstruktur verändert und die Knochen an Dichte und Stabilität, das heißt an Bruchfestigkeit, verlieren.

- **Schützt vor Diabetes Typ 2 und verbessert eine bereits bestehende Erkrankung**
  Infolge des aktivierten Stoffwechsels reagieren die Zellen besser auf das Insulin; die Arbeit der Bauchspeicheldrüse wird unterstützt und einer Insulinresistenz entgegengewirkt.

- **Verdauungsprobleme**
  Sportliche Bewegung regt die Darmtätigkeit an, und damit verbunden verbessert sie auch die Durchblutung der Verdauungsorgane. Dies wiederum optimiert die Stoffwechselvorgänge, und durch die Intensivierung der Darmbewegungen (Darmperistaltik) funktionieren die Verdauungsvorgänge besser.

- **Vorbeugung gegen Demenz**
  Auch das Gehirn profitiert von den aktivierten Stoffwechselprozessen und der verbesserten Durchblutung. Zudem bewirken auch die verschiedenen Außenreize und die veränderten Körperpositionen eine stetige Anpassung und Aktivierung. So werden neue Synapsen („Schaltkreise") im Gehirn gebildet, und auch das Gleichgewichtsorgan wird konstant weitertrainiert – auch das wird mit zunehmendem Alter immer wichtiger. Spezifische Myokine fördern den Aufbau und die Vernetzung der Nervenzellen.

- **Gegen Depressionen**
  Mittlerweile sind Sport und Bewegung auch ein fester Bestandteil der Behandlung psychischer Erkrankungen, wie etwa Depressionen. Zum einen haben

die Botenstoffe („Neurotransmitter"), die von den zuständigen Myokinen gebildet werden, einen positiven Einfluss auf unsere Seele, zum anderen bewirken das Licht und die Sonne auch die Bildung von Vitamin D in der Haut, das tut der Psyche ebenfalls gut. Von nicht zu unterschätzender Wichtigkeit ist auch der Aufenthalt im Freien, in der Natur, er heilt und löst die seelische Anspannung.

- **Gegen Stress und dessen Folgen**
  Moderates Ausdauertraining wirkt auch präventiv gegen Stress-Erkrankungen und deren Folgen (etwa Burn-out). Die Bewegung lässt einen innerlich entspannen, man geht auf Distanz zu seinen Alltagsproblemen, und nicht selten kommt man sogar auf konstruktive Lösungen und neue Ideen für belastende Situationen. Ich nutze die Zeit unter Wasser, auf dem Rad oder im Wald oft zu konstruktiven Selbstgesprächen. So höre ich mir quasi selber zu und kann mich gut auf Konfliktgespräche vorbereiten. Genauso hilfreich kann es aber auch sein, sich einer Gruppe anzuschließen und mit den anderen Teilnehmern darüber zu reden, was einen gerade bewegt.

Es ist faszinierend und erstaunlich, wie unser Körper funktioniert, und dass unsere Muskulatur einer großen körpereigenen „Apotheke" gleicht, wenn wir sie entsprechend aktivieren. Der Ausdauersport bewirkt eine bessere Sauerstoffversorgung aller Organe. Der Herzmuskel wird trainiert und gekräftigt, das wiederum senkt die Herzfrequenz. Bei jedem einzelnen Schlag pumpt das Herz mehr sauerstoffangereichertes Blut durch den Körper, und so wird das Ausdauertraining zur besten „Anti-Aging-Strategie"!

Das Wichtigste dabei ist allerdings, seine eigenen Grenzen realistisch wahrzunehmen und in dem Rahmen zu trainieren, der auf den eigenen Körper zugeschnitten ist. Der berühmte Arzt Paracelsus sagte schon im 16. Jahrhundert: „Allein die Dosis macht das Gift". Also gibt es auch ein „Zuviel des Guten", und das wiederum führt zu unschönen Verletzungen des Skelettsystems. Das betrifft sowohl Leistungssportler als auch Gesundheitssportler. Jeder Aktive profitiert davon, achtsam mit dem eigenen Körper umzugehen und auf dessen Signale zu hören. Zudem ist es wichtig, sich gegebenenfalls neuen Bedingungen anzupassen – etwa veränderten Arbeits- oder Lebensumständen – und das Training entsprechend zu modifizieren.

Die Vielseitigkeit der Sportarten verschafft dem Triathlon gegenüber Einzelsportarten einen deutlichen Vorteil bei Prävention und Gesundheitsförderung, da infolge der Verteilung die Anzahl der Belastungselemente deutlich geringer ist.

In diesem Buch werde ich nicht nur auf die drei Einzelsportarten genauer eingehen, sondern lege auch Wert auf eine entsprechende Grundstabilisation und auf Beweglichkeit.

WELCHE ARTEN VON TRIATHLON-WETTKÄMPFEN GIBT ES EIGENTLICH?

SCHNUPPERTRIATHLON
Ca. 200 Meter Schwimmen, ca. 10 Kilometer Radfahren, ca. 3 Kilometer Laufen

VOLKS-, SPRINT-, JEDERMANNS-TRIATHLON
Ca. 500 Meter Schwimmen, ca. 20 Kilometer Radfahren, ca. 5 Kilometer Laufen

OLYMPISCHE DISZIPLIN
Ca. 1500 Meter Schwimmen, ca. 40 Kilometer Radfahren, ca. 10 Kilometer Laufen

MITTELDISTANZ, 70.3
Ca. 2000 Meter Schwimmen, ca. 90 Kilometer Radfahren, ca. 21 Kilometer Laufen

LANGDISTANZ, IRONMAN
3800 Meter Schwimmen, 180 Kilometer Radfahren, 42,195 Kilometer Laufen

Da dieses Buch die positiven Auswirkungen des Triathlons auf unsere Gesundheit zum Inhalt hat, beziehe ich mich nur auf die Streckenlängen bis zur olympischen Distanz. Wer gesund ist und über ausreichend Zeit verfügt, kann sich durchaus auch an längere Distanzen wagen. Doch bedenke dabei: Gerade die langen Distanzen verlangen dem Körper und auch der Psyche extrem viel ab und sind zum Teil nicht mehr als gesund einzustufen. Sowohl deine Lebensumstände als auch deine Gesundheit und nicht zuletzt dein soziales Umfeld entscheiden darüber, ob du mit dir und deinen sportlichen Zielen glücklich und zufrieden sein wirst.

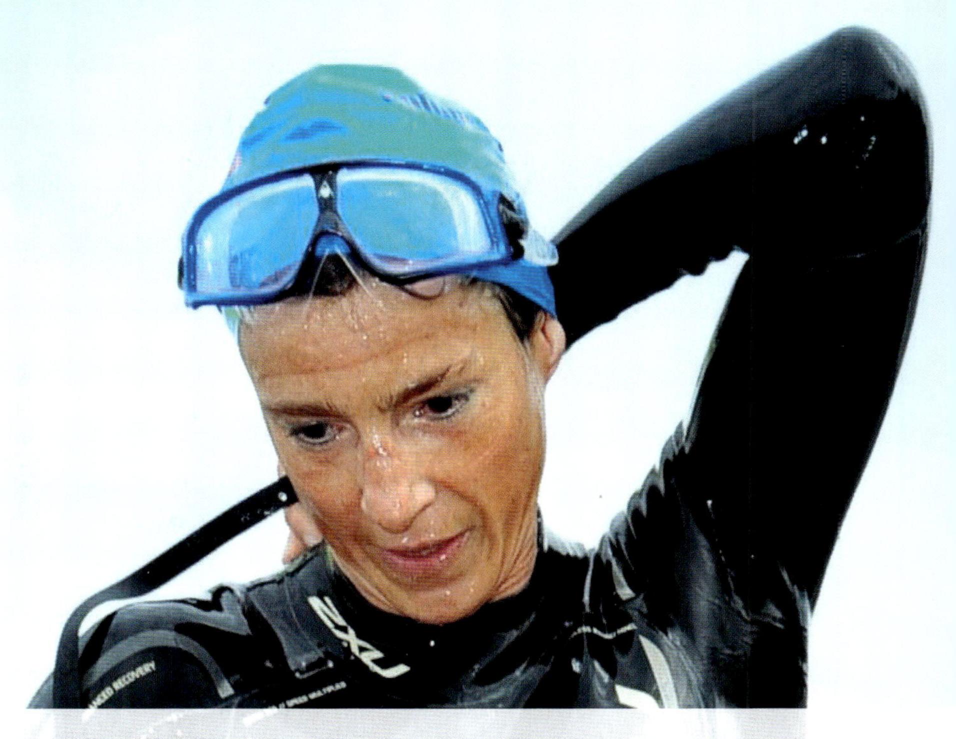

WIE FÄNGST DU AN, UND WELCHER WETTKAMPF PASST ZU DIR?

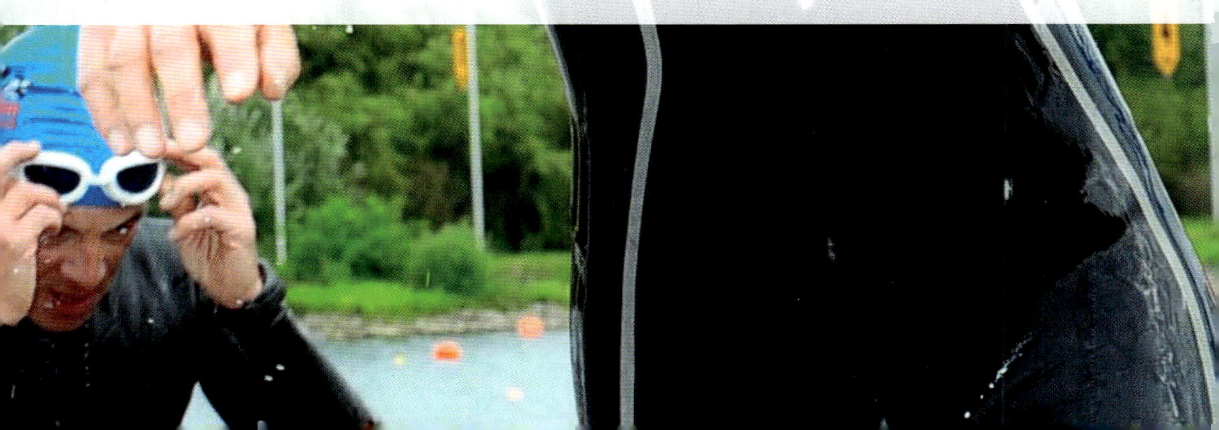

Die Entscheidung für einen Wettkampf ist abhängig von deinem momentanen Leistungszustand, denn beides muss ja zusammenpassen. Bist du gesund, oder hast du irgendwelche körperlichen Einschränkungen, die ärztlich abgecheckt werden sollten? Hast du dich in den letzten Monaten oder Jahren sportlich betätigt? Wie viel Zeit kannst du jede Woche für den Sport aufbringen?

Bevor du dich für einen Wettkampf entscheidest, solltest du einen Sportcheck machen lassen. Das kann dir auch helfen, deinen momentanen Leistungsstand zu ermitteln. Wenn alles in Ordnung ist, sollte sich dein Plan an deiner sportlichen Vorerfahrung orientieren. Um die ersten Erfahrungen im Triathlon zu sammeln, bietet es sich an, im Jedermanns-Triathlon zu starten. Mit einer dreimonatigen Vorbereitungszeit wird er dir sicher gelingen.

Falls du schon mehr Erfahrungen in einer oder mehreren Disziplinen mitbringst, beispielsweise Halbmarathon und Marathon, oder aber regelmäßig lange und intensiv Rad fährst, ist es auch realistisch, dir eine olympische Disziplin vorzunehmen.

Es gibt immer wieder Leute, die am Biertisch oder an Silvester beschließen, im nächsten Jahr einen Ironman zu machen. Davon kann ich nur dringend abraten. Unser Körper braucht Vorbereitungszeit, um sich entsprechend anzupassen. Geben wir uns die notwendige Zeit, werden wir allerdings darüber staunen, wie leistungsfähig und adaptionsfähig unsere menschliche Natur ist.

Wenn du deutlich übergewichtig bist oder Vorerkrankungen hast, wird dich die begleitende Behandlung eines Arztes dabei unterstützen, deine Pläne gut umzusetzen. Vielleicht ist es dann erst mal sinnvoll für dich, etwas Gewicht „abzuwerfen" und mit dem Schwimmen und Radfahren zu beginnen oder eventuell Aquajogging zu machen, um deine Gelenke nicht zu überlasten und dich mit deinem Körper langsam an die veränderten Ansprüche heranzutasten.

Andere Vorerkrankungen, wie zum Beispiel ein bestehender Diabetes oder auch orthopädische Handicaps, sollten auf die drei Sportarten abgestimmt werden. Das bedeutet, dass du dir eventuell vorher passende Einlagen besorgst oder dein Training mithilfe der Beratung eines Sportmediziners planst.

Das notwendige Zubehör, ein paar gut passende Laufschuhe (siehe im Kapitel „Laufen", S. 91), ein Fahrrad nebst Schutzhelm, eine Schwimmbrille und Badezubehör, und schon kannst du loslegen!

Die hinten angefügten Trainingspläne habe ich beispielhaft ausgeführt. Im Kapitel Allgemeine Trainingslehre (siehe S. 23) erkläre ich, worauf es ankommt, und wie du dein Training aufbauen kannst. Die Pläne solltest du auf dich und deinen Anspruch individuell zuschneiden. In den einzelnen Kapiteln über Schwimmen, Laufen, Radfahren und Rumpfstabilisation erhältst du die notwendigen Informationen für die optimale Vorbereitung.

Falls es dich jetzt in den Fingern und in den Füßen juckt, bist du schon ein wenig mit dem Triathlon-Virus infiziert. Triathlon ist zwar eher eine Einzelsportart, und ich habe tatsächlich aufgrund meiner persönlichen, familiären und räumlichen Situation fast ausschließlich alleine trainiert, aber es gibt mittlerweile zahlreiche Vereine und Gruppen, wo sich Gleichgesinnte zusammengefunden haben. Ein Blick ins Internet, und du wirst schnell einen Verein in deiner Nähe finden, wo du auch gleich neue Kontakte knüpfen kannst, und dann kannst du gemeinsam mit anderen an den Start gehen.

MEIN ERSTER MARATHON – ODER: WIE MAN ES LIEBER NICHT MACHEN SOLLTE ...

Nachdem ich ein paar Volkstriathlons und auch die erste olympische Disziplin erfolgreich absolviert hatte, kam ich auf die Idee, auch mal einen Marathon zu probieren. Ich beschäftigte mich grob mit Trainingsplänen und lief einfach mal drauflos, das hatte ja bisher auch immer funktioniert. Das Wichtigste schienen mir die langen Einheiten zu sein, die ich allmählich jeden Sonntag über den Winter hinweg verlängerte, bis zu einer Distanz von 35 Kilometern. Ich erinnere mich noch an grauenhafte Läufe im Schneesturm, bei denen ich mich durch kniehohen Schnee kämpfen musste und die Orientierung auf den unbekannten Strecken verlor. Aber es musste ja sein, ich wollte es schaffen. So fühlte ich mich schließlich gut vorbereitet und musste nun nur noch den für mich passenden Wettkampf finden. Um das Praktische mit dem Nützlichen zu verbinden, fiel meine Wahl beim ersten Mal auf den Königsforst-Marathon in meiner alten Heimat bei Köln. Da meine Eltern dort wohnten, konnten wir den Besuch gleichzeitig mit der Geburtstagsfeier meines Vaters verbinden, und so reisten wir mit der ganzen Familie an. Ich war ziemlich aufgeregt und froh, dass die Kinder bei meinen Eltern gut aufgehoben waren. Der Königsforst-Marathon ist ein Landschaftsmarathon mit bergiger Strecke, der eher unbekannt ist und auch nur sehr wenig Zuschauer anzieht. Im März 2006 war es in der Kölner Gegend recht kalt, und die Wege waren aufgeweicht von Schnee und Regen, also ein „perfekter Einstieg" ...

Auch mein Mann hatte kurz zuvor die Freude am Laufen für sich entdeckt, aber im Gegensatz zu mir beschäftigte er sich damals schon intensiv mit professionellem Training. So las er erst mal einige Laufbücher, kaufte sich auch gleich eine Pulsuhr und riet mir, selbst auch nach der Herzfrequenz zu trainieren. Ich aber hielt das für völlig übertrieben und unnötig, da ich ja ein so hervorragendes Körpergefühl hatte …

Die Geburtstagsfeier war vorbei, und schon war es so weit. An einem eher trüben, kühlen Sonntagmorgen hatte sich ein überschaubarer Haufen eher asketisch wirkender Athleten eingefunden. Jeder gliederte sich nach seiner zu erwartenden Endzeit im Startfeld ein. Ich erhoffte mir eine Zeit von 3:45 Stunden und war froh, neben mir schon gleich ein paar interessante Gesprächspartner gefunden zu haben. Sehr aufgeregt und optimistisch ging ich in die erste Runde. Mir ist noch lebhaft in Erinnerung, wie ich mich über annähernd 20 Kilometer mit einem Phlebologen über Gefäßerkrankungen und das Entfernen von Krampfadern unterhielt. So verging die Zeit zügig, und mir ging langsam die Puste aus …

Auf der Hälfte der Strecke musste ich leider einsehen, dass ich so niemals das Ziel erreichen würde, denn ich war zu schnell losgelaufen. Der freundliche Arzt meinte dann noch, dass er wohl dieses Mal eine Zeit von unter 3:30 schaffen könnte, und so verabschiedete ich mich verunsichert und reduzierte mein Tempo. Nach einiger Zeit erschien vor mir ein anderer Läufer, den ich zügig einholte und ebenso in ein Gespräch verwickelte. Und ich war tief beeindruckt, als er mir erzählte, dass er in diesem Jahr einen Ironman machen würde. Dankbar nicht mehr alleine zu sein, lief ich wieder ein wenig schneller. Wir hatten schon fast 30 Kilometer geschafft, und ich war in einer eher euphorischen Stimmung, als er meinte, dass der eigentliche Marathon ja erst bei Kilometer 33 anfange. Ich war ungläubig, innerlich amüsiert, und konnte mir nicht vorstellen, dass er recht haben könnte, bis es mir bei Kilometer 33 schlecht ging …

Der freundliche Ironman bot mir hilfsbereit eines seiner Gels an. Er hatte sicher recht mit der Vermutung, dass ich völlig unterzuckert war, denn ich hatte keinen Proviant dabei, und bei dieser Veranstaltung gab es auch nur Wasser und Bananen, die ich nicht genommen hatte. So ein Gel hatte ich zuvor noch nie probiert, aber ich drückte mir die eklig süße, klebrige Masse ohne Wasser in den Mund, mit der Folge, dass mir davon erst richtig übel wurde. Nun musste ich mich auch von dieser netten Begleitung verabschieden und quälte mich mühsam weiter bis zu Kilometer 37, dann ging erst mal nicht mehr viel, denn ich konnte einfach nicht mehr laufen. Da war er wohl „der Mann mit dem Hammer", und so schritt ich nun alleine weiter durch den Wald. Ich erinnere mich nicht mehr an meine mentale Verfassung, als plötzlich bei Kilometer 39 eine Hand auf meinen Rücken klopfte und eine nette Stimme mit holländischem Akzent mich zum Weiterlaufen ermunterte: „Komm Mädele, das schaffen wir". Und so lief ich die letzten Kilometer, bis ich schließlich – ausgesprochen wackelig – nach 3 Stunden 55 Minuten über die Ziellinie kam. Einige Läufer hingen dehydriert an Infusionen, und mir war klar, dass auch ich kurz davor war. Lustigerweise wurde ich Zweite in meiner Altersklasse und in der Gesamtwertung Vierte bei den Damen, was natürlich an der geringen Zahl der Teilnehmerinnen lag.

Nach diesen eindrücklichen Erfahrungen schwor ich mir, mich niemals mehr auf diese Weise durchs Ziel zu quälen, was mir bis heute auch gelungen ist. Kurz darauf habe ich mir dann eine Pulsuhr gekauft und die Ratschläge meines Mannes gerne angenommen.

WAS WAR NUN EIGENTLICH SCHIEFGELAUFEN?

Bei diesem Wettkampf habe ich rein aus Unwissenheit gleich eine ganze Reihe von Fehlern begangen. Schon die Wahl dieses Marathons, der mit seinen Höhenmetern und dem weichen Waldboden für einen ersten Marathon sehr viel Kraft kostete, war sicher nicht optimal.

Ich glaube, dass ich tatsächlich über ein gutes Körpergefühl verfüge, aber damals habe ich mich gar nicht auf meinen Körper konzentriert und bin viel zu schnell und aufgeregt losgerannt. Innerhalb der ersten Hälfte hatte ich sicherlich einen Großteil der Kohlenhydratvorräte in meinem Körper verbraucht, da ich zu lange mit anaerober Atmung unterwegs war. So war es schwierig, auf die Fettverbrennung (siehe S. 159) zuzugreifen. Zudem hatte ich auch gar keine weiteren Kohlenhydrate zugeführt, erst dann, als ich völlig leer war. Gels brauchen etwa 5 bis 10 Minuten, um dem Körper schnelle Energie zu liefern, was aber nur durch die Verdünnung mit Flüssigkeit funktioniert. Man sollte die verschiedenen Gels im Training unter Belastung testen, denn nicht jeder verträgt alle Produkte.

Mit Sicherheit war ich auch dehydriert. **Vergiss das bitte nie:** Auch wenn keine warmen Temperaturen herrschen, musst du bei langen Distanzen während des Wettkampfs immer wieder „nachtanken".

Im nächsten Kapitel erkläre ich dir, wie du dein Training sinnvoll aufbaust, und wie du dich am besten (und erfolgreichsten) auf deinen Wettkampf vorbereitest.

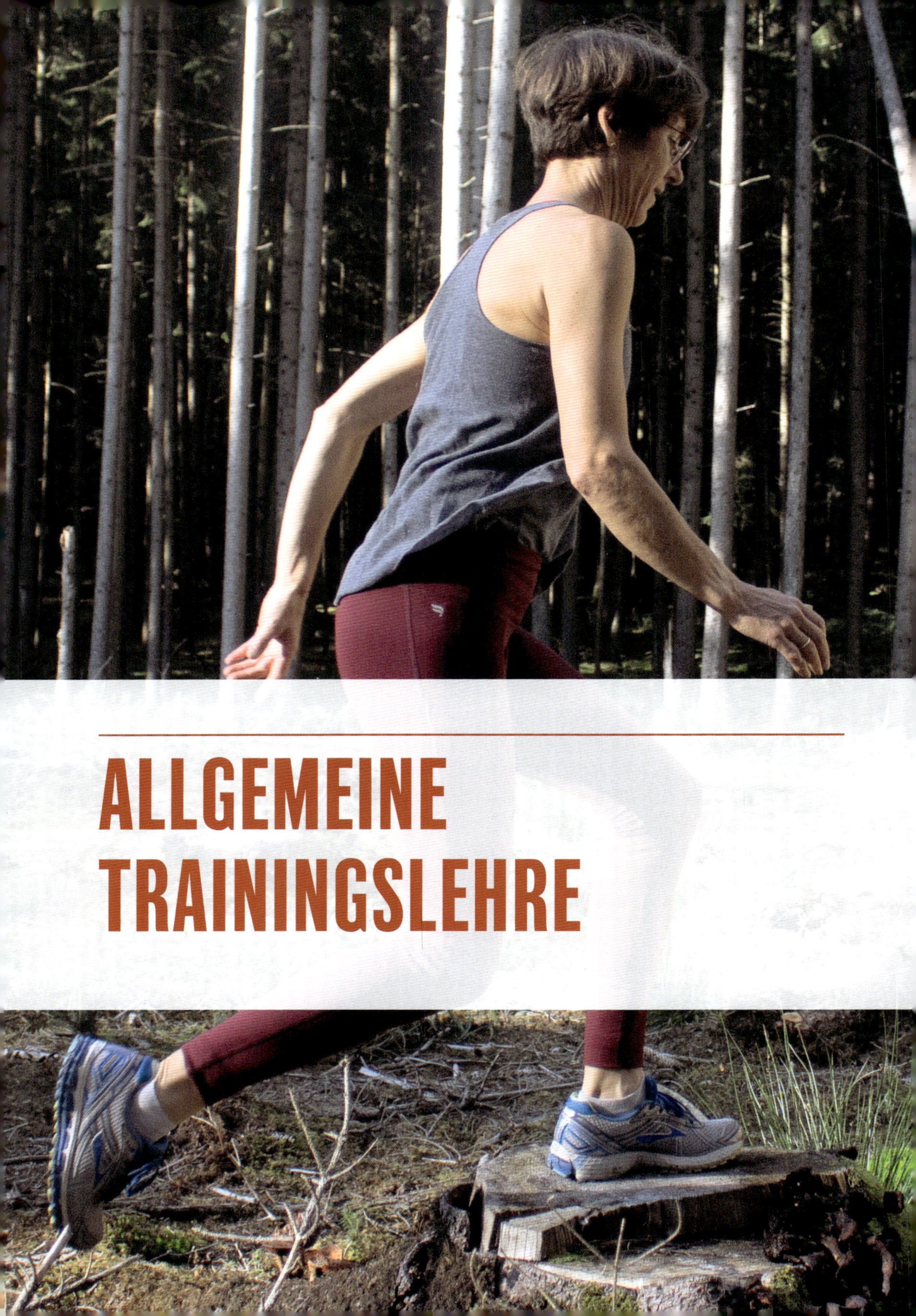

ALLGEMEINE TRAININGSLEHRE

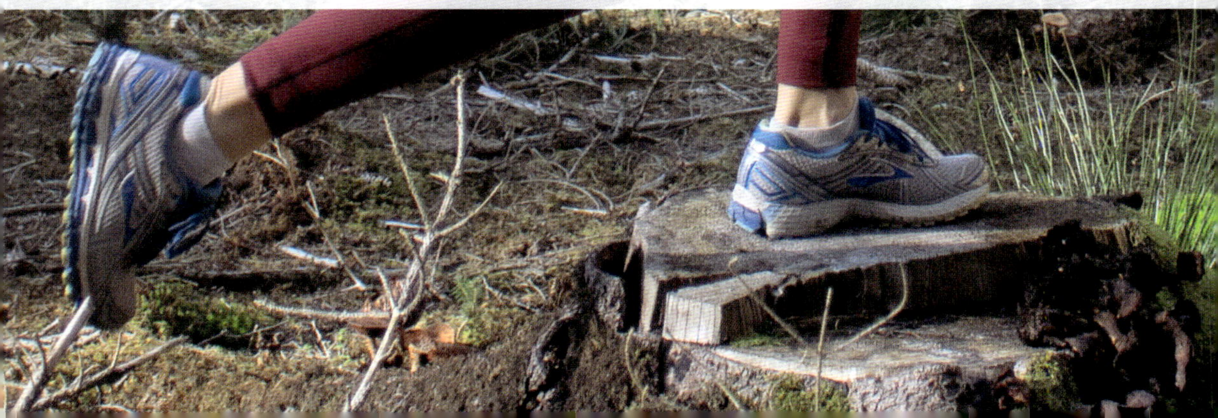

Du hast dich entschieden, deinen ersten Triathlon zu absolvieren und fragst dich jetzt, wie du dein Ziel am besten erreichen kannst? Um gesund und fröhlich über die Finish Line zu laufen, solltest du ein paar Dinge beherzigen und dein Training sinnvoll aufbauen. Dazu gehören einige allgemeine Trainingsgrundsätze, die ich dir hier vorstelle und die du kennen solltest.

GRUNDBEGRIFFE UND TRAININGSSCHWERPUNKTE

Was ist wichtig beim Trainingsaufbau?

DIE WICHTIGSTEN FAKTOREN FÜR SPORTLICHE LEISTUNGEN:

1. Konditionelle Fähigkeiten: Ausdauer, Kraft und Schnelligkeit, Koordination und Beweglichkeit
2. Aufbau, Strategie, Taktik und Technik
3. Gefühl

Generell gilt, dass du deine konditionellen Fähigkeiten lebenslang trainieren kannst und das auch tun solltest. Durch die Trainingsreize stellen sich deine inneren Systeme auf ein höheres Leistungsniveau um. Die einzige Einschränkung aus Gesundheitsgründen betrifft das Trainieren der Schnelligkeit, dies sollte generell und mit zunehmendem Alter besonders achtsam geschehen.

AUSDAUER

Ohne ein gewisses Ausdauertraining wirst du keinen Triathlon absolvieren können. Die Muskulatur und dein Herz-Kreislauf-System müssen sich auf die Belastungen einstellen.

Was bewirkt Ausdauertraining in deinem Körper?

Durch regelmäßiges Ausdauertraining (mindestens drei Mal in der Woche) wird deine Muskulatur belastbarer und kräftiger. Deine Muskeln, und das schließt auch deinen Herzmuskel mit ein, werden besser durchblutet. Bei gleicher Belastung sinkt die Herzfrequenz, und das Schlagvolumen steigt. Die Fähigkeit des Bluts, Sauerstoff aufzunehmen, wird gestärkt, und auch die so wichtige Elastizität der Arterien wird größer. Es hat einen positiven Einfluss auf dein Immunsystem, und du wirst dich deutlich fitter fühlen. Gerade bei längerer (ab einer Stunde) sportlicher Betätigung mit niedriger Intensität lernt der Körper auch, auf seine Fettreserven zuzugreifen.

Wie funktioniert das Ausdauertraining?

Um die Grundlagenausdauer zu verbessern, ist es notwendig, bei 60–75 Prozent der maximalen Herzfrequenz (HFmax oder Maximalpuls) zu trainieren. Das ist wichtig, da unser Stoffwechsel verschiedene Möglichkeiten der Energiegewinnung hat: einmal mit Sauerstoff (aerob) und einmal ohne Sauerstoff (anaerob). Beim Ausdauertraining braucht der Körper Sauerstoff und Glykogen (Kohlenhydrate), um das eingelagerte Fett in Energie umzuwandeln. Geht der Puls zu hoch, was bei einem längeren Sprint der Fall ist, verändert sich die Energiegewinnung des Körpers. Dann arbeitet er ohne Sauerstoff (anaerob) und greift dabei ausschließlich auf das im Muskel vorhandene Glykogen zu und nicht auf Fett, was dazu führt, dass plötzlich nichts mehr geht („der Mann mit dem Hammer erscheint"), wenn die Glykogen-Vorräte aufgebraucht sind.

Falls du nicht weißt, wie hoch deine maximale Herzfrequenz ist, kannst du dich beim Laufen (im Ausdauerbereich) erst mal grob daran orientieren, dass du dich immer noch ständig unterhalten kannst. Das kann durchaus bedeuten, dass du vielleicht erst mal sehr langsam laufen musst oder sogar anfangs nur schnell gehst.

Wie ermittelst du deine maximale Herzfrequenz?

Um vernünftig und zweckgerichtet trainieren zu können, muss man seine HFmax kennen. Denn daran orientiert sich der Aufbau eines Trainings, und sowohl der leistungs- als auch der gesundheitsorientierte Sportler erhält wichtige Aufschlüsse über seine Pulswerte.

Es gibt verschiedene Möglichkeiten, um herauszufinden, wie hoch deine HFmax ist. Der genaueste Weg führt über eine Leistungsdiagnostik, entweder über eine Laktatmessung oder eine Spirometrie. Es gibt Sportmediziner oder bestimmte Institute, die sich darauf spezialisiert haben (die Kosten liegen zwischen 150 und 250 Euro).

Wenn du dafür kein Geld ausgeben möchtest, kannst du dich auch erst mal an der folgenden groben Faustformel orientieren, allerdings können die Ergebnisse individuell sehr unterschiedlich ausfallen.

Frauen: 226 minus Lebensalter

Männer: 223 minus 0,9 mal Lebensalter

Wenn du gesund bist, dich fit fühlst, keine körperlichen Einschränkungen hast und auch schon über etwas Grundkondition verfügst, kannst du auch einen Testlauf machen. Um ein möglichst seriöses Ergebnis zu erhalten, musst du allerdings vorher ein paar Dinge beherzigen, beispielsweise solltest du dich am Vortag zweckmäßig ernährt haben, das heißt, du solltest deine Kohlenhydratspeicher aufgefüllt haben und auch gut ausgeruht sein. Ein Tag, an dem mittlere Temperaturen herrschen, bietet sich an, und dann kann es losgehen.

BEOBACHTUNG	MÖGLICHE URSACHE	MASSNAHME
Der Ruhepuls ist stark erhöht	Infekt Übertraining, zu viel Stress	Trainingspause Training reduzieren
Die HF steigt bei erhöhtem Tempo nicht an	Zu wenig Glykogen Übertraining	Kein Tempotraining Mehr Grundlagentraining
Die HF steigt bei gleichem Tempo stark an	Infekt Flüssigkeitsmangel	Training abbrechen Trinken
Die HF bleibt nach dem Training über Stunden hoch	Erschöpfung Flüssigkeitsmangel	Training reduzieren Trinken
Die HF-Variation im Alltag ist niedrig	Hohe Stressbelastung	Entspannungsmaßnahmen
Die HF bleibt nach dem Training über Stunden hoch	Erschöpfung Flüssigkeitsmangel	Training reduzieren Trinken
Die HF-Variation im Alltag ist niedrig	hohe Stressbelastung	Entspannungsmaßnahmen

10 Minuten locker einlaufen, dann 3 x 3 Minuten gesteigertes Tempo, die ersten 3 Minuten etwas zügiger, die nächsten 3 Minuten fast außer Atem und die letzten 3 Minuten so schnell laufen, wie du kannst und anschließend die Herzfrequenz messen. Zum Schluss noch sehr locker 5 Minuten auslaufen. Die Messung nach den letzten 3 Minuten gibt den Maximalpuls (HFmax) an.

Eventuell kannst du den Test nach einigen Wochen noch mal wiederholen, um sicher zu gehen, dass das Ergebnis passt.

Wichtig an den hier ermittelten Werten: Sie sind nur für das Lauftraining relevant.

Beim Radfahren und auch beim Schwimmen ist die HFmax niedriger: Beim Radfahren sind es etwa 10 Schläge weniger, beim Schwimmen etwa 10–20 Schläge (hier spielt auch die Wassertemperatur eine Rolle).

Welche Bedeutung hat der Ruhepuls?

Nicht weniger aussagekräftig für den Gesundheits- und Fitnesszustand ist der morgendliche Ruhepuls. Am besten misst du ihn morgens vor dem Aufstehen, entweder mit zwei Fingern an der Halsschlagader oder mit einer entsprechenden Pulsuhr. Wenn du über längere Zeit Ausdauertraining betreibst, dann wirst du feststellen, dass dein morgendlicher Ruhepuls nach einiger Zeit sinkt. Das ist ein gutes Zeichen und Beleg dafür, dass dein Herzmuskel effizienter arbeitet. Ist dein Puls allerdings plötzlich deutlich höher, deutet das auf einen Infekt hin, und du solltest, auf die Anzeichen deines Körpers hören. Dann ist eine Pause sinnvoller, als eine zusätzliche Trainingseinheit.

Die Bedeutung der Herzfrequenz im Training und im Alltag

Ein regelmäßiges Messen des Pulses, sowohl am Morgen, aber auch vor, während oder nach einem Training, sensibilisiert dich für deinen eigenen Körper und gibt dir Aufschluss über deinen aktuellen Trainings- und Gesundheitszustand.

KRAFT

Für einen Triathleten ist es nicht erstrebenswert, daherzukommen wie ein Bodybilder, denn zu viel schwere Muskelmasse muss ja auch transportiert werden. Aber es ist wichtig, dass die einzelnen Muskelketten gut aufgebaut sind, dass die kleinen Muskeln tiefenstabilisierend wirken und dass die Kraft – ausgewogen verteilt auf beide Körperhälften – gleichmäßig arbeiten kann. (Achte auf muskuläre Dysbalancen!)

Im Gegensatz zum Ausdauertraining dient das Krafttraining dazu, Muskelmasse aufzubauen, und das ist auch sehr wichtig für die Gesunderhaltung unseres Körpers, da die Muskulatur vielfältige Funktionen hat (siehe S. 13 ff.). Der Grundumsatz steigt mit zunehmender Muskelmasse, und durch Krafttraining wird auch die Knochendichte erhöht, was die Stabilität und Elastizität unserer Knochen verstärkt.

Mit zunehmendem Alter verliert unser Körper wertvolle Muskelmasse, und daraus folgt: Wir sollten Krafttraining betreiben! Je nach Alter und Bedarf gibt es dafür unterschiedliche Trainingsmethoden. Mit Maximalgewichten und entsprechend wenigen Wiederholungen kannst du deinen Muskelumfang erhöhen (eventuell für den älteren Sportler sinnvoll, um Muskelverlust vorzubeugen). Dagegen kannst du mit etwas geringerem Gewicht und häufigen Wiederholungen deine Kraftausdauer verbessern und deine Defizite gezielt trainieren. Ein gutes Beispiel ist der Trizeps, den du für die Druckphase im Kraulen brauchst. Den kannst du sehr gut „trocken" trainieren.

Du hast verschiedene Möglichkeiten, tägliches Krafttraining in deinen Alltag zu integrieren. Konventionelle Varianten sind:

- **Gerätetraining im Fitnessstudio**
- **Hanteltraining**
- **Training mit dem Eigengewicht des Körpers, zum Beispiel mit dem Sling Trainer oder auch Übungen wie Kniebeugen, Liegestütz, Seitstütz etc.**
- **Übungen mit Thera-Bändern u. ä.**
- **Aquakrafttraining**

Da ich in meinem ausgefüllten Alltag oft nur wenig freie Zeit habe, baue ich manche unkonventionellen Übungen in meinen Alltag ein: So putze ich meinen Küchenboden in einer Art einhändiger Liegestütz, im Wechsel rechts und links, dann sauge ich einbeinig Staub und halte das Gerät mit links – das sieht zwar eher nach Parterreakrobatik aus, verbessert aber das Gleichgewicht. Wenn ich irgendwo in einer Warteschlange stehe, dehne ich den langen vorderen Oberschenkelmuskel, freihändig, einbeinig.

Wie funktioniert das Krafttraining, und was passiert dabei im Körper?

Um das Muskelwachstum zu stimulieren, braucht es einen Trainingsreiz, beispielsweise ein Gewicht, das entsprechend bewegt oder angehoben wird. Wenn du deine Muskelmasse erhöhen möchtest, arbeitest du mit maximalen Gewichten und wenigen Wiederholungen, die schließlich zu einer Ermüdung der Muskeln führen. Die Muskulatur wird dadurch verstärkt durchblutet und angeregt, sich den neuen Ansprüchen anzupassen.

Ein am folgenden Tag möglicherweise auftretender leichter Muskelkater macht das deutlich, nun musst du deinem Körper unbedingt Zeit für die Reparatur- und Aufbauarbeiten geben, für diesen sogenannten Superkompensationseffekt benötigt er etwa 48 Stunden. Wer diese Ruhepause nicht einhält und „auf Teufel komm raus" weitertrainiert, provoziert dadurch bewusst Verletzungen.

SCHNELLIGKEIT

Da die Schnelligkeit an sich für die Gesundheit eine eher untergeordnete Rolle spielt, gehe ich hier nicht ganz so detailliert darauf ein. In einfache Worte gefasst: Um schneller zu werden, musst du dich anstrengen, damit du deine Leistungsparameter verschieben kannst. Dafür gelten die gleichen Kriterien wie bei der Superkompensation. Durch einen Reiz, der bei 75–85 Prozent (aerob) oder bei 80–90 Prozent der HFmax stattfindet, provozierst du deinen Körper dazu, sich auf die neuen Anforderungen einzustellen.

Das ist für einen jungen, gesunden Menschen sicher kein Problem, aber der ältere Sportler sollte seine Leistung sehr achtsam und vorsichtig steigern, denn einige Systeme in unserem Organismus brauchen gerade im Alter deutlich mehr Zeit für die Anpassung. So werden Sehnen und Bänder wenig bis schlecht durchblutet und sollten deshalb entsprechend Zeit bekommen, um sich an die neuen Ansprüche zu gewöhnen. Sonst ist es eventuell ganz schnell vorbei mit dem Training, und du sitzt verletzt und frustriert daheim. Wenn du mit dem Schnelligkeitstraining beginnst, dann empfehle ich dir erst einmal Kurzsprints, denn dadurch gibst du deinen Muskeln schon mal einen Vorgeschmack darauf, dass es anstrengender wird, ohne sie jedoch zu überlasten.

KOORDINATION UND BEWEGLICHKEIT

Beides erscheint in jungen Jahren selbstverständlich, es verliert sich aber mit zunehmendem Alter, teilweise unbemerkt. Für die koordinativen Fähigkeiten ist es wichtig, dem Gehirn immer wieder neue Impulse und Reize zu liefern. Neue Bewegungsmuster – beispielsweise beim Erlernen des Kraulens (Techniktraining), eine Trail Tour mit dem Mountainbike oder auch mal Zähneputzen mit der linken Hand auf einem Bein stehend – helfen, im Kopf flexibel zu bleiben und dienen langfristig auch als Verletzungsprophylaxe.

Auch die Funktion unseres Gleichgewichtsorgans lässt mit den Jahren nach, wenn wir es nicht immer wieder trainieren. Dafür musst du gar nicht viel Zeit aufwenden, es ist sehr einfach, kleine Übungen in den Alltag einzubauen, ich selbst stehe beispielsweise morgens einbeinig auf einem Wackelkissen und bereite so mein Frühstück zu. Sehr effektiv sind auch die Übungen der „Lifekinetik" (Gehirntraining durch Bewegung), die ich jedem empfehlen kann, der seine Koordinations- und Konzentrationsfähigkeit verbessern will. Als Kinder haben wir noch unbefangen rumgeturnt und Purzelbäume geschlagen, aber mit den Jahren ändert sich das, unsere Flexibilität und auch die Beweglichkeit lassen deutlich nach. Wenn wir nicht aktiv dagegen angehen, verkürzen sich Bänder und Sehnen, und wir werden allmählich immer steifer. Dazu kommen Verklebungen im Muskelsystem und der Faszien (Bindegewebe), die dann auch schmerzhafte Verspannungen bewirken können. In der Folge belasten wir dann möglicherweise unsere Gelenke einseitig, und das wiederum kann den frühzeitigen Verschleiß beschleunigen – Übergewicht und eine ungesunde Ernährung tun ein Übriges.

Genau wie für die koordinativen Fähigkeiten gilt, dass wir durch regelmäßiges Dehnen einem Abbau lebenslang entgegenwirken können. Ich empfehle dir, das Dehnen als feste Größe auf deinen wöchentlichen Trainingsplan zu setzen. Durch größere Beweglichkeit kannst du auch deine sportlichen Leistungen verbessern. Eine gute Mischung aus Dehnen und Kräftigen sind auch die Übungen des Yoga. (Mehr dazu im Kapitel Rumpfstabilisation, siehe S. 99).

ALLGEMEINES ZUM TRAININGSAUFBAU

Damit du dein Ziel erreichen kannst, musst du deinen Trainingsplan strategisch aufbauen. Für alle drei Sportarten gilt:

- **Maßvoll trainieren, im richtigen Wechsel von Belastung und Entlastung bzw. Erholung**

- **Techniktraining, Ausdauer und Beweglichkeit (siehe in den Kapiteln „Schwimmen",„Radfahren", „Laufen", S. 32, 55, und 77)**
- **Rumpfstabilisation trainieren (siehe im Kapitel „Rumpfstabilisation", S. 99)**
- **Die Saison mit Trainingszyklen planen**

Ganz gleich, ob du schon länger sportlich aktiv bist oder ob du erst anfängst, und auch abhängig von deinen Gesundheitsparametern und deinem Alter, musst du dir einmal genau überlegen, wie viel Zeit du für den Sport aufbringen kannst und möchtest und wie deine Rahmenbedingungen sind.

Wenn du dir die Teilnahme an einer oder sogar mehreren Triathlon-Veranstaltungen zum Ziel gesetzt hast, solltest du dir Gedanken über die Planung deines Trainings machen. Du kannst dir natürlich auch einen Coach suchen, der dir einen Trainingsplan schreibt und dir bei der Vorbereitung hilft, oder du nimmst es selbst in die Hand und schreibst dir deine eigenen Trainingspläne.

Man spricht bei der Trainingsplanung von Perioden und Zyklen.

Zur Periodisierung gehören die Vorbereitungsperiode, die Wettkampfperiode und die Übergangsperiode. Die einzelnen Perioden werden dann in verschiedene Zyklen untergliedert. Möchtest du nur einen Wettkampf machen, hast du auch nur einen Makrozyklus, den du in verschiedene Mesozyklen einteilen kannst. Das bedeutet, dass du Trainingsschwerpunkte setzen kannst, zum Beispiel am Anfang das Grundlagenausdauertraining oder auch ein Kraftausdauerprogramm in der Vorbereitungsperiode. Innerhalb der Mesozyklen liegen die Mikrozyklen. Sie bestehen aus mehreren kleineren Trainingseinheiten, die sinnvoll aufgebaut werden. Hier ist es wichtig, auf das Ansteigen der Belastungen zu achten. Je nach Alter, Voraussetzungen und Fitnessgrad kann man an zwei oder drei aufeinanderfolgenden Tagen die Belastung steigern, um dann einen Entlastungs- oder Ruhetag einzulegen.

Bei der Planung deines Trainings solltest du darauf achten, die Trainingsbelastung zu variieren und unterschiedliche Reize setzen, die du angemessen steigerst.

Aber auch die Ruhephasen sind sehr wichtig, damit der Organismus genügend Zeit bekommt, um sich den neuen Belastungen und Reizen anzupassen.

Neben dem Schwimmen, Radfahren und Laufen, wobei Ausdauer, Technik und Kraftausdauertraining ausgewogen zu mischen sind, solltest du ein entsprechend angepasstes Rumpfstabilisationsprogramm haben, das Kraft- und Beweglichkeitstraining einschließt.

DAS GEFÜHL

Ich finde es sehr wichtig, dass du ein Gefühl für deinen eigenen Körper und seine individuellen Bedürfnisse entwickelst. In unserer technisierten und schnelllebigen Welt haben wir es leider in hohem Maß verloren. Wenn wir uns mehr auf uns selber konzentrieren und unserem Bauchgefühl folgen, gibt uns unser Unterbewusstsein oft schon die richtigen Signale. Viele Verletzungen müssten nicht entstehen, würden wir früher auf die Signale unseres Körpers achten.

Ich glaube auch, dass wir unser natürliches Körpergefühl für die Ernährung (wieder) aktivieren können. Es kann allerdings eine Weile dauern, da die langjährig eingeschliffene Gewohnheit, sich den Bauch mit ungesundem Fertigessen vollzuschlagen, die natürlichen Instinkte hat verkümmern lassen. Aber auch das kannst du zum Guten ändern, wenn du deine Mahlzeiten (wieder) öfter selber zubereitest und dabei verstärkt natürliche Zutaten verwendest (siehe im Kapitel „Ernährung", S. 144).

Das Hineinfühlen und -hören in deinen eigenen Körper kannst du lernen, und dabei hilft dir beim Training beispielsweise auch das Tragen einer Pulsuhr. Nach und nach kannst du einen Abgleich machen. Versuch doch mal, in einem (nach deinem Gefühl) ruhigen Grundlagenausdauertraining unterwegs zu sein und kontrolliere es dann zwischendrin mithilfe deiner Pulsuhr.

Es ist nicht immer leicht zu unterscheiden, ob es dein „innerer Schweinehund" ist, der dir einredet, dass heute nix geht, oder ob dein Unterbewusstsein dir klarmacht, dass du eine Pause brauchst. Mit zunehmendem Wissen und einem regelmäßig wiederholten Training lernst du dann, beides immer besser zu unterscheiden.

In diesem Zusammenhang ergibt es auch Sinn, sich einen Trainingsplan zu erarbeiten, in den man die täglichen Belastungen des Alltags und der Arbeit einbezieht, so kann man das Training sinnvoll aufbauen und Überlastungen vermeiden sowie zugleich den besagten inneren Schweinehund überlisten. Es kann auch sehr motivierend sein, wenn du deine Trainingsleistungen in einem Trainingstagebuch festhältst, daraus lassen sich rückblickend deine Trainingsfortschritte ablesen. In dieser Übersicht solltest du unbedingt eine Spalte für die Qualität deines Schlafs, deinen Ruhepuls und dein Gefühl anlegen.

Wenn du bei einem großen Trainingsumfang zunehmend Unlust verspürst, gönn dir eine Pause, auch wenn dir der Trainingsplan etwas anderes „diktiert".

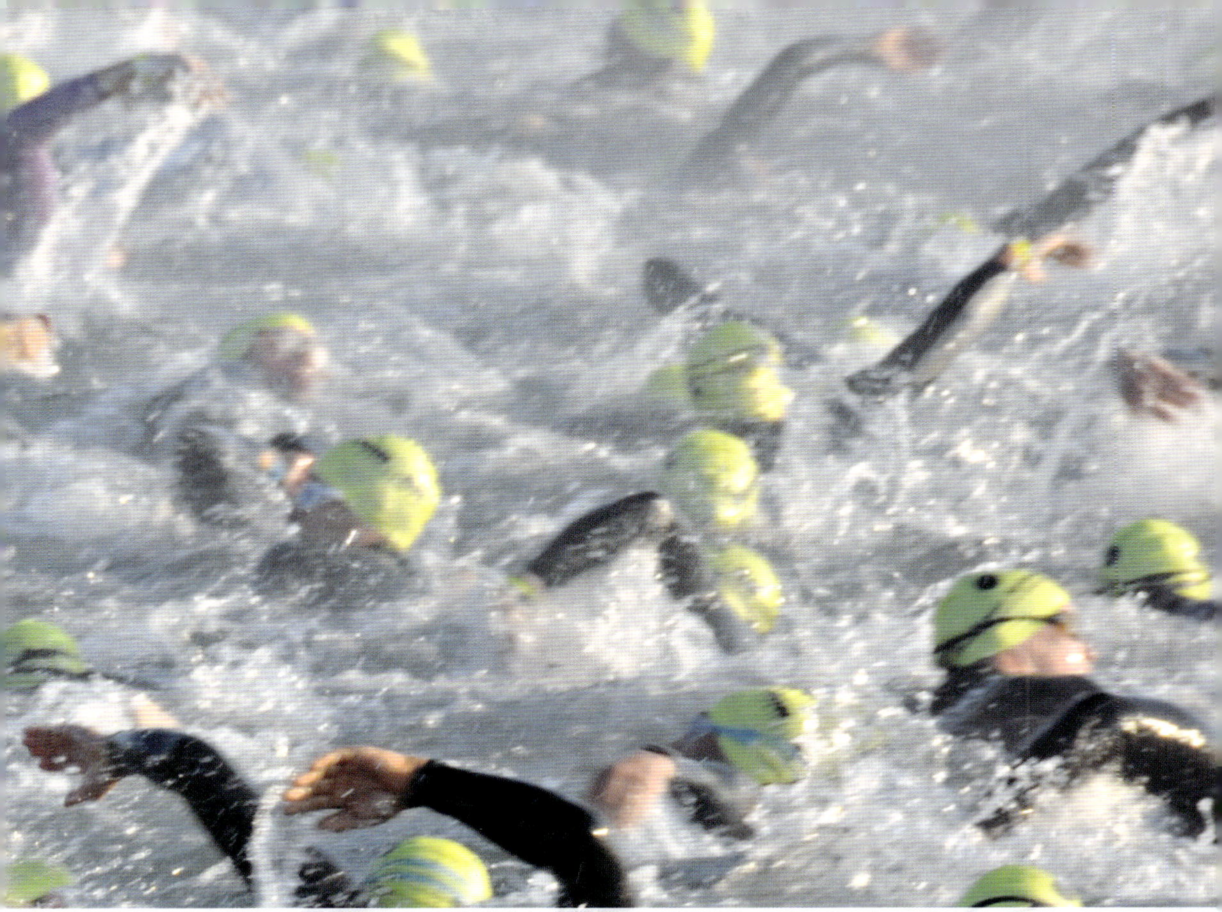

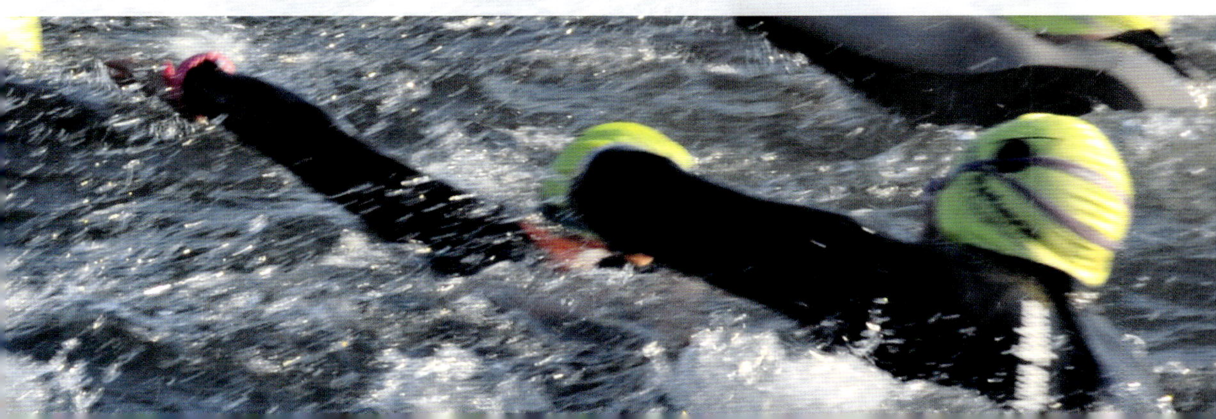

DIE DREI TRIATHLON-DISZIPLINEN

SCHWIMMEN

Mit dem Schwimmen geht es beim Triathlon los, und für den einen oder anderen ist diese Disziplin in mehrfacher Hinsicht ein „rotes Tuch". Dabei hat man viele Möglichkeiten, sich gut auf das erste Abenteuer einzustellen und sich auch dementsprechend vorzubereiten.

Ehrlich gesagt war und ist das Schwimmen auch für mich die größte Herausforderung, weil ich nämlich etwas unter Platzangst leide. In meinen ersten Triathlon-Jahren gab es immer wieder Wettkämpfe, bei denen ich in Atemnot geriet und Brustschwimmen musste, weil mich die Situation total gestresst hat. Allein die Tatsache, dass ich von anderen Athleten umringt war und es dabei ungewollt auch immer wieder zu Körperkontakten kam, setzte mich innerlich massiv unter Druck.

Ich entwickelte schließlich verschiedene Strategien, um besser damit klarzukommen. Als relativ gute Schwimmerin stelle ich mich im vorderen Feld ganz an den Rand. Wenn ich dann doch ungewollt in die Mitte eines Feldes gerate, führe ich Selbstgespräche, bei denen ich mir selber sage, dass ich genügend Platz habe, und schließlich versuche ich, mich auf einen ruhigen, langen Zug zu konzentrieren.

Um die erste Disziplin gut bewältigen zu können, brauchst du natürlich nicht nur mentale Fähigkeiten und entsprechende Strategien, sondern auch eine gute Grundlagenausdauer, verbunden mit einer ordentlichen Technik. Wenn du dich auf die Teilnahme an der Volksdisziplin beschränkst, musst du auch nicht unbedingt den Kraulstil erlernen. Wer allerdings vorhat, etwas längere Distanzen in Angriff zu nehmen, dem empfehle ich, sich doch mit der Kraultechnik auseinanderzusetzen. Denn zum einen ist das Kraulen sehr ökonomisch, was bedeutet, dass du am Ende der Distanz nicht völlig entkräftet aus dem Wasser steigst, außerdem ist es auch einer der gesündesten Schwimmstile – vor allem langfristig gesehen.

TECHNIK – WIE FÄNGST DU AN, WENN DU NOCH NIE GEKRAULT BIST?

Damit du den Kraulstil wirklich von Grund auf richtig lernst, empfehle ich dir, einen Kurs zu machen, oder noch besser, dir gleich einen Trainer für Einzelstunden zu suchen. Je nachdem, wie groß dein Bewegungstalent ist, kannst du es dir vielleicht auch selber beibringen. Bedenke dabei aber, dass unser Gehirn Bewegungsmuster abspeichert, und wenn du erst mal ein falsches oder ungünstiges Muster verinnerlicht hast, dann wird es schwierig, es wieder zu löschen oder zu verändern.

Da ich selber viele Jahre als professionelle Schwimmtrainerin tätig war und unzähligen Menschen (von 12 bis 82 Jahren) das Kraulen beigebracht habe, werde ich versuchen, dir einen sinnvollen Übungsaufbau zu vermitteln.

Vielleicht hast du ja auch einen Partner, der dich gegebenenfalls korrigieren kann, oder du trainierst in einer Übungsgruppe.

Zur Vereinfachung teile ich die Kraultechnik in vier große Hauptschwerpunkte ein, die ich mitunter auch getrennt voneinander üben lasse. So kannst du dich erst mal nur auf eines oder zwei Einzelelemente konzentrieren und diese dann allmählich zu der Technik zusammenfügen, wie das Bild in einem Puzzlespiel.

Auch ist es sehr hilfreich, das komplexe Bewegungsmuster aufzuschlüsseln und in Einzelteile zu zerlegen. Diese sollte man erst einmal getrennt voneinander üben und möglichst korrekt ausführen lernen. Mit dieser Methode wird es außerdem einfacher, sich selber zu spüren, was im Wasser auf jeden Fall um einiges schwieriger ist.

AUFBAU DER KRAULTECHNIK AUS VIER GRUNDELEMENTEN

1 DIE WASSERLAGE

Wer eine gute Körperspannung hat und ein Gefühl für seine Lage im Wasser, bringt die besten Voraussetzungen für das Schnellschwimmen mit. Das gilt leider auch umgekehrt: Wer eine schlechte Rumpfmuskulatur hat, wird nie in ein Gleiten kommen können, auch wenn der Armzug noch so gut ist. Die gute Nachricht: Du kannst sehr gut an deiner Körperstabilität arbeiten, sowohl mit Übungen außerhalb des Wassers als auch mit Übungen im Wasser. Gerade dem ungeübten Schwimmer fehlt häufig das sogenannte Wasser-Gefühl, damit ist das Gefühl für den optimalen Vortrieb mit möglichst wenig Wasserwiderstand gemeint.

Mithilfe der folgenden Übungen kannst du sowohl dein Körpergefühl als auch dein Gefühl für die Tragkraft des Wassers verbessern.

ÜBUNGEN FÜR DIE RICHTIGE WASSERLAGE

Abstoßen und Gleiten

Stoß dich kräftig mit beiden Beinen vom Beckenrand ab und versuche, möglichst lange – anfangs ohne Beinschlag – an der Wasseroberfläche zu gleiten. Stell dir dabei vor, dass du wie ein Stück Holz, das von einer Armbrust abgeschossen wurde, über das Wasser gleitest.

Wenn das sehr gut geht, kannst du auch schon mal probieren, den wechselseitigen Beinschlag dazuzunehmen, soweit du es schaffst. Deine Hände sind widerstandsarm vorne aufeinandergelegt und sollten sich dicht unterhalb der Wasseroberfläche befinden. Falls dir das Gleiten Schwierigkeiten bereitet, versuchst du es am besten mal mit einer „Trockenübung": Dazu stellst du dich außerhalb des Wassers hin, spannst das Gesäß an und simulierst im Stehen auch das Strecken und das Übereinanderlegen der Hände. Im Wasser ist es dann noch wichtig, dass du deinen Blick senkrecht nach unten zum Beckenboden richtest und nicht nach vorne schaust. Wenn du das einige Male wiederholst, solltest du an deiner Rückseite einen Luftkontakt spüren. 1

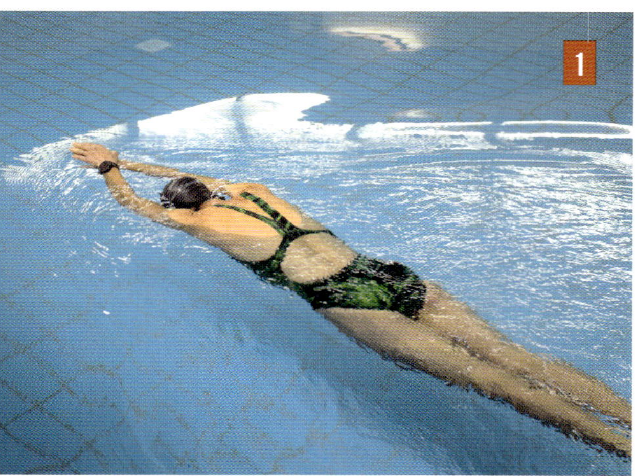

Körperspannung am Beckenrand

Das bedeutet, du fixierst dich am Beckenrand mit beiden Händen oder einhändig und platzierst dich waagerecht an der Wasseroberfläche. Dabei kannst du auch den wechselseitigen Beinschlag üben, und wenn das gut funktioniert, probier doch einfach mal die sogenannte Haifischflosse dazu und kombiniere das Ganze noch mit deiner Atmung. Bei dieser Übung kann man besonders schön den Unterschied zwischen der rechten und der linken Seite erspüren. Diese Übung verbessert auch die Stabilität im Wasser. Man simuliert am Platz die erste Phase des Oberwasserarmzugs, bei dem man auch ein Gefühl für die Atmung entwickeln kann (unter Wasser ausatmen, über Wasser einatmen). 2 3

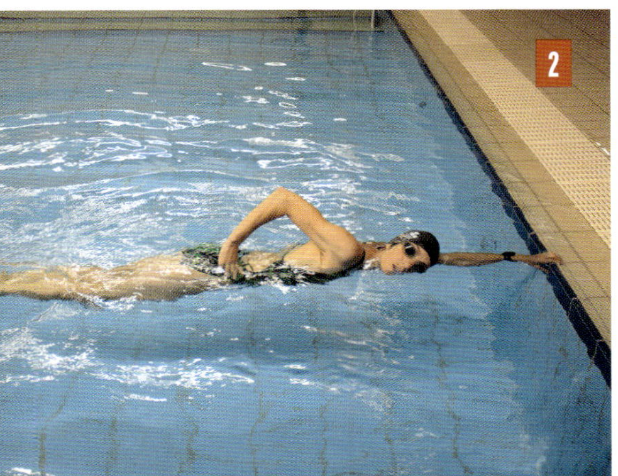

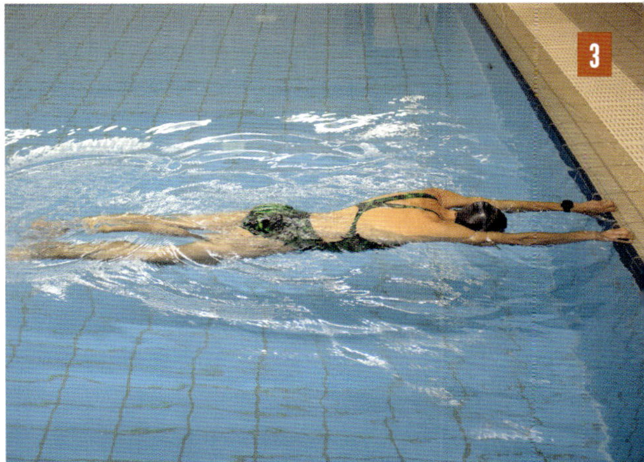

2 DER BEINSCHLAG

Der Beinschlag bewirkt beim Kraulen zum einen den Vortrieb, ist aber vor allem auch für die Stabilität deiner Wasserlage verantwortlich. Andersherum ausgedrückt: Ein schlechter Beinschlag kann dich unter Umständen sogar behindern. Ich hatte mal einen Schwimmschüler, den ich nur Beineschwimmen ließ und der daraufhin ungewollt rückwärtsschwamm. Das hatte vor allem mit der Haltung seiner Füße zu tun, dieser Schüler hatte sehr unflexible Fußgelenke und schwamm mit dem sogenannten Feuerhaken. Dabei ist der Fuß im Sprunggelenk festgestellt und wirkt wie ein Anker.

Viele Triathleten sind immer noch der Meinung, dass die Beine beim Schwimmen zurückhaltend bis gar nicht eingesetzt werden sollten, da andernfalls die Muskulatur bei den anschließenden Sportarten zu sehr ermüdet. Diese Ansicht gilt mittlerweile als überholt, und es ist ausgesprochen sinnvoll, sich die Zeit für ein seriöses Beintraining zu nehmen. Worauf kommt es nun an und wie soll es aussehen:

Lockerer Beinschlag aus der Hüfte

Wie bei einem Peitschenschlag setzt sich die Energie aus der Hüfte erst über ein lockeres Kniegelenk, dann übers Fußgelenk bis zum Fuß durch. Die Energie fließt sozusagen bis zur Fußspitze, aber die Amplitude darf auch nicht zu groß werden. Wenn du versuchst, den Schlag aus dem Knie auszuführen, erzeugst du zu viel Wasserwiderstand.

Leicht eingedrehte Füße
Die großen Zehen dürfen sich berühren. Der Fuß bewegt sich, als wäre er eine Flosse und schlägt abwärts aus dem Fußgelenk.

Bewegliche Fesselgelenke
Ein häufiger und gravierender Fehler besteht darin, die Fesselgelenke zu blockieren, das erzeugt die sogenannten Feuerhaken, und damit üben die Füße eine Bremswirkung aus. Manchmal sind die Sehnen in diesen Bereichen verkürzt, dann helfen entsprechende regelmäßige Dehnübungen und Kurzflossen.

Die Füße sind kurz unterhalb der Wasseroberfläche

Wer sich selber beim Schwimmen plantschen hört, sollte die Füße etwas tiefer nehmen (das passiert manchmal auch bei zu wenig Gesäß- und Bauchspannung). Wenn die Beine sehr tief sinken, versuchst du mal, die Stirn im Wasser zu halten und bewusst auf den Beckenboden zu schauen und die Pobacken anzuspannen.

6er-Beinschlag und 2er-Beinschlag
Ein gleichmäßiger Beinschlag unterstützt eine gute Wasserlage und verhindert die sogenannte Grätsche. Bei einem 2er-Armzug findet ein 6er-Beinschlag statt. Im Triathlon sieht man auch häufig einen 2er-Beinschlag. Gerade wenn man einen Neoprenanzug trägt, kann ein 2er-Beinschlag auch ausreichen.

ÜBUNGEN FÜR DEN BEINSCHLAG

Seitlicher Beinschlag

Auf der Seite liegend, in der waagerechten Position mal mit Frequenz und Amplitude spielen. Da man in dieser Position gut atmen kann, ist es einfacher zu spüren, wie der Vortrieb sich anfühlt. 1

Beinschlag im Superman

Bei der Übung liegt ein Arm vorne kurz unterhalb der Wasseroberfläche, und der andere Arm liegt auf Hüfthöhe am Körper. Daraus kannst du auch das einarmige Schwimmen entwickeln. Dabei bleibt ein Arm vorne liegen, während der andere den einzelnen Armzug ausführt. 2

Rückenbeinschlag

Entweder mit oder ohne Brett, auch hier hat man ebenfalls den Vorteil der unbeschwerten Atmung. Es sollte sich ein bisschen so anfühlen, wie wenn du einen Fußball wegkickst. 3

Flossen

Da vor allem Kurzflossen das Gefühl für die natürliche Fußbewegung verstärken, macht es Sinn, ein paar Bahnen mit solchen Flossen zu schwimmen und anschließend ohne Flossen dem Gefühl nachzuspüren. 4

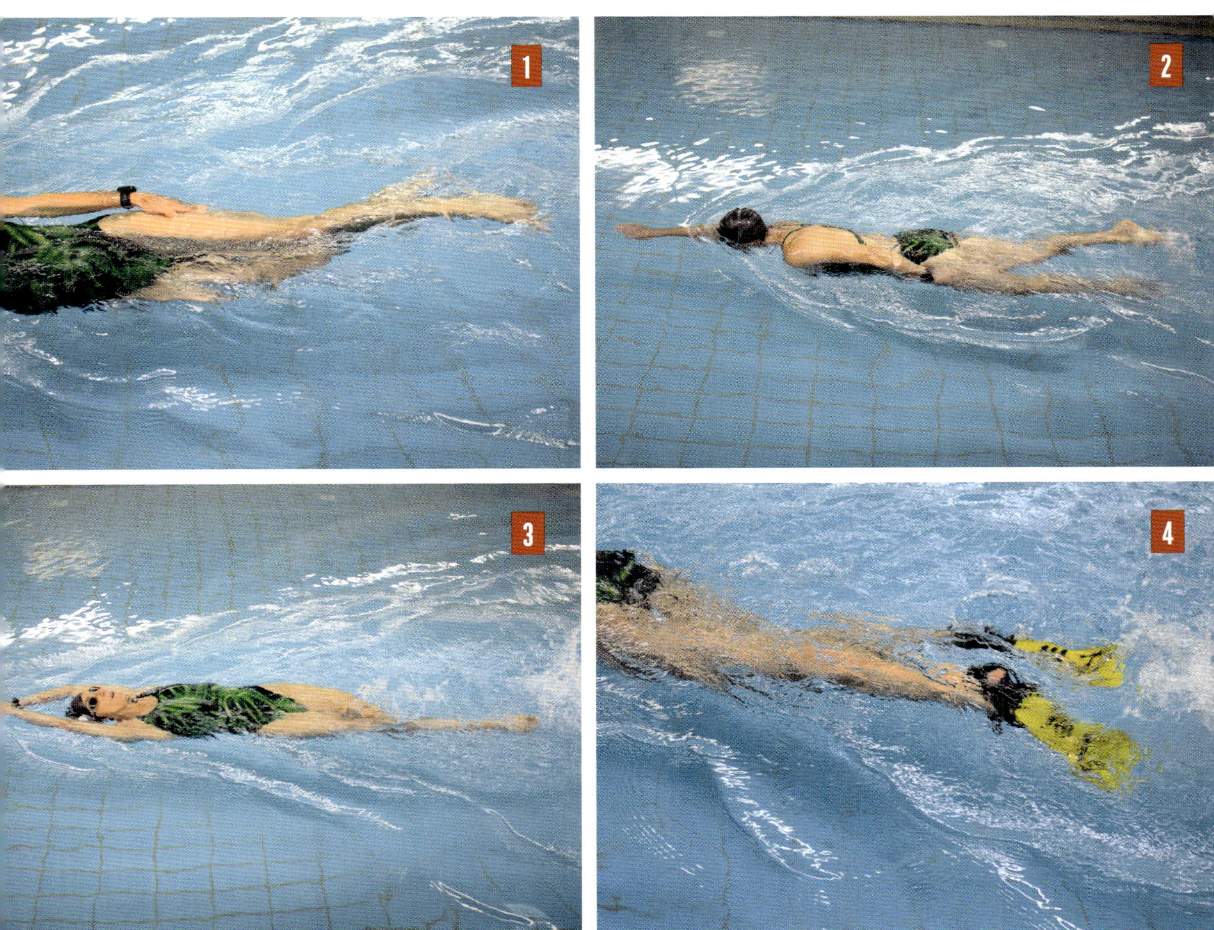

3 DER ARMZUG

Der Armzug besteht aus einer Ober- und einer Unterwasserphase. Verantwortlich für den Vortrieb ist die Unterwasserphase, allerdings entscheidet sich auch in der Armbewegung außerhalb des Wassers, wie effizient der Zug unter Wasser werden kann.

Die Oberwasserphase

Der erste Teil der Oberwasserphase beginnt mit dem Herausziehen der Hand aus dem Wasser, dabei führst du zuerst den Ellenbogen möglichst hoch aus dem Wasser und anschließend die Hand eng am Ohr nach vorne. Für einen kurzen Moment bildet sich ein Dreieck, das man auch als „Haifischflosse" bezeichnet. In dieser Phase geschieht auch das Einatmen.

Nun wird die Hand mithilfe des hohen Ellenbogens nach vorne geführt. Durch eine natürliche Rotation in der Schulter versuchst du, die Hand nun in der Verlängerung der Schulter gerade nach vorne zu führen. Die Finger erreichen als Erstes die Wasseroberfläche und stechen dann unterhalb der Wasseroberfläche nach vorne ein. Wenn der andere Arm gleichzeitig in der Druckphase ist, kannst du einen Moment des Gleitens wahrnehmen.

Die Unterwasserphase

Fließend geht es nach dem Strecken und Gleiten ins „Wasser fassen" über. Dabei bilden die minimal geöffneten Finger über das Handgelenk und den Ellenbogen eine ungebrochene Linie. Hierbei ist es wichtig, den Ellenbogen anzustellen, um mit einer möglichst großen Fläche des Arms und der Hand das Wasser zügig wegzuziehen. Der Armzug wird körpernah auf der gleichen Seite der Körperachse ausgeführt. Dies ist dann die sogenannte Zugphase, bei der auch die Dynamik einen maßgeblichen Einfluss auf die Geschwindigkeit hat.

Der schnellste und letzte Teil des Unterwasserzugs ist die Druckphase. Der Arm wird gestreckt, und die Hand drückt das Wasser bis auf die Höhe des Oberschenkels weg. Dieser Druck bringt dich zum Gleiten, wenn du gut im Wasser liegst und der andere Arm dicht unterhalb der Wasseroberfläche liegt.

ÜBUNGEN ZUR OBERWASSERPHASE

Wasserlaufen

Um ein Gefühl für das Eintauchen der Fingerspitzen zu gewinnen, kannst du das Wasserlaufen probieren. Dabei wandern deine Finger ein paar Zentimeter über die Wasseroberfläche, bevor sie eintauchen. 1

Haifischflosse

Isoliert die Haifischflosse schwimmen, wahlweise anfangs am Rand, indem du dich mit einer Hand am Beckenrand fixierst, dadurch bekommst du ein Gefühl für den hohen Ellenbogen, und gleichzeitig kannst du Atmung, Wasserlage, Körperstabilität und Beinschlag üben. Etwas schwieriger ist es, die Haifischflosse in der Vorwärtsbewegung zu schwimmen, es ist kraftraubend, aber durchaus hilfreich. 2

Reißverschluss und Achseltippen

Sowohl für den hohen Ellenbogen als auch für die körpernahe Führung empfehle ich dir den Reißverschluss oder das Achseltippen. Bei Ersterem berührt der Daumen aus dem Wasser kommend die gesamte Körperseite, Schulter und Kopf eingeschlossen, um dann einzutauchen. Oder der Daumen berührt kurz die Achsel, bevor die Hand ins Wasser einsticht. 3

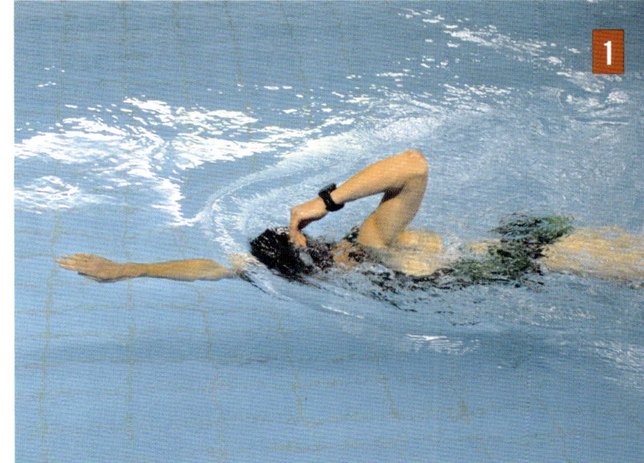

1

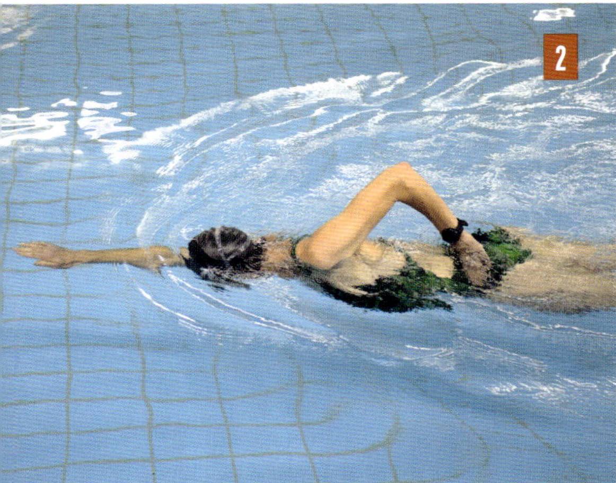

2

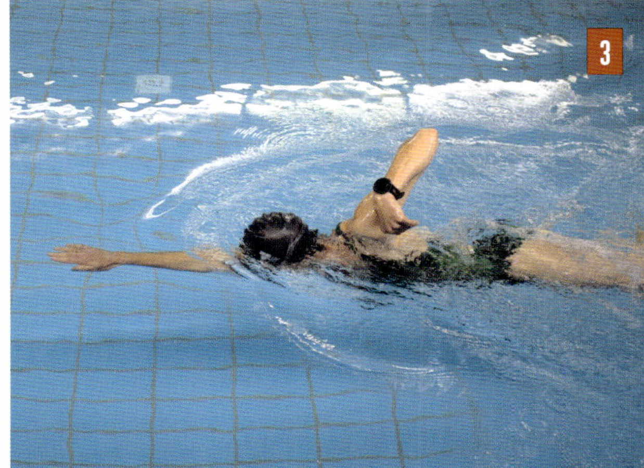

3

ÜBUNGEN ZUR UNTERWASSERPHASE

„Hundepaddeln"

Der erste Teil der Unterwasserphase lässt sich gut durch das „Hundepaddeln" spüren. Dabei nutzt du deine Hände – ähnlich wie ein Hund seine Pfoten – nur für den ersten Teil der Phase als Vortrieb. 1

Scheibenwischer

Wenn du dem angestellten Ellenbogen und der vortreibenden Fläche der Hand nachspüren möchtest, empfehle ich dir den Scheibenwischer. Dabei hast du die Ellenbogen auf Schulterhöhe und den Blick zum Beckenboden gerichtet. Während Schulter und Oberarm annähernd ruhig gehalten werden, machst du mit der Handfläche scheibenwischerartige Bewegungen für den Vortrieb. Das ist auch eine schöne Übung für die Körperstabilität. 2

Ente

Die Druckphase lässt sich gut spüren über die sogenannte Ente, dabei werden die Ellenbogen am Körper fixiert, und du benutzt deine Unterarme und Hände ähnlich wie Enten ihre Füße und drückst damit wechselseitig das Wasser nach hinten weg. 3

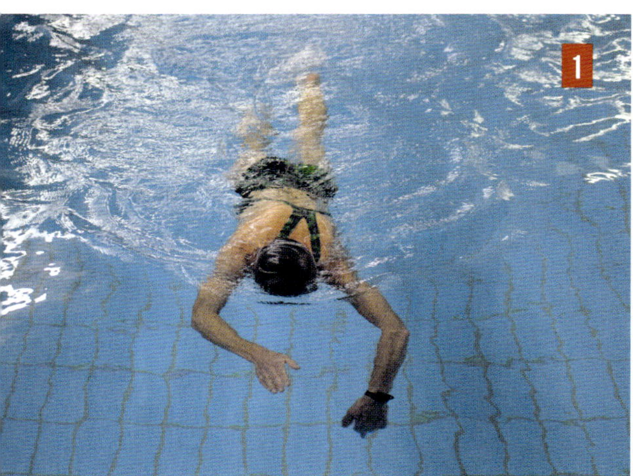

1

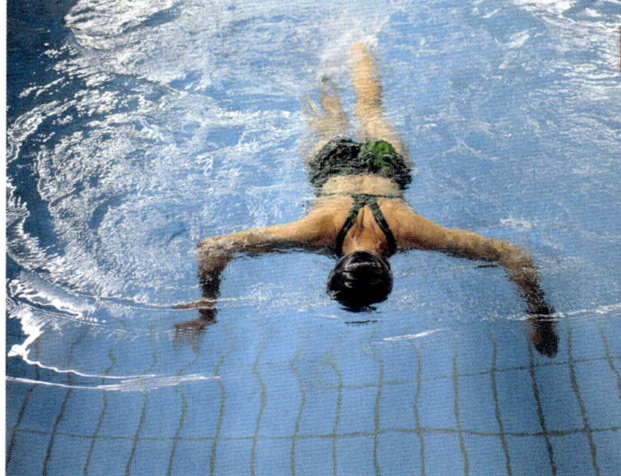

Wasserschmeißen

Eine andere Übung nennt sich „Wasserschmeißen", dabei „wirfst" du das Wasser diagonal über deinen Rücken, wenn du die Hand aus dem Wasser nimmst. 4

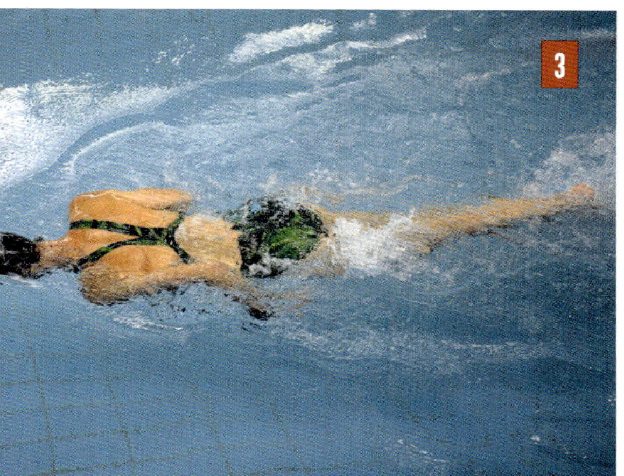
3

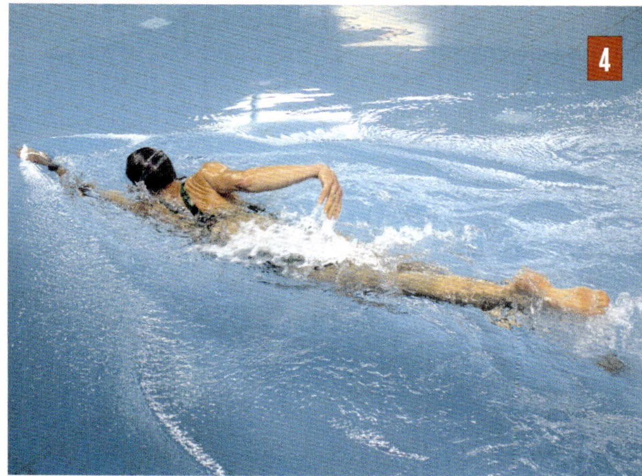
4

4 DIE ATMUNG

Die beste Technik wird nutzlos, wenn du nicht weißt, wie du Luft bekommst. Beim Kraulen ist die Oberwasserphase zu kurz, um ein- und auszuatmen, das bedeutet, du musst unter Wasser ausatmen. Falls du das noch nie gemacht hast, wird das die erste Übung. Du nimmst deinen Kopf unterhalb der Wasseroberfläche und blubberst einfach mal ins Wasser. Das kannst du prima im Nichtschwimmerbecken üben. Einfach mit dem Gesicht zum Beckenboden die Luft am besten durch die Nase rausstoßen, um dann mit der Drehung des Kopfes – außerhalb des Wassers – durch den Mund einzuatmen. Du kannst auch durch den Mund ausatmen und dir eine Nasenklemme aufsetzen, wenn du Sorge hast, du könntest durch die Nase Wasser hereinbekommen. Wenn das gut funktioniert, hängst du dich an den Beckenrand und übst es mit Körperspannung und Beinschlag.

Durch Mund oder Nase einatmen, dabei kannst du den Mund jeweils zu einer kleinen Öffnung seitlich zur Oberfläche verziehen. Nach dem Einatmen behältst du die Luft einen Moment, um sie dann kurz vor der Rotation mit dem Herausziehen der Hand aus der Nase herauszulassen. Anschließend schaust du wieder zum Beckenboden.

Um beim Atmen möglichst wenig Wasserwiderstand zu erzeugen, kannst du mit Blick in Richtung Achsel atmen und mit einem Auge kurz über die Wasseroberfläche schauen (wenn du die Hallendecke oder den Himmel siehst, drehst du zu stark). Danach schaust du wieder zum Beckenboden, das verringert den Wasserwiderstand. Die 3er-Atmung ist langfristig besser als eine 2er-Atmung. Du musst nicht zwingend eine 3er-Atmung einüben, aber sie hilft dir dabei, eine saubere, gleichmäßige Lage zu schwimmen. Zudem wird die Halswirbelsäule gleichmäßig bewegt, und du hast Vorteile im Wettkampf, denn du bist bei Licht und Sonne flexibler, kannst dich insgesamt leichter orientieren und hast dein Umfeld besser im Blick.

ÜBUNGEN FÜR DIE ATMUNG

Im flachen Wasser gehend, einen Arm vorgestreckt und aufs Wasser gelegt, atmen. 1

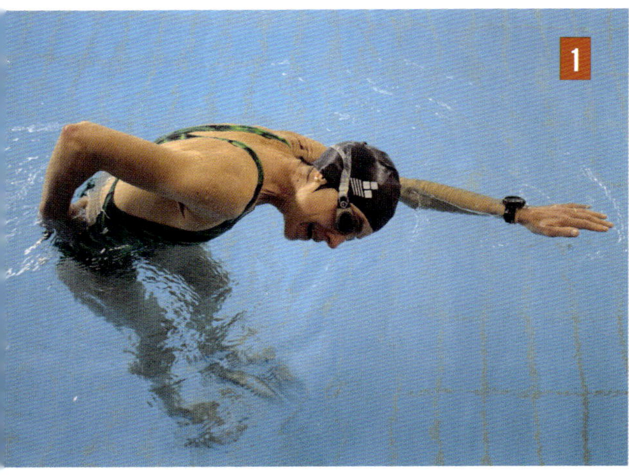

3er-Zug durch einarmiges Schwimmen üben.
Dabei den liegenden Arm eventuell mit einem Brett unterstützen.

2er-Zug, 4er-Zug, 6er-Zug zu beiden Seiten üben, dann 3er-Zug, 5er-Zug und 7er-Zug.

DIE HÄUFIGSTEN FEHLER BEI DER KRAULTECHNIK UND DAZU PASSENDE ÜBUNGEN

Wenn du feststellst, dass deine Technik noch nicht ganz ausgereift ist, empfehle ich dir, sie entweder von einem Trainer analysieren zu lassen oder dir ein Video von dir selbst anzuschauen. Je nachdem, was dir auffällt, solltest du dich bei der Korrektur auf einzelne Bereiche beschränken. Wenn dein Beinschlag nicht funktioniert, solltest du gezielt erst mal nur den Beinschlag üben. Möchtest du dann am nächsten Tag deinen Armzug verbessern, konzentrierst du dich am besten auch nur auf die Arme und steckst dir als Auftriebshilfe einen Pullkick zwischen die Oberschenkel. So kannst du durch gezielte Gefühlsschulung deine Kraultechnik optimieren.

SCHLECHTE WASSERLAGE

Für eine schlechte Wasserlage kommen verschiedene Ursachen infrage, es kann sein, dass die Rumpfmuskulatur unzureichend ausgebildet ist. Dann ist es sinnvoll, Bauch und Rücken auch außerhalb des Wassers zu trainieren, als Nächstes ist es wichtig, dass du ein Gefühl für die richtige Körperspannung entwickelst. Ebenso wird die Wasserlage aber auch durch die Haltung des Kopfes (auch bei der Atmung) und durch einen schlechten Beinschlag beeinflusst.

ÜBUNGEN ZUR VERBESSERUNG DER WASSERLAGE

Kontrastübung: Wasserballkraul – Kopf auf die Brust

Dabei wird eine Bahn mit dem Kopf außerhalb des Wassers geschwommen, nebenbei kannst du gleich die Zeit nutzen, deinen Oberwasserarmzug zu beobachten. Wasserballkraul kann auch im Wettkampf hilfreich sein, beispielsweise wenn man in der Menge eng um Bojen herumschwimmen muss. Bei der zweiten Bahn schwimmst du mit der Vorstellung, dein Kinn auf die Brust zu nehmen, beziehungsweise du schaust Richtung Bauch auf den Boden. Beobachte, wie sich deine Wasserlage jeweils anfühlt. 95 Prozent der Athleten schwimmen auf der zweiten Bahn dank der verbesserten Kopfhaltung korrekt und wesentlich effizienter, und das ohne größere Anstrengung.

Abschlag hinten

Diese Technikübung zwingt dich zu einer guten Wasserlage, da du ansonsten untergehst; ein schöner Nebeneffekt ist das Training deiner koordinativen Fähigkeiten. Am einfachsten beginnst du, indem du dich kräftig abstößt und beide Hände am Oberschenkel anliegen, dann führst du mit einem Arm einen Armzug aus, bis deine Hand deinen Oberschenkel erreicht, dann erst beginnt die andere Hand den Zug und so weiter …
Die Übung ist anstrengend.

FEHLERHAFTER BEINSCHLAG

Beim Beinschlag kann es zu zahlreichen Fehlern kommen, die möglicherweise mit einer Instabilität im Rumpf zusammenhängen oder auch mit einer übertriebenen Rotation bei der Atmung/beim Einatmen, dadurch kann eine Beingrätsche entstehen. Immer wieder fehlt auch die Beweglichkeit in den Sprunggelenken, oder die Beine bleiben komplett steif.

ÜBUNGEN ZUR VERBESSERUNG DES BEINSCHLAGS

(Siehe auch im Kapitel Beinschlagübungen, S. 36.)

Kontrastübung: angewinkelter Radfahrerbeinschlag – festgestelltes Knie

Bei der ersten Bahn machst du den Beinschlag bewusst aus dem Knie, und bei der zweiten Bahn versteifst du das Knie. Danach versuchst du, bewusst den Beinschlag aus deiner Hüfte zu machen und spürst der Bewegung nach.

Kontrastübung: weit auseinander – Zehen berühren sich

Auch diese Übung hilft dir unter Umständen dabei, alte Muster zu verlassen. Die erste Bahn schwimmst du bewusst unökonomisch mit viel Abstand zwischen deinen Beinen. Bei der nächsten Bahn versuchst du, deine großen Zehen bei der Berührung zu spüren.

FEHLER BEIM ARMZUG IN DER OBERWASSERPHASE

Einige Fehler beim Armzug haben wiederum auch Einfluss auf die Stabilität und die Wasserlage, und ein fehlerhafter Oberwasserarmzug führt zu einer ineffizienten Unterwasserphase.

Oberwasserphase gestreckt – Adlerflügelschlag

Dabei wird der Ellenbogen nicht angehoben und der Unterarm bzw. kommt der Ellenbogen vor der Hand ins Wasser und zieht viel Luft, wodurch einerseits mehr Widerstand entsteht und andererseits auch der Unterwaszug schlechter ausgeübt werden kann. 1

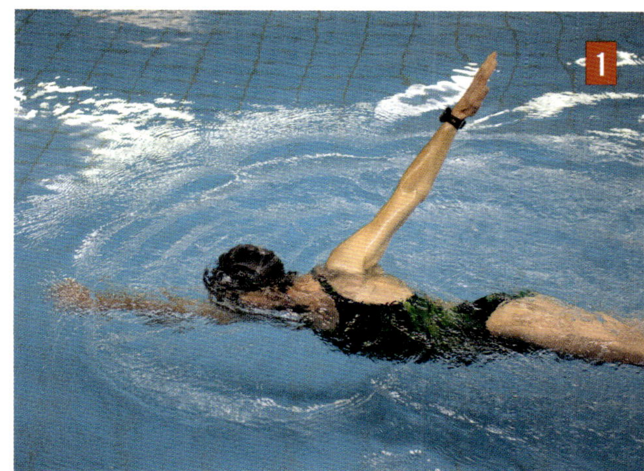

ÜBUNGEN ZUR VERBESSERUNG DES ARMZUGS

Reißverschluss und Achseltippen

(siehe Oberwasserarmzug, S. 39)

Po/Schulter/Kopf

Du tippst kurz mit dem Daumen an deine Hüfte, dann an die Schulter und an den Kopf, bevor du die Hand ins Wasser führst. Dadurch wird die Oberwasserphase auch ein wenig hinausgezögert, wodurch die Unterwasserphase automatisch mit größerer Geschwindigkeit und mehr Druck stattfindet. 2

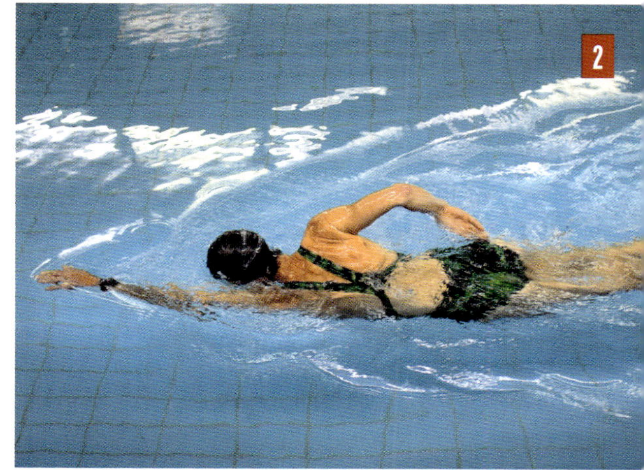

ÜBERGREIFEN JENSEITS DER KÖRPERACHSE

Diesen Fehler sieht man häufig, und er lässt sich gut erkennen, wenn man den Schwimmer von der Stirnseite her betrachtet. Manchmal geht das Übergreifen sogar so weit, dass der Schwimmer die Hand am gegenüberliegenden Ohr ins Wasser führt. Die Folgen sind vielfältig, sie reichen von einer sehr kurzen Zugphase und geringem Vortrieb über Instabilitäten im Rumpf bis zum gescherten, gegrätschten Beinschlag.

ÜBUNGEN ZUR VERBESSERUNG DER HALTUNG (KÖRPERACHSE)

Kontrastübung: bewusst extrem diagonal ziehen – bewusst mehr als schulterweit ziehen

Nach dem bewussten Übertreiben auf der ersten Bahn schwimmen die meisten Schwimmer die zweite Bahn lang und schulterbreit, so wie es sein sollte, und spüren den richtigen Armzug. 1

Unterwasserkraul

Der Armzug findet ohne Oberwasserphase statt. Nur der Ellenbogen spitzt kurz aus dem Wasser, und die Hand schießt geradeaus nach vorne, ohne dass sie aus dem Wasser genommen wird. Der Sportler sollte ausnahmsweise nach vorne blicken und sich den Zug anschauen. 2

Abschlag vorne

Bei dieser Übung bleibt eine Hand des Schwimmers immer kurz unterhalb der Wasseroberfläche liegen, während die andere Hand den Zug ausführt. Dadurch muss der Zug maximal lang ausgeführt werden, und im günstigsten Fall spürt der Schwimmer die Gleitphase. 3

Einarmig mit Brett

Man kann das Brett quer halten, sodass der ziehende Arm in der Verlängerung der Schulter eintauchen muss. 4

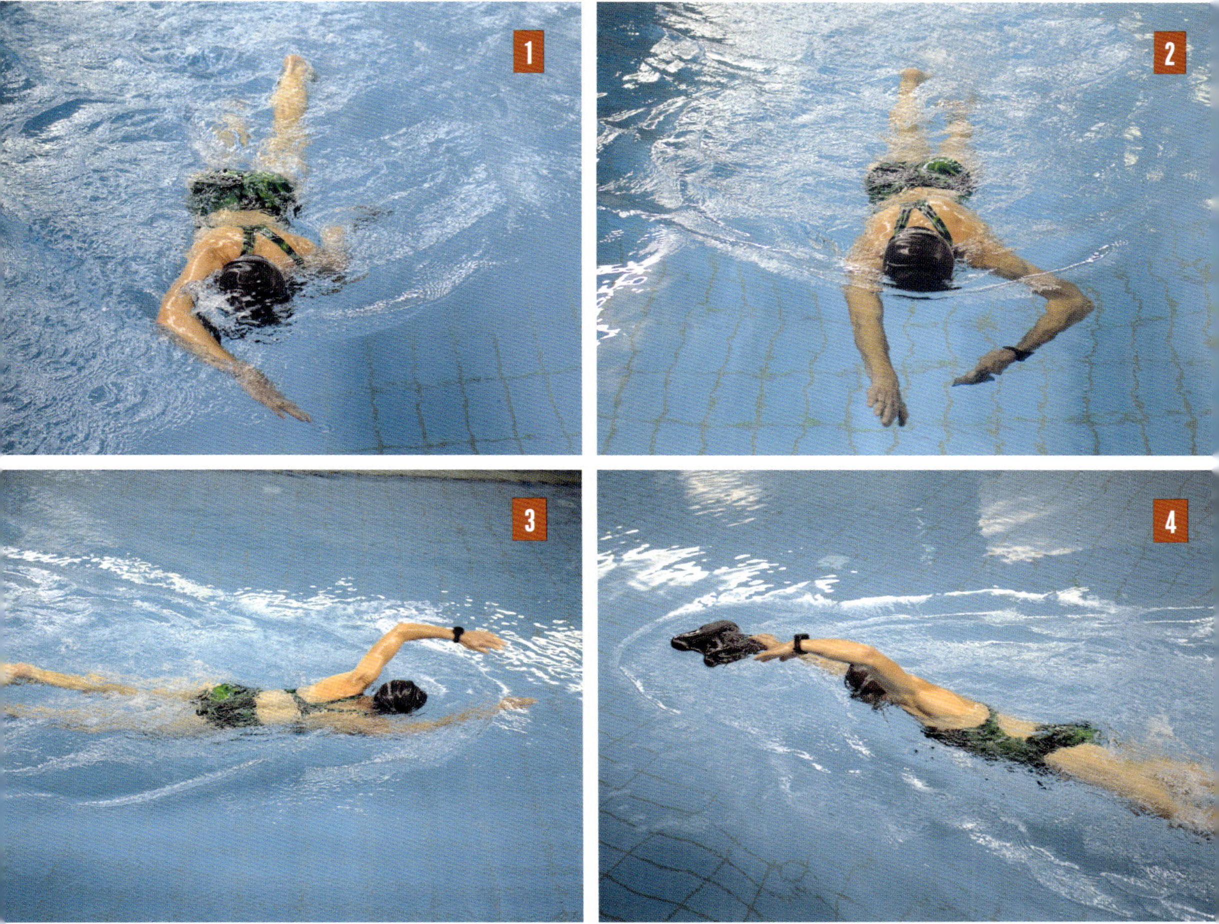

BEI DER UNTERWASSERPHASE FÄLLT DIE HAND, UND DER ARM WIRD GERADE DURCHGEZOGEN

Die Folge ist meistens ein schneller, unökonomischer Zug, bei dem auch oft noch die Druckphase fehlt. Der Schwimmer erweckt den Eindruck großer Aktion, kommt aber nicht wirklich vom Fleck.

ÜBUNGEN ZUR VERBESSERUNG DER ARMARBEIT

Siehe auch die Übungen für die Unterwasserphase: Scheibenwischer (S. 40)

Faust-Schwimmen

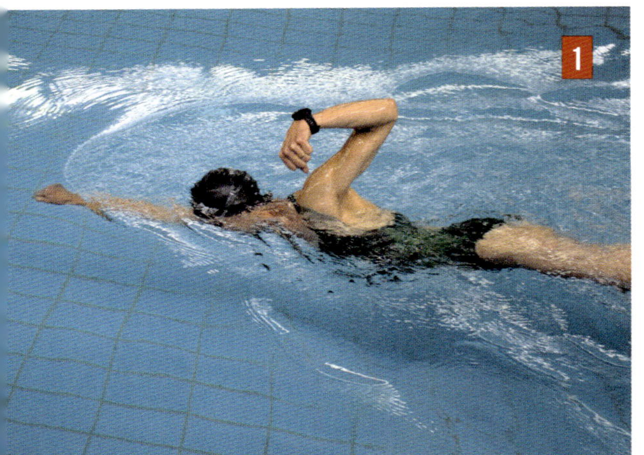

Dabei schwimmst du eine Bahn mit der geschlossenen Faust und am besten progressiv, das heißt, du versuchst, gegen Ende der Bahn sehr dynamisch und kraftvoll zu schwimmen, aber nicht mit einer höheren Frequenz. Die nächste Bahn nutzt du, um mit dem vorgehaltenen Ellenbogen und der Hand dem Druck des Wassers nachzuspüren. 1

BEI DER UNTERWASSERPHASE FEHLT DIE DRUCKPHASE

Ohne diesen letzten Druck, der vom Trizeps erzeugt wird, gibt es keine Gleitphase, und der Zug wirkt lasch.

ÜBUNGEN ZUR VERBESSERUNG DER ARMARBEIT

Siehe auch die Übungen für die Unterwasserphase: Ente/Wasser schmeißen (S. 40/41)

3er-Rolle

Mit der 3er-Rolle schlägst du sozusagen gleich mehrere Fliegen mit einer Klappe: Es wird nicht nur die letzte Druckphase geübt, sondern auch die wechselseitige 3er-Atmung und zudem der 6er-Beinschlag. Eine Übung, die sich auch gut zur Verbesserung der koordinativen Fähigkeiten eignet.

Du machst zwei Armzüge, und beim dritten Zug rollst du dich mit der Druckphase auf die Seite und schließt sechs schnelle Beinschläge an, um dann wieder zwei normale Armzüge zu machen und mit der gegenläufigen Hand auf die andere Seite zu rollen usw.

BEKLEIDUNG UND ZUBEHÖR

BADEANZUG ODER BADEHOSE

Sollte funktionell und eng anliegend sein. Ich empfehle dir, weite schlabberige Badehosen (nur) zu besonderen Trainingszwecken zu tragen. Sie haben einen ähnlichen Effekt wie spezielle Gürtel, an denen konische Plastikbecher befestigt sind.

BADEKAPPE UND SCHWIMMBRILLE

Es gibt Kappen aus Latex oder Silikon, wobei Letztere deutlich haltbarer sind. Eine Badekappe ist zweckmäßig, da sie den Kopf vor allem im kalten Wasser vor Kälte schützt. Ich finde es auch praktisch, dass dadurch die Schwimmbrillenbänder nicht so leicht verrutschen. Mein Tipp: Zieh im Wettkampf, falls es frisch sein sollte, zwei Badekappen übereinander an, unter der zweiten kannst du dann deine Brille befestigen, so kannst du auch problemlos ins Wasser springen, ohne dass dir die Brille verrutscht. Es gibt auch spezielle Neoprenkappen, die noch besser isolieren, sie werden mit einem kleinen Band am Kinn fixiert. Meine Empfehlung: Probier sie unter Stress unbedingt vorher aus! Ich selber habe das nicht gemacht, und ich hatte dann im Wettkampf das grausliche Gefühl, von meiner eigenen Badekappe erwürgt zu werden.

Schwimmbrillen 1 gibt es in den unterschiedlichsten Formen, Farben und Modellen, das Spektrum reicht von der winzigen Plastikschwedenbrille ohne Polster bis zu größeren Exemplaren, die Taucherbrillen ähneln. Nach meiner persönliche Erfahrung verzeiht die Haut mit zunehmendem Alter immer weniger und verliert an Elastizität, das heißt, wenn ich eine sehr kleine Brille trage, habe ich auch 24 Stunden später noch die Abdrücke im Gesicht und sehe aus wie eine Eule. Deshalb mag ich eher Brillen mit einer etwas größeren Auflagefläche, die nicht drücken, sie bieten außerdem den Vorteil der guten Sicht, wodurch man sich im offenen Gewässer besser orientieren kann. Ob groß oder klein ist aber letztlich eine persönliche Vorliebe, die Brille muss in erster Linie richtig passen und angenehm zu tragen sein. Nichts ist nerviger, als wenn einem dauernd Wasser in die Brille läuft.

Für verschiedene Wetterlagen gibt es die Brillen klar oder getönt und sogar selbst tönend. Sie sollten gut zur Gesichtsform passen, und die Gläser sollten sich im trockenen Zustand leicht ansaugen.

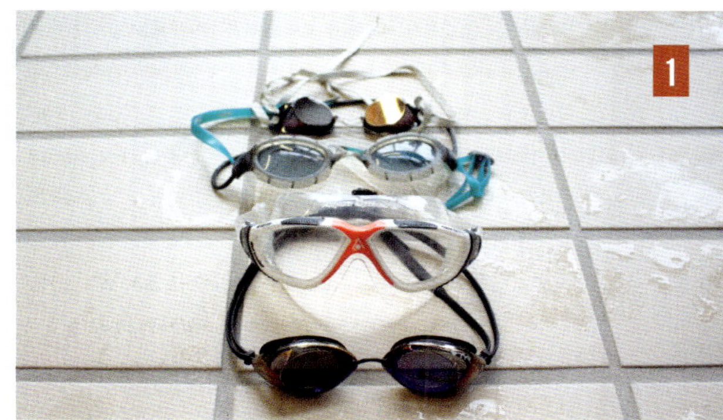
1

NEOPRENANZUG

In allen Regelwerken steht, dass der Triathlon-Neoprenanzug aus maximal 5 mm dickem Neopren und aus bis zu drei Einzelteilen bestehen darf, und zwar Ober- und Unterteil sowie einer Neoprenhaube/Gesichtsmaske. Neoprenüberschuhe etc. sind im Wettkampf nicht erlaubt.

Die Vorteile:

- **Gefühl von mehr Sicherheit durch den Auftrieb und Schutz vor äußeren Einflüssen**
- **Kälteschutz**
- **Geringere Ermüdung beim Schwimmen, mehr verbleibende Energie zum Radeln und Laufen**

Falls du dich auf längere Distanzen wagen willst oder regelmäßig an Wettkämpfen teilnehmen möchtest, macht es Sinn, dich nach einem geeigneten Neoprenanzug umzusehen. Eine ganze Reihe von Firmen hat eine Vielzahl unterschiedlicher Qualitäten im Angebot. Am besten solltest du mal an einem Neopren-Testschwimmen teilnehmen. Dann kannst du die beste Passform für dich ausprobieren. Die Anzüge sind nicht nur ein guter Kälteschutz, durch ihren stärkeren Auftrieb garantieren sie auch ein schnelleres und zugleich weniger ermüdendes Schwimmen, vor allem im Rumpf- und Beinbereich. Die Preisunterschiede machen sich vor allem bei der Flexibilität und der Haltbarkeit bemerkbar. Du solltest beim Tragen des trockenen Anzugs das Gefühl einer gewissen Enge haben, aber noch atmen können. Im Wasser musst du vor allem deine Arme gut bewegen können. Die Oberfläche des Neo sollte möglichst glatt sein, und die Innenstruktur Haltbarkeit und Flexibilität gewähren. Wenn du einen Anzug ausprobierst, solltest du auch gleichzeitig darauf bedacht sein, dass du ihn schnell wieder ausziehen kannst. Einige Anzüge sind auch innen beschichtet, sodass sie – vor allem im nassen Zustand – nicht an deiner Haut „kleben" und sich sehr leicht abstreifen lassen.

Mein Tipp zum Anziehen: Halte immer eine trockene Plastiktüte parat, die du dir vorher über die Füße und dann auch über die Hände ziehst, dann kommst du schneller in den Neo hinein, und die Gefahr, dass du die empfindliche Oberfläche des Anzugs beschädigst, ist dabei auch geringer. (Vorsicht mit langen Fingernägeln!)

MEINE ERSTE „NEO" ERFAHRUNG

Nach meinen ersten Erfolgen im Volkstriathlon reizte es mich, auch an einer olympischen Distanz teilzunehmen, und so fing ich an, meine Trainingsstrecken ein wenig auszuweiten. Ich betrieb nach wie vor kein ernsthaftes Training, aber da der Wettkampf in der Nähe meiner Heimat stattfand, machte ich mich zumindest mit den Strecken und den Gegebenheiten vertraut. Abgesehen von der schwierigen, aber bekannten Radstrecke war ich noch nie zuvor länger in einem See geschwommen, und so steigerte sich die Nervosität, als sich das Datum näherte. Einige Tage vor dem Wettkampf machte ich mir plötzlich Gedanken über die zu erwartenden Wassertemperaturen. Was ist, wenn der See nur 18 Grad hat? Das würde schwierig werden. Das Wetter war regnerisch und frisch, und ich fror generell schnell und kam schlecht mit kalten Wassertemperaturen zurecht. So sprach ich mit einer Stallkollegin über meine Bedenken und erzählte ihr, dass einige professionelle Triathleten spezielle Neoprenanzüge trugen. Das brachte die Freundin auf die geniale Idee, mir ihren Surfanzug zu leihen. Auch so etwas hatte ich im Leben noch nie getragen, war aber dankbar, unentgeltlich eine offensichtliche Lösung gefunden zu haben. Leider bekam ich den Anzug erst am Abend vor dem Wettkampf, sodass ich keine Zeit zum Ausprobieren hatte.

Nun, die Überraschung ließ nicht lange auf sich warten. Nach nur wenigen Stunden Schlaf und nervöser Anspannung in Erwartung des ersten „großen" Wettkampfs stand ich völlig aufgeregt mit meinem ärmellosen, etwas zu großen Surfanzug am Start. Ich fand mich insgeheim ziemlich professionell in meinem Outfit, und da das Wasser tatsächlich kaum mehr als 18 Grad hatte, gab es auch wenige harte Sportler, die „nur" in Badekleidung antraten. Zügig rannte ich nach dem Startschuss mit allen anderen ins Wasser und warf mich schließlich in das kühle Nass. Was dann folgte, war völlig unerwartet. Das Wasser drang nun auf allen Seiten in den zu großen Anzug ein, und es war sehr mühsam, gegen den inneren und äußeren Wasserwiderstand anzuschwimmen. Das einzig Positive an der Situation war, dass ich nicht fror. Ansonsten war es ein kraftraubender Kampf, in erster Linie mit und gegen den Anzug. Immerhin hatte ich keine größeren Probleme beim Ausziehen, und so rannte ich befreit zu meinem grünen Damenfahrrad, um mich dem nächsten anspruchsvollen Part zu widmen.

An diesen Wettkampf erinnere ich mich immer noch gerne und gut, denn ich habe wichtige Erfahrungen gesammelt und auch amüsante menschliche Bekanntschaften gemacht.

Mir war danach klar, dass ich sicher niemals mehr einen Surfanzug zum Schwimmen anziehen würde, eher würde ich ohne Neoprenanzug starten. Ich realisierte aber auch, dass es wirklich sinnvoll ist, bei einer längeren Strecke (1500 m) und kalten Wassertemperaturen einen Neoprenanzug anzuziehen. Die Konsequenz daraus war, dass ich mich anschließend auf die Suche nach einem passenden Anzug machte.

AUFTRIEBSHILFEN – FLOSSEN UND DIVERSES ZUBEHÖR

Es gibt verschiedene Hilfsmittel 1, mit deren Unterstützung du schneller zu einer guten Technik findest, oder die dir helfen, dich auf bestimmte Phasen zu konzentrieren. Du solltest sie aber nur vorübergehend benutzen, da dir die Auftriebshilfen beispielsweise eine gute Wasserlage vorgaukeln. Die Auswahl der Hilfsmittel ist groß, ich habe hier nur die wichtigsten aufgeführt.

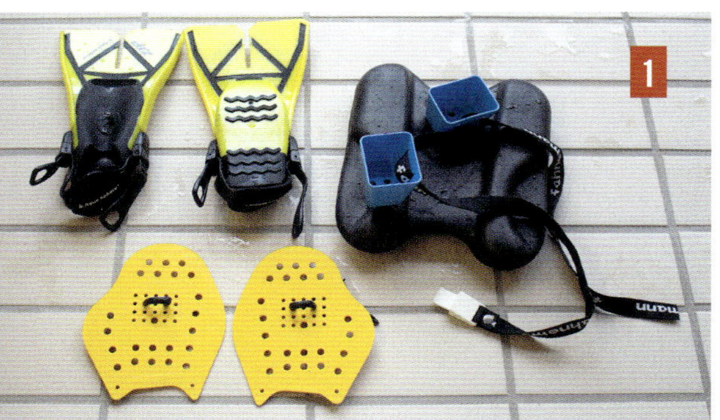

Pullboy/Pullkick/Brett

Damit kannst du deinen Armzug besser erspüren, da du keinen Beinschlag mehr brauchst. Die Auftriebsstärke sollte angemessen sein. Wer eine extrem schlechte Wasserlage hat, ist mit einem Pullboy nicht so gut beraten.

Flossen

Vor allem Kurzflossen können dir helfen, deinen Beinschlag besser zu erfühlen.

Paddels/Handschuhe

Es gibt speziell geformte Paddels, die dich zu einem sauberen Armzug erziehen, da du sonst gar nicht vorwärtskommst, sie sind sehr empfehlenswert.

Generell gilt, dass die Paddels nicht zu groß sein und maßvoll eingesetzt werden sollten, denn sonst können sie die Schultermuskulatur zu sehr belasten.

FREIWASSERSCHWIMMEN

Das Schwimmen in offenen Gewässern unterscheidet sich deutlich vom gewohnten „Kachelnzählen". Es ist verunsichernd, wenn man sich weder im noch oberhalb des Wassers einfach orientieren kann. Das Training in einem offenen fremden Gewässer kostet auch mich immer noch eine deutliche Überwindung. Im Fluss, See, Meer oder auch im nahe gelegenen Fischteich taucht man immer wieder in trübes, undurchsichtiges Gewässer ein. Und du solltest wirklich unbedingt vorher sicherstellen, dass du dort gefahrlos schwimmen kannst. Gefährliche Strömungen, Algen und auch Felsen können zu einer Gefahr werden, darum solltest du nicht alleine schwimmen. Vielleicht kann dein Partner dich mit einem Paddelboot begleiten, oder du schließt dich einer Gruppe an. Ansonsten schwimme ich generell immer in der Nähe des Ufers, sodass ich mein Training notfalls abbrechen und aus dem Wasser steigen kann.

Die meisten ausgewiesenen Badeseen in Deutschland kann man sicherlich gefahrlos betreten, und auf Haie trifft man in unseren Regionen auch eher selten … Es gibt großartige kristallklare Seen, die dir das Gefühl geben, in einem Aquarium zu schwimmen. Falls du am Meer lebst oder an einem großen See oder im Urlaub dort trainierst, wirst du eventuell noch mit weiteren Herausforderungen konfrontiert: mit Wind, Wellen und Salzwasser.

Im Wettkampf brauchst du dir um deine Sicherheit keine Sorgen zu machen, die Strecke wird immer von genügend Helfern in Booten begleitet. Solltest du also aus irgendeinem Grund beim Schwimmen Probleme bekommen (etwa durch einen Krampf), wird immer jemand für dich da sein. Du machst dich am besten durch Handheben und möglichst deutliches Winken bemerkbar.

Um dich gut auf einen bevorstehenden Wettkampf vorzubereiten, rate ich dir, den betreffenden See vorher zu besuchen und die Gegebenheiten vor Ort schon mal unter die Lupe zu nehmen. Wie ist das Wasser, trüb oder klar? Wie ist das Gelände? Wo und wie kannst du dich orientieren? Es ist beruhigend, vorab schon mal eine Runde zu schwimmen oder auch mit Trainingspartnern einen Schwimmstart zu simulieren.

Genauso kannst du dann auch den Ausstieg und einen Lauf in eine fiktive Wechselzone üben, wo du schnell deinen Neoprenanzug ausziehst und dich anschließend sofort aufs Fahrrad schwingst.

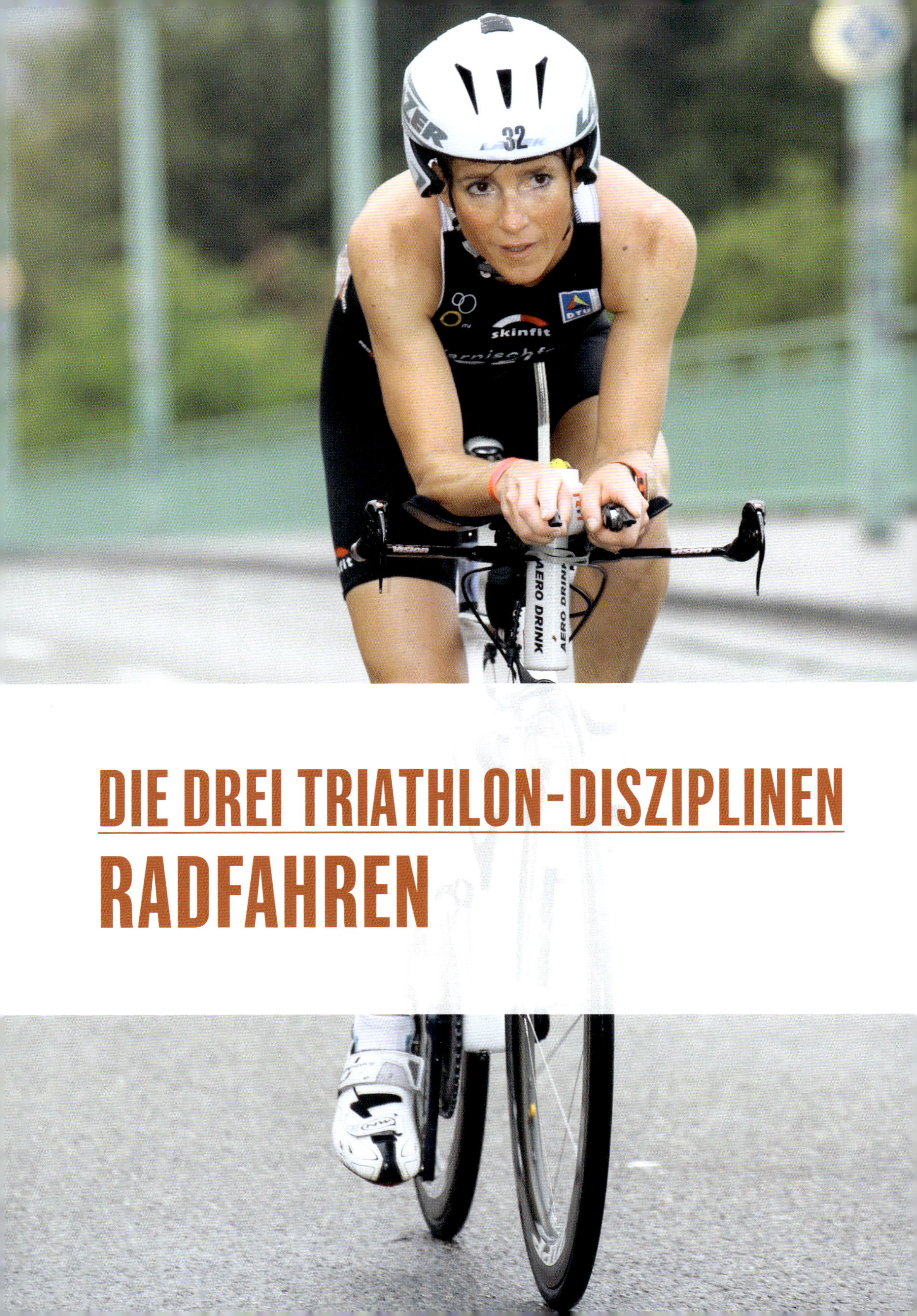

DIE DREI TRIATHLON-DISZIPLINEN

RADFAHREN

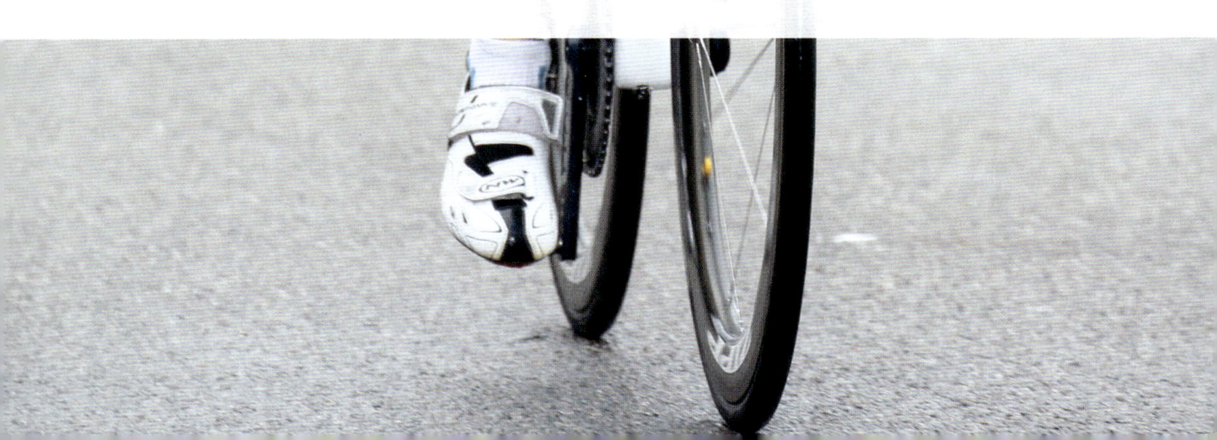

Das Radfahren lernt man normalerweise spielerisch schon als Kind, und der Bewegungsablauf ist weniger komplex als der beim Schwimmen. Doch da die zweite Disziplin mehr als 50 Prozent der gesamten Wettkampfdauer beansprucht und auch zeitlich die trainingsintensivste der drei Sportarten ist, solltest du ihr die entsprechende Aufmerksamkeit schenken.

Falls du bisher wenig oder gar keinen Sport getrieben hast, bietet sich das Radfahren auch als erstes Ausdauertraining an. Vor allem wenn du übergewichtig bist und/oder die vierzig erreicht hast, solltest du lieber mit einer orthopädisch weniger belastenden Sportart beginnen. Das Radfahren trainiert auch bis ins hohe Alter die koordinativen Fähigkeiten und den Gleichgewichtssinn und ist deshalb auch gleichzeitig eine Verletzungsprophylaxe. Der für die Geschwindigkeit ausschlaggebende Faktor ist hier allerdings nicht allein der Athlet, sondern ebenso das Material, sprich sein Rad. Weder ein Jan Frodeno noch ein Patrick Lange wären auf einem Tourenrad Olympiasieger oder Weltmeister geworden. Was bedeutet das nun für den Freizeitsportler, der mit Freude gut ankommen möchte?

Obwohl der Schwerpunkt dieses Buches auf Gesundheit und Spaß liegt und weniger auf den Leistungsgedanken abzielt, möchte ich dich trotzdem auch ein wenig in die Materialwelt einführen. Ein Fahrrad, das dir gefällt und auf dem du bequem sitzt oder liegst, macht dich gleich ein Stückchen schneller, allerdings auch nur dann, wenn du entsprechend trainierst. Das Radfahren ist sicherlich mit Abstand die kostenintensivste der drei Disziplinen, auch wenn nicht jeder unbedingt ein exklusives Zeitfahrrad braucht. Dennoch gehören ein Helm sowie eine entsprechende zweckorientierte Bekleidung zu diesem Freizeitspaß dazu.

TECHNIK

Wie schon erwähnt, ist die Radfahr-Technik ein komplexes Thema. Denn hier geht es nicht nur darum, beide Kurbeln nach unten zu drücken. Eine möglichst aerodynamische und bequeme Sitzposition, verbunden mit einem harmonischen Tretzyklus, bildet die Voraussetzung für einen langfristigen Trainingsspaß und schließlich auch für den Wettkampferfolg. Deshalb ist es sehr wichtig, dass du dich fahrtechnisch sicher fühlst. Dann kannst du auch in unvorhergesehenen Situationen schnell und richtig reagieren und so deine eigene Sicherheit gewährleisten.

WANN IST WELCHES RAD SINNVOLL?

Falls du schon einmal eine Triathlon-Veranstaltung live vor Ort oder einen Ironman im Fernsehen gesehen hast, werden dir bestimmt die leicht futuristisch anmutenden Rennmaschinen aufgefallen sein, die aber nicht nur von Spitzenathleten gefahren werden, sondern auch von zahlreichen Hobbysportlern. Viele sind auch noch mit einer „Scheibe" ausgestattet und surren mit einem typischen Geräusch in hoher Geschwindigkeit über die Strecke. Solche Fahrräder sind oft ausgeklügelte Highend-Geräte, die durchaus so viel kosten können wie ein Kleinwagen. Als Einsteiger wärest du jedoch mit einem solchen „Geschoss" völlig überfordert, denn sowohl die Sitzposition als auch die Instabilität der oft sehr leichten Räder sind erst mal gewöhnungsbedürftig.

Für deinen ersten Wettkampf in einer Volksdisziplin brauchst du dir nicht zwingend ein neues Fahrrad zu kaufen. Je nach Veranstaltung kannst du mit einem Mountainbike oder einem Tourenfahrrad antreten. Es hängt davon ab, ob die Radstrecke durch Gelände oder auf der Straße verläuft. Ich habe mein erstes Rennen in der Volksdisziplin auf einem Damenfahrrad gewonnen.

Hast du dann Freude am Radfahren gefunden und verspürst Lust, dich auf längere Distanzen einzulassen, stellt sich schon die Frage, ob du dir ein entsprechendes Fahrrad zulegen solltest. Aber welcher Typ von Fahrrad ist dann richtig für dich?

Mountainbike

Die Entscheidung für ein Mountainbike ist sinnvoll und notwendig, wenn du dich für Cross-Wettkämpfe interessierst, die ausschließlich im Gelände stattfinden. Solche Rennstrecken können ausgesprochen anspruchsvoll sein und ein entsprechendes Höhenprofil aufweisen, daher sind sie als Einstieg überhaupt nicht zu empfehlen. Für einen motivierten Biker, der auch Downhill-Etappen nicht scheut, können sie eine echte Herausforderung sein. Ich persönlich fahre lieber bergauf als bergab, da ich nach diversen Unfällen etwas vorsichtiger geworden bin.

Dennoch ist ein Mountainbike eine sehr gute Anschaffung, da du überall im Gelände, jenseits des Verkehrs und der Straßen, trainieren kannst und auch gerade im Winter infolge der größeren Anstrengung nicht so schnell frierst. In der Regel wiegen diese Räder aufgrund ihrer Ausstattung und ihres Materials schon einiges mehr. Dazu kommt dann noch der deutlich höhere Rollwiderstand durch die entsprechende Bereifung, und so bist du generell um einiges langsamer unterwegs.

Mountainbikes sind auch hervorragend geeignet, wenn du deine fahrtechnischen Fähigkeiten verbessern willst. Ein Trail Parcours oder ein Crosscountry Trail erfordern höchste Konzentration, und du lernst spielerisch, dein Rad immer besser zu kontrollieren. Das kommt deiner eigenen Sicherheit grundsätzlich sehr zugute, da dich auch der normale Radalltag immer wieder in grenzwertige Situationen bringen kann, wo du intuitiv richtig und blitzschnell reagieren musst. Außerdem macht es auch noch richtig Spaß!

Mein Tipp: Lass dich nicht von anderen stressen oder beeindrucken, mach in Ruhe dein Ding und probiere dich aus.

Hardtail

Das ist das Ursprungs-Mountainbike, es hat vorne eine Federgabel und ist ansonsten nicht weiter gefedert. Für den üblichen Radspaß reicht es völlig aus, und du bekommst auch mit kleinerem Geldbeutel schon ein ordentliches Exemplar. Je nachdem, welche Mäntel du aufgezogen hast, kannst du sowohl auf der Straße als auch im Gelände sicher und schnell fahren.

Fully

Ein qualitativ hochwertiges Fully ist eine feine Sache, auch für Crosscountry-Ungeübte und echte Anfänger. Diese Räder sind – genau wie alle anderen – aus Aluminium oder Carbon gefertigt, besitzen aber nicht nur vorne eine Federung, sondern auch hinten, was ein sehr komfortables stoßfreies Fahren über Wurzeln und alle möglichen kleineren Hindernisse ermöglicht.

DAS RICHTIGE RAD FÜR ALLE FÄLLE …

Falls du mehrere Fahrräder zur Verfügung hast – bei mir sind es mittlerweile immerhin sechs verschiedene (darunter auch ein E-Bike) – kannst du dir das Rad aussuchen, das dir gerade für den jeweiligen Zweck richtig erscheint. Ich selbst bin oft zu Terminen unterwegs und verbinde so das Trainieren auf dem Rad mit meinen verschiedenen Verpflichtungen. So kommt es auch mal vor, dass ich spontan Abkürzungen durch irgendwelche Waldstücke ausprobiere. Einmal saß ich auf meinem Tourenrad und hatte es eilig, also entschloss ich mich unbedacht, eine Abkürzung durch den Wald zu nehmen. Dummerweise war es einige Tage zuvor sehr stürmisch gewesen, und so lagen auf dem Weg ein paar umgestürzte kleinere Bäume. Mir war in dem Augenblick entfallen, dass ich nicht auf meinem Mountainbike saß, also setzte ich zum Sprung an, mit dem Ergebnis, dass das deutlich schwerere Fahrrad ohne Klicksystem und ich an einem Baum hängen blieben. Ich stürzte.

Das war sicher ein sehr lustiger Anblick, und so musste auch ich erst mal über meine eigene Dummheit lachen. Und neben ein paar Schrammen und etlichen blauen Flecken war ich mal wieder um eine Erfahrung reicher. Du kannst nicht mit jedem Rad alles machen, und es sollte dir in jedem Moment klar sein, auf welchem Fahrrad du gerade sitzt.

Rennrad 1

Spätestens wenn du mit dem Gedanken spielst, in der olympischen Disziplin zu starten, solltest du auch über den Kauf eines Rennrads nachdenken, denn die meisten Wettkämpfe in dieser Disziplin finden auf der Straße statt. Da können 40 Kilometer schon richtig lang werden, und anschließend hast du ja auch noch einen 10-Kilometer-Lauf zu bestreiten.

Ein Rennrad hat im Vergleich zu einem Mountain- oder Tourenbike eine deutlich bessere Aerodynamik und durch die schmalen Reifen auch einen wesentlich geringeren Rollwiderstand.

Zudem hat es, je nach den verwendeten Materialien, weniger Gewicht und ist rundherum wesentlich schneller und leichter zu fahren. Bei der Wahl deines Rennrads solltest du dich allerdings in einem Fachgeschäft beraten lassen, da sowohl die Größe als auch die Einstellungen des Rads (Sitzposition) genau für dich passen müssen, sie sind im Wesentlichen verantwortlich für deinen Komfort und das gute Fahrgefühl. Am Anfang wird das eine Umstellung für dich sein, weshalb du dich langsam an die veränderte Position rantasten solltest. Auch die Umstellung auf die Klickpedale ist anfangs sicher eine Herausforderung und tatsächlich gewöhnungsbedürftig, aber nur durch die feste Verbindung eines stabilen Radschuhs mit der Klickpedale kannst du ohne Energieverlust in einen effizienten Tritt kommen.

Zeitfahrrad/ Triathlon-Rad 2

Du hast dich längst entschieden, dass Triathlon für dich der richtige Sport ist und dass du weiterhin Zeit und auch Geld in dieses Hobby investieren möchtest. Nun stellt sich dir die Frage, ob du dir nicht gleich eine Triathlon-Rennmaschine zulegen solltest. Um dir die Entscheidung zu erleichtern, erkläre ich dir die wesentlichen Unterschiede zwischen den beiden Rad-Typen.

Das Triathlon-Rad ist aufgrund seiner Geometrie anspruchsvoller zu fahren, denn dabei sind 70 Prozent der Körpermasse im vorderen Bereich, während es beim Rennrad nur etwa 50 Prozent sind. Dadurch entsteht vor allem mehr Stabilität beim Bergab- und beim Kurvenfahren.

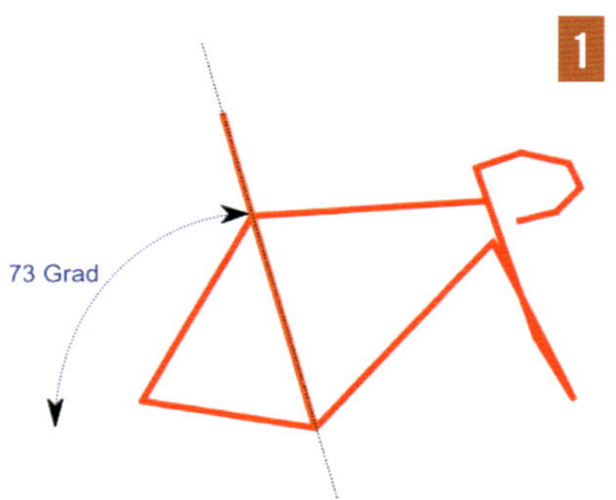

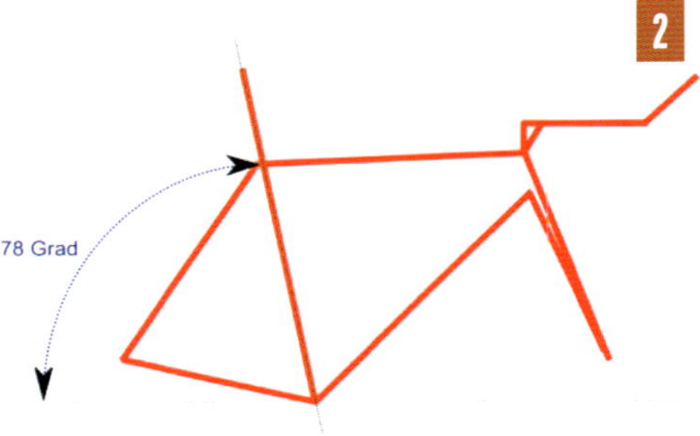

UNTERSCHIED RENNRAD : ZEITFAHRRAD

DIE GEOMETRIE

Wie auf der Skizze Seite 58 zu sehen, ist der Sitzwinkel auf dem Triathlon-Rad steiler, da das Oberrohr kürzer ist und das Sitzrohr steiler. Das ist von Vorteil für die Sitzposition, da man einen offeneren Winkel hat und der Bauch weniger zusammengedrückt wird. Zudem verändert sich der Winkel zur Kurbel, man hat eine bessere Druckmöglichkeit, und die Beine ermüden deutlich langsamer.

Das Hauptargument für ein Triathlon-Bike ist seine deutlich bessere Aerodynamik, die es nicht nur seiner spezifischen Geometrie, sondern auch dem Aerolenker verdankt.

DER AEROLENKER

Durch die aerodynamische Haltung, die dir die Liegeposition auf dem Fahrrad ermöglicht, kannst du sehr viel Kraft sparen, die du später beim Laufen einsetzen kannst. Im Gegensatz zum Hornlenker liegen die Bremsen allerdings an der Seite und die Schaltung in der Liegeposition, deshalb sind diese Lenker ungeeignet, wenn du in einer Gruppe unterwegs bist, denn bei zu dichtem Auffahren ist der Reaktionsweg zu lang, und es kann zu gefährlichen Unfällen kommen.

Bei Windschattenrennen, wie sie von den Profis oder im Ligabereich in der olympischen Disziplin ausgetragen werden, sind diese Lenker deshalb auch verboten.

Eine Alternative zum Rennrad sind sogenannte Auflieger: Lenkeraufsätze, die du auf dem bereits vorhandenen Lenker anbringst. Sie verändern zwar deinen Sitzwinkel auf dem Rennrad nicht, aber sie verhelfen dir zu einer deutlich besseren Aerodynamik.

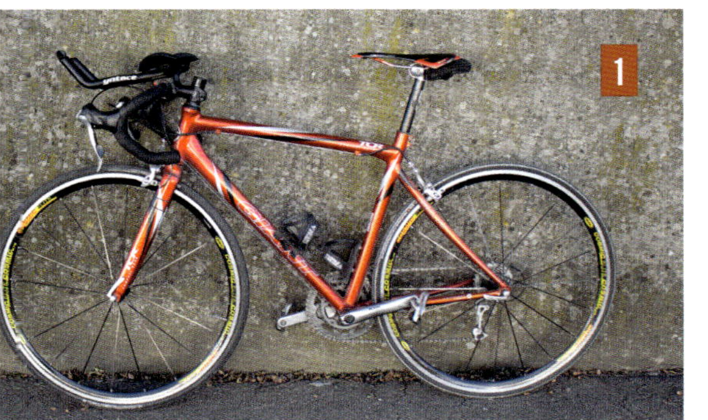

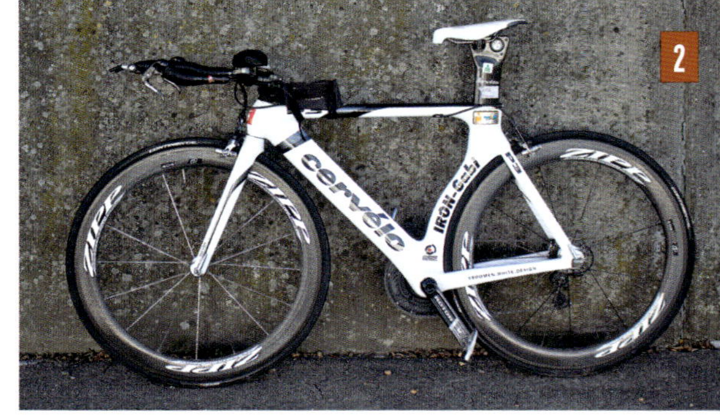

RENNRAD ODER ZEITFAHRRAD?

VOR- UND NACHTEILE
Du solltest die Entscheidung von deinen Zielen abhängig machen. Wenn du motiviert bist und ernsthaft längere Strecken fahren möchtest, und das auch häufig allein, dann ist das Zeitfahrrad für dich wahrscheinlich die bessere Wahl. Wenn du dagegen gerne öfter in den Bergen unterwegs bist oder auch überwiegend in Gesellschaft fährst, dann wirst du dich auf einem Rennrad besser aufgehoben fühlen.

DIE BEWEGUNG AUF DEM RAD MIT IHREN VERSCHIEDENEN PHASEN

Die optimale Kraftübertragung findet über die feste Sohle des Radschuhs und das Klicksystem zu den Pedalen statt. Wenn du dann die ersten Unsicherheiten überwunden hast, wirst du merken, wie viel leichter und schneller die Strecken zu bewältigen sind. Nun kommt es darauf an, deinem Gehirn neue Reize zu setzen und das veränderte Bewegungsmuster einzuüben. Nach einer Weile bilden sich im Gehirn neue neurologische Bahnen, die man auch als „muskuläres Gedächtnis" bezeichnen kann. Das braucht häufige Wiederholungen, aber es lohnt sich, dass du dir die Zeit dafür nimmst!

Der runde Tritt

Der sogenannte runde Tritt wäre sinnvoller als „effektiver Tritt" zu bezeichnen, er wird nicht nur durch das Drücken der Pedale im vorderen Bereich erzeugt, sondern gleichermaßen durch Ziehen im hinteren Bereich. Je gleichmäßiger du dich in die Bewegung hineinfühlen kannst, desto effizienter und ökonomischer wirst du vorwärtskommen. Man kann den runden Tritt (eine komplette Kurbeldrehung) in vier Phasen aufgliedern:

- **Die Schubphase**
  Die erste Phase beginnt im oberen Teil der Kurbelumdrehung. Wenn man aus der Hubphase kommt, wird nicht gleich nach unten gedrückt, vielmehr fühlt es sich so an, als schiebe man den Fuß über die 12-Uhr-Marke, um dann bei 1 Uhr in die Druckphase überzugehen.
- **Die Druckphase**
  In dieser Phase wird ein Großteil der vortreibenden Kraft erzeugt, und sie erklärt sich von selbst.

- **Gleit- und Zugphase**
  Im unteren Bereich der Kurbelumdrehung liegt ein Totpunkt, in dem keine senkrechte Kraftübertragung auf das Pedal möglich ist. Das Bein geht anschließend in die nächste Phase über.

- **Zug- und Hubphase**
  Das Ziehen fühlt sich zu Beginn wie das Scharren von Hufen an. Im Übergang zur Schubphase hebt man das aktive Bein an, um dann erneut vom Schub in den Druck überzugehen.

ÜBUNGEN ZUR BEWEGUNG AUF DEM RAD

Einbeinig fahren

Das einbeinige Fahren ist zunächst sehr ungewohnt, und es bietet sich an, das Ganze erst mal auf einem Spinning-Rad oder einem Hometrainer zu üben. Dann kannst du dich voll und ganz auf das Gefühl des Pedalierens konzentrieren und spürst die einzelnen Phasen besser. Dafür kannst du dein freies Bein auf einem Stuhl abstellen und darauf achten, dass du dabei deine Hüfte immer parallel hältst. Nach 10-minütigem Einfahren versuchst du dann, für etwa 60 bis 90 Sekunden im Wechsel jeweils rechts und links mit einem Bein zu fahren. Beobachte, ob es dir auf einer Seite leichter fällt als auf der anderen.

Das würde darauf hindeuten, dass du eine muskuläre Dysbalance hast, die du aber durch gezieltes Krafttraining ausgleichen kannst. Wenn du keinen Hometrainer hast, kannst du auch mit einem leichten Gang auf ebener Strecke bewusst nur Druck auf einer Seite ausüben, während das andere Bein sich passiv mitbewegt. Dies sollte keine Kraftübung werden. Vielmehr geht es um lockeres Pedalieren, bei dem du ins Spüren kommst.

Durch häufiges Wiederholen trainierst du dein Gehirn auf die veränderten Bewegungsmuster und konditionierst es darauf.

Mit dem dicken Blatt fahren

Begib dich auf eine ebene Strecke, nimm die schwerste Übersetzung und tritt mit viel Druck und wenig Umdrehungen. Achte darauf, dass du gerade sitzen bleibst und nicht hin und her wackelst. Spüre der Kraft nach und versuche, jede einzelne Phase der Tretbewegung wahrzunehmen. Anschließend fährst du wieder „normal" und kommst in ein lockeres Pedalieren. Wieder geht es um die bewusste Wahrnehmung der Bewegung.

Hochfrequent fahren

Hochfrequent fahren bedeutet, bei 90 bis 110 Umdrehungen gleichmäßig zu pedalieren. Auch hier ist es wichtig, ruhig im Sattel sitzen zu bleiben und nicht herumzuhüpfen. Es ist generell empfehlenswert, auf ebenen Strecken mit hoher Trittfrequenz zu fahren, denn dadurch werden Muskeln, Sehnen, Bänder und Gelenke vor Überlastungen geschützt. Anfangs fühlt es sich so an, als träte man kraftlos ins Leere, und der eine oder andere Einsteiger kann durch das ungewohnte Pedalieren sogar schon mal die Balance verlieren. Du solltest mit 80 Umdrehungen starten und dich langsam hocharbeiten. Es braucht aber ein wenig Übung und viele Wiederholungen, bis sich ein Gefühl von Normalität einstellt. Am besten beginnst du auf einer ebenen Strecke oder einer mit nur sehr leichtem Gefälle. Du steigerst deine Trittfrequenz, bis du fast zu hüpfen beginnst, um dich dann etwas zurückzunehmen. Anschließend versuchst du, diese Umdrehungen etwa 20 bis 30 Sekunden zu halten. Nun drosselst du das Tempo langsam wieder. Bei einem flüssigen Bewegungsablauf sollte sich deine Beinmuskulatur locker anfühlen. Es lohnt sich, bei dieser Übung dranzubleiben und sie auf deinen üblichen Trainingsfahrten regelmäßig auszuführen, sodass es zu einer Gewohnheit wird. Auf diese Art entwickelst du dein muskuläres Gedächtnis. Meine Empfehlung: regelmäßig 3 bis 5 Wiederholungen einbauen.

RADBEHERRSCHUNG UND SICHERHEIT

KLICKPEDALE UND BREMSEN

Es gibt verschiedene Klicksysteme, die aber alle den Fuß – oder besser gesagt, die möglichst steife Sohle des Schuhs – fest mit den Pedalen verbinden. Erst dann ist eine ökonomische Bewegung mit Zug und Druck überhaupt möglich. Alle diese Systeme erlauben das Lösen der Schuhe von den Pedalen durch eine leichte Drehbewegung. Bei der Einstellung musst du noch darauf achten, dass die Platten so angebracht sind, dass deine Beinachse gerade ist und du auch über einen längeren Zeitraum bequem radeln kannst. Natürlich werden dir die Klickpedale und die veränderte Sitzposition anfangs ungewohnt sein und dich eventuell verunsichern. Am besten probierst du das Einrasten und Ausklicken erst mal ganz in Ruhe im Stehen mit einem Bein aus. Erst wenn das gut funktioniert und du dich damit sicher fühlst, gehst du auf einen unbefahrenen Radweg, oder noch besser: auf einen leeren, möglichst ebenen Parkplatz. Beim Einklicken probierst du bei dieser Gelegenheit auch gleichzeitig die Wirkung der Bremsen aus. Es ist wichtig, dass du allmählich ein Gefühl für die richtige Dosierung der Bremsen entwickelst. Betätige grundsätzlich beide Bremsen zusammen, denn sonst läufst du Gefahr, dass ein Rad blockiert, dadurch unbeherrschbar wird, und es dich dann hinhaut. Auch das Bremsen solltest du erst einmal auf einer geraden Fläche üben. In diesem Zusammenhang kannst du auch schauen, ob dir die Einstellung der Züge entgegenkommt, das bedeutet, die Geschwindigkeit, mit der die Bremsklötze ansprechen. Auch bei den Bremsen kannst du zwischen Scheibenbremsen und Felgenbremsen wählen. Bei Letzteren musst du unbedingt auf die richtigen Beläge achten. Laufräder aus Aluminium brauchen andere Beläge als Laufräder aus Carbon. Als gute Übung für den „Ernstfall" solltest du mal testweise scharf bremsen und dabei ausklicken.

Mein erster Sturz ereignete sich, als ich nach einer längeren Ausfahrt mit meinem nagelneuen Rennrad hochzufrieden heimkam. Mit dem letzten Schwung fuhr ich in die leichte Anhöhe der Einfahrt. Oben angekommen, vergaß ich die Klicker und stürzte vor der Haustür einfach um. Das war ein seltsam blödes Gefühl, so hilflos zur Seite zu fallen, und es sah sicherlich sehr komisch aus. Der recht schmerzhafte Aufprall beeindruckte mich so nachhaltig, dass ich anschließend besser aufpasste.

Ebenso ist es wichtig, auch mal bei Regen zu fahren, um die veränderte Bremswirkung zu erleben und sich damit vertraut zu machen. Gerade wenn die Strecke durch welliges Gelände oder bergab verläuft, rate ich dir dringend, vorausschauend zu fahren und frühzeitig dein Tempo zu reduzieren, um eventuelle Gefahren gleich zu erkennen.

So erging es mir vor einigen Jahren, als ich auf einer mir wohlbekannten Strecke unterwegs war. Ich fuhr dort sehr regelmäßig und war in Gedanken versunken, hatte meinen Blick auf den Asphalt gerichtet. Es ist eine kurvenreiche Straße mit leichtem Gefälle, an die sich eine steile Abfahrt anschließt. Rund 300 Meter vor der Abfahrt hob ich kurz meinen Blick, und dann ging alles blitzschnell. Zu meinem völligen Entsetzen standen unmittelbar nach der Kurve mehrere Autos vor einer Baustellenampel. Ich war nicht mehr in der Lage, rechtzeitig abzubremsen. So schoss ich links an den stehenden Autos vorbei. Bedingt durch die Kurven und das Gefälle, touchierte ich den gegenüberliegenden Bordstein und konnte nur mit Mühe die Kontrolle über mein Rad wiedergewinnen. Ich hatte ein Riesenglück, dass es keinen Gegenverkehr gab. Das war mir eine Lehre und hat mich dazu erzogen, generell meinen Blick nach vorne zu richten, denn auch vertraute Strecken können sich von einem zum nächsten Tag verändern.

FAHRTECHNISCHES TRAINING

Meine Geschichte illustriert sicher deutlich, wie wichtig es ist, schnell reagieren zu können, und dass es sich auf jeden Fall immer lohnt, die eigenen technischen Fähigkeiten zu verbessern. So kannst du deine Reflexe trainieren, ohne dich direkt in Gefahr zu begeben. Die meisten Mountainbiker, die in unwegsamem Gelände unterwegs sind, verfügen auch über eine sehr sichere Fahrtechnik auf dem Rennrad. Sie trainieren ihre Reflexe und die damit verbundene Reaktionsgeschwindigkeit ganz automatisch, wenn sie auf Wurzelpfaden über Stock und Stein bergauf und bergab fahren.

Nachdem mir die meisten Stürze auf dem Mountainbike passiert sind, bin ich etwas vorsichtiger und umsichtiger geworden. Trotzdem stelle ich mich gelegentlich der Herausforderung von Crosscountry-Touren durch unbekanntes Gelände. Es kostet mich immer einige Überwindung, und meine Herzfrequenz ist dabei unangemessen hoch, denn ich brauche eine Weile, um mich den Gegebenheiten anzupassen. Wenn ich die Hindernisse dann gut bewältigt habe, stellt sich in meinem Inneren ein großes Wohlbehagen ein.

ÜBUNGEN FÜR RADBEHERRSCHUNG UND SICHERHEIT

Einen Parcours aufbauen

Dem Einsteiger, aber auch dem geübten Radler, empfehle ich, auf einem leeren Parkplatz Hütchen oder Eimer zu platzieren, ein paar Kreidelinien hinzuzeichnen oder eventuell auch ein paar Äste als Hindernisse auszulegen. So kannst du dir einen individuellen kleinen Parcours aufbauen und dabei deine Kreativität fließen lassen. Nun fährst du dich auf der ebenen Strecke ein wenig ein und versuchst dann, bewusst sehr langsam zu fahren. Das ist sehr gut für die Balance. Gerade beim sehr langsamen Fahren kannst du dein **Gleichgewicht trainieren.** Wenn das gut funktioniert, dann versuchst du es allmählich immer schneller, bleibe aber ganz im Rahmen deiner Möglichkeiten. Eine sehr gute Übung ist es auch, mit dem Fahrrad über einen flachen **Gegenstand zu springen.** (Mach es aber bitte nicht so wie ich in dem Text „Das richtige Rad für alle Fälle“ auf S. 59.) Anfangs reicht es, wenn du das Vorderrad nur anhebst. Dann kannst du dir auch erst einmal eine Kreidelinie hinmalen und anschließend versuchen, mit dem Rad über die Linie zu springen.

Wenn das gut funktioniert, legst du dir einen Zweig auf den Boden, über den du notfalls auch fahren könntest. Wenn das gut geht, kannst du dich an ein etwas größeres Hindernis wagen. Beim Springen musst du gleichzeitig mit dem Anheben des Lenkers deinen Oberkörper nach vorne oben bewegen und deine Knie mithochziehen. In dieser Vorstellung hebst du gleichzeitig auch das Hinterrad mit an. Wenn du das in sicherer Umgebung ausprobiert hast, können dich kleine Hindernisse – wie Steine, Schlaglöcher oder anderes –, die plötzlich auf der Straße auftauchen, nicht mehr verunsichern. Vielleicht kannst du ja auch ein paar Freunde oder deinen Partner zum Mitmachen motivieren, dann wird das eine sehr lustige Angelegenheit, bei der ihr gemeinsam die Grenzen eurer Fahrtechnik erweitern könnt. 1

Wenn du dir das erste Mal einen Parcours aufbaust, achte darauf, dass der Untergrund glatt ist und nicht zu viele Steine herumliegen, die den Schwierigkeitsgrad unnötig erhöhen. Je nachdem, was für ein Fahrrad du hast, übst du am besten erst mal ohne Klickpedale. So kannst du dich im Zweifelsfall in engen Kurven abfangen und dadurch Stürze vermeiden.

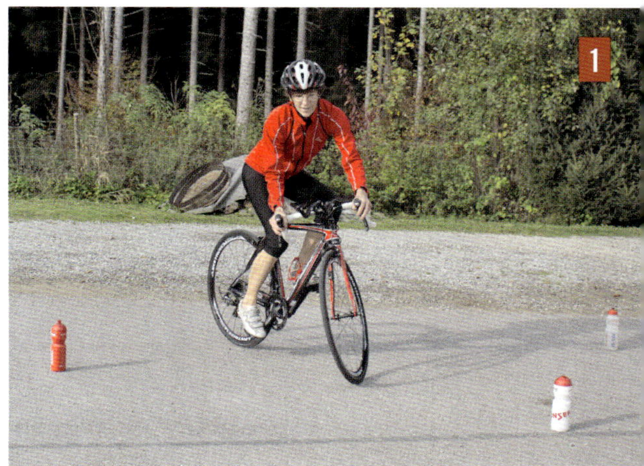

Dem Blick folgen, Kurven fahren

Ob beim Radfahren, Reiten oder beim Autofahren, bei allem gilt, dass man da ankommt, wo man hinschaut. Wenn du also eine Bordsteinkante fokussierst, ist die Wahrscheinlichkeit extrem groß, dass du sie auch triffst. Erfreulicherweise hat man auch mal Glück, und so endet nicht jedes Fehlverhalten mit einer Katastrophe, aber zu deiner eigenen und der Sicherheit der anderen solltest du vor allem in kurvigem Gelände 10 bis 20 Meter vorausschauen. Ein Regenfall tags zuvor könnte Sand oder Erde auf den Asphalt gespült und die Verhältnisse auf der Strecke verändert haben. Gewöhne dir an, vor der Kurve und nicht in der Kurve zu bremsen.

Und noch ein wichtiger Hinweis: Verlagere dein Gewicht beim Hineinlegen in der Kurve auf das außenliegende, nach untenstehende Pedal. Dadurch bist du bergab schneller und sicherer unterwegs. Es ist faszinierend, sehr routinierten Radfahrern in kurvigem Gelände zuzusehen, wie sie die Berge hinunterrasen. Aber versuche nicht, etwas nachzumachen, wobei du dich nicht sicher fühlst. Erhöhe allmählich den Schwierigkeitsgrad deiner Übungen, aber bleib zu deiner eigenen Sicherheit innerhalb deiner Grenzen.

ZUBEHÖR UND MATERIAL

Wie ich anfangs schon erwähnt habe, kann man für das Radfahren sehr viel Geld ausgeben, aber nicht jede Investition ist unbedingt sinnvoll. Ich werde dir hier die wichtigsten Dinge aufzählen, die entweder die Qualität deines Trainings verbessern oder auch für deine eigene Sicherheit wichtig sind. Eine sinnvoll zusammengestellte Rad-Ausstattung umfasst:

AEROLENKER BEZIEHUNGSWEISE LENKERAUFSATZ

Bei den Triathlon-Rädern gehört ein Aerolenker generell zur Ausstattung, und du solltest schauen, dass deine Unterarmlänge und deine Schulterbreite bei der Einstellung berücksichtigt werden. Wenn du ein Rennrad hast, ist das Geld für einen Aeroaufsatz eine ausgesprochen sinnvolle Investition. Meine Rennräder haben auch alle Aufsätze, die mir eine entspannte, kraftsparende Sitzposition ermöglichen. Die aerodynamische Verbesserung durch den deutlich geringeren Windwiderstand ist gravierend.

LAUFRÄDER UND MÄNTEL

Wer leichter und schneller fahren möchte, hat bei der Entscheidung für sein Laufrad die Wahl unter zahlreichen technischen Raffinessen und den verschiedensten Materialien. Je größer deine Ambitionen, desto mehr Geld kannst du ausgeben. Ein guter Laufradsatz kann gut und gerne zwischen zwei- und dreitausend Euro (auch darüber) kosten. Für eine sogenannte Scheibe wirst du locker zweitausend Euro los. Das verwendete Material ist dann überwiegend Carbon. Es macht Sinn, dich von einem erfahrenen Fachhändler beraten zu lassen. Eine höhere Felge ist deutlich schneller, aber zum Beispiel bei Wind auch deutlich weniger stabil, was ein Wackeln des Vorderrads und eine entsprechende Unsicherheit zur Folge haben kann. Gerade Triathlon-Räder sind bergab weniger stabil, und das erfordert eine sichere Fahrweise. Wenn du mit hohen Felgen auf die Strecke gehst, solltest du schon Erfahrung damit besitzen und dich vorher auch schon langsam an starkes, kurvenreiches Gefälle bei Wind herangetastet haben.

Wenn es dir um Schnelligkeit geht: Ein guter Mantel bringt dir einen großen Effekt für vergleichsweise wenig Geld. Es gibt qualitativ sehr gute Produkte, die wenig Rollwiderstand haben und trotzdem relativ pannensicher sind. Die Mäntel, deren Pannensicherheit groß beworben wird, sind oft sehr schwer und haben viel Rollwiderstand. Fürs Training kann das als zusätzliche „Erschwernis" hilfreich sein, für einen Wettkampf würde ich sie nicht empfehlen.

SATTEL

Die Wahl des Sattels würde ich auch vom Fahrrad abhängig machen. Auf einem Tourenrad sitze ich viel aufrechter und somit mehr auf meinem Hintern als auf einem Zeitfahrrad, da liege ich eher auf dem Schambereich. In beiden Fällen sollte der Sattel bequem und deinen anatomischen Gegebenheiten angepasst sein. Da Frauen in der Regel ein breiteres Becken haben, gibt es spezielle Sättel, die Frauen angenehmer sind. Ich habe auf all meinen Rädern sehr unterschiedliche Sättel montiert.

Auf meinem Wettkampfrad, meinem Lieblingsrad, habe ich einen Sattel, der mich in keine Position zwängt, sodass ich nahtlos vor und zurückrutschen kann und dadurch nicht nur meine Auflagefläche entlaste, sondern auch meinen Rücken und die Beine. Ein erfahrener Händler sollte dir mehrere Sättel zum Ausprobieren anbieten können.

TRINKSYSTEME UND FLASCHEN

Mittlerweile gibt es die ausgeklügeltsten Trinksysteme, die bei den edelsten Rennmaschinen in den Rahmen integriert sind. Das ist sicher eine feine Sache für die Aerodynamik, aber falls jemand gezuckerte Flüssigkeit zu sich nimmt, kann das Ganze langfristig unhygienisch werden, da solche Systeme schwer zu reinigen sind und sich Keime darin ansammeln. Ich habe mein abnehmbares Trinksystem mit Trinkrohr immer am Lenker, sodass ich jederzeit ungestört beim Radeln trinken kann, das finde ich persönlich sehr angenehm. Ansonsten tut es auch ein ganz normaler Flaschenhalter am Rahmen, es gibt auch welche, die hinter dem Sattel angebracht werden. Wichtig ist, dass die Flaschen gut in den Halter passen, leicht einzusetzen und herauszuziehen sind. Auch das solltest du im Training unbedingt üben, ebenso wie das Trinken selbst.

Die meisten Flaschen lassen sich leicht mit den Zähnen öffnen. Dennoch kommt es in sehr stressigen Wettkampfsituationen immer wieder vor, dass Flaschen aus der Halterung fallen und im schlimmsten Fall ein anderer Teilnehmer durch eine herumfliegende oder -liegende Flasche zu Fall kommt.

LEUCHTSYSTEME

Die meisten Tourenräder werden mit Leuchtsystemen am Rad ausgeliefert, anders als bei Mountainbikes oder auch bei Rennrädern und Zeitfahrrädern. Zu deiner eigenen Sicherheit und auch aus verkehrstechnischen Gründen brauchst du unbedingt eine ausreichende Beleuchtung. Vor allem im Frühjahr oder Herbst wird es oft schneller dunkel als geplant, und dann kann es in dunklen Waldstücken plötzlich sehr gefährlich werden. Es gibt kleine Blinkleuchten, die man beispielsweise dauerhaft an der Sattelstütze anbringen kann und auch sehr gute aufladbare LED-Leuchten. Hier solltest du immer sicherstellen, dass die Batterien voll oder die Akkus ausreichend aufgeladen sind.

BEKLEIDUNG

HELM, ZEITFAHRHELM UND BRILLE

Der Helm ist unverzichtbar, er ist Teil der Grundausstattung, die du bei jeder Ausfahrt dabeihaben solltest. Bei Wettkämpfen ist er Pflicht!

Es gibt die verschiedensten Formen und Marken. Dein Helm sollte vor allen Dingen für deinen Kopf gut passen und sich komfortabel tragen. Praktisch sind verstellbare Helme 1 2, bei denen du im Winter vielleicht eine dünne Mütze drunterziehen kannst oder auch im Sommer ein Schweißtuch. Der Helm sollte angenehm fest am Kopf sitzen und der Kinnriemen fest verschlossen anliegen. Er sollte ein Prüfzertifikat haben, möglichst leicht sein und eine ausreichende Belüftung bieten. Dann stört er nicht und sitzt wie selbstverständlich auf deinem Kopf. Ein Zeitfahrhelm dagegen lohnt sich nur, wenn du ambitioniert bist. Der wird dich dann noch mal ein wenig schneller werden lassen, das bringt dir aber auch dann erst etwas, wenn du als Radsportler schon ein hohes Grundtempo fahren kannst und konstant ruhig in der Liegeposition bleibst.

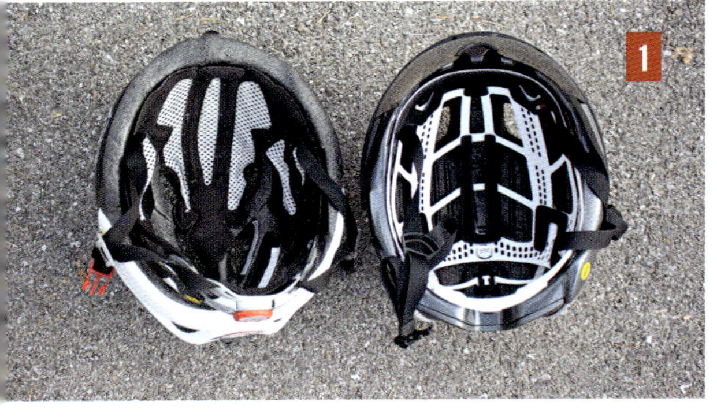
1

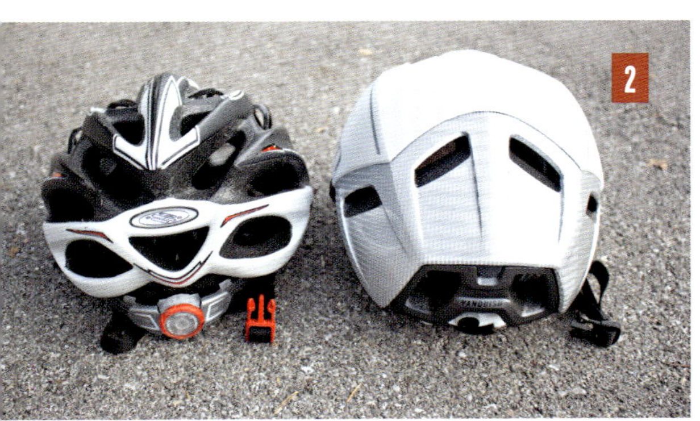
2

Nicht zu vergessen ist eine geeignete Brille, die den Wetterverhältnissen angemessen sein sollte. Sie dient generell zum Schutz der Augen, und zwar nicht nur vor Sonne, sondern auch vor Wind, Insekten oder großen herumfliegenden Pollen. Praktisch sind selbsttönende Gläser. Falls du unter einer Sehschwäche leidest, hast du die Wahl zwischen Kontaktlinsen und einer doppelglasigen Sonnenbrille, bei der du die Gläser austauschen kannst.

SCHUHE

Auch die Wahl der Schuhe richtet sich nach dem Fahrrad. Ein Mountainbike-Schuh ist eher dafür geeignet, auch ein paar Meter zu Fuß zurückzulegen als ein Rennradschuh. Letzterer hat in erster Linie die Aufgabe, die

Kraft der Beine über den Fuß aufs Pedal zu übertragen, folglich muss er sehr fest am Fuß sitzen. Die Schuhe sind mit ihren Platten nur bedingt zum Gehen geeignet.

Beim Erwerb meines ersten Rennrads, natürlich mit Klicksystem, kaufte ich mir auch gleich ein paar Radschuhe. Es gab sowieso nur ein einziges Paar in meiner Größe, und ich war froh, dass ich nun auf meinem neuen Rad richtig durchstarten konnte. Hocherfreut und ein wenig stolz traf ich mich mit einem sehr erfahrenen Triathlon-Freund zu einer Ausfahrt. Er musterte mich, und nach einer Weile meinte er dann abschätzig, es sei ihm etwas peinlich, mit mir zu fahren, da ich mit meinem Mountainbike-Helm (mit Schirmchen) und den Mountainbike-Schuhen sehr unprofessionell aussähe. Dieser Freund wies mich dann auch noch darauf hin, dass man unter der Radhose keine Unterwäsche trägt (was durchaus sinnvoll ist, da die verwendeten Materialien antibakteriell sind und die Nähte der Unterwäsche unnötig reiben), und dass auch die Käppchen auf den Ventilen mich als „Möchtegernsportlerin" auswiesen.

Damals hat mich das durchaus beeindruckt, und es war mir unangenehm. Mittlerweile habe ich mich jedoch über solche Klischees völlig hinweggesetzt. So sitze ich häufig mit einer Radhose auf dem Pferd oder auch mal mit einer Reithose auf dem Rennrad, was mir immer wieder amüsierte Blicke einträgt und mitunter etwas deplatziert wirkt. Das stört mich allerdings nicht mehr. Natürlich ist eine zweckmäßige Kleidung sinnvoll, aber sie macht noch keinen guten Sportler!

RADHOSE

Bei den Radhosen sollte das Sitzpolster angenehm sein. Herkömmliche Unterhosen sind nicht geeignet, nur spezielle Radunterhosen mit Flachnähten. Die Triathlon-Ein- oder Zweiteiler haben nur ein kleines Polster, da man ja später noch laufen muss. Das ist auf dem Rad nicht wirklich bequem.

SHIRT UND UNTERWÄSCHE

Mein Rat: Kauf dir qualitativ gute Sportunterwäsche, die den Schweiß nach außen transportiert, damit du in den kühleren Jahreszeiten nicht frierst und dein Körper trocken bleibt.

JACKEN FÜR JEDES WETTER

Die Auswahl ist vielfältig, sie reicht von leichten Windjacken, die man sich später hinten ins Shirt knüllen kann, über winddichte Softshelljacken zu Goretex-Jacken. Sehr sinnvoll finde ich Softshelljacken, bei denen man die Arme abnehmen kann, sie sind perfekt für wechselnde Temperaturen.

ARMLINGE, BEINLINGE UND FÜSSLINGE

Diese kleinen, leichten Kleidungsstücke sind auch für den Übergang prima. Regendichte Füßlinge wie auch eine entsprechende Regenhose sind unverzichtbar, wenn du bei Wind und Wetter trainierst.

SITZPOSITION, VERMESSUNG UND BIKEFITTING

Wenn es an den Kauf (d)eines Fahrrads geht, solltest du dich erst mal von einem erfahrenen Fahrradhändler beraten lassen. Du solltest auch einige verschiedene Räder Probe fahren, damit du ein Gespür dafür bekommst, was dir gefällt und womit du dich wohlfühlst. Davor ist es allerdings wichtig, die passende Rahmengröße zu ermitteln. Das geht folgendermaßen:

Du legst dir ein großes, festes Buch parat und stellst dich ohne Schuhe und nur mit der Unterhose bekleidet an die Wand, das Buch steckst du dir zwischen die Beine. Es sollte mit der Längsseite an der Wand aufliegen, und dann ziehst du es dir in den Schritt. Nun kannst du mit einem Zollstock, den du am oberen Rand des Buches anlegst, deine Schrittlänge ausmessen. Wenn du dann aufgrund deiner Größe die Wahl zwischen zwei Rahmengrößen hast, empfiehlt sich für dich, sofern du erfahrener bist, eher der kleinere Rahmen. Als unerfahrener Sportler fühlst du dich wahrscheinlich auf dem größeren Rahmen sicherer.

Für den Fall, dass du schon ein Fahrrad hast und dir nicht sicher bist, ob du optimal sitzt, oder wenn sich bei dir nach einer Weile Fahren Schmerzen in den Knien oder im Rücken einstellen, gebe ich dir ein paar Hinweise, wie du dein Rad für dich passend einstellen kannst.

DIE EINFACHE EINSTELLUNG DEINES FAHRRADS

- **Die Fußposition**
  Falls du keine Klickpedale hast, achte darauf, dass du mit dem Fußballen auf den Pedalen aufsetzt und nicht mit dem Mittelfuß, so kannst du deine Kraft besser übertragen.
- **Die Sitzhöhe**
  Wenn die Sitzhöhe zu niedrig ist, wird die Kniescheibe zu stark belastet, was Knieschmerzen hervorrufen kann. Ist der Sattel dagegen zu hoch, rutscht die Hüfte hin und her, und dies kann Schmerzen im Hüftbereich verursachen.
  Bringe die Kurbel in die 6-Uhr-Stellung. Du sitzt auf dem Sattel, dein Bein ist gestreckt, dein Fuß steht waagerecht auf dem Pedal, in dieser gestreckten Position sollte ein Lot von der Kniescheibe mittig zur Pedalachse fallen.
- **Lenker**
  Die Wahl, Einstellung und die Höhe des Lenkers sind abhängig vom sportlichen Fahren. Wer Probleme mit der Halswirbelsäule hat, sollte eher aufrecht fahren und sich langsam an eine tiefere Position gewöhnen, um mögliche Schwierigkeiten zu vermeiden.

PROFESSIONELLES BIKE FITTING

Das sogenannte Bike Fitting ergibt vor allem Sinn, wenn du viel fährst und dich dabei nicht hundertprozentig wohlfühlst.

Wenn du immer wieder Rücken- oder Nackenschmerzen hast, macht es Sinn, deine Sitzposition professionell einstellen zu lassen. Vielleicht fragst du auch vorher bei deinem Fahrradhändler nach, denn einige Fachgeschäfte bieten beim Kauf die Einstellung mit an, und so kannst du unter Umständen zusätzliche Kosten an einem späteren Zeitpunkt vermeiden.

- **Körperachse/Geometrie/Statik**
- **Knieachse und Stabilität**
- **Korrekte Pedalplatten**
- **Passender Vorbau**
- **Sattel und Sattelstütze und Satteldruckmessung**
- **Fußvermessung**
- **Kurbellänge**

Ich hatte mein Zeitfahrrad schon eine Weile, als ich mich für ein professionelles Bike Fitting entschied. Der Hauptgrund waren vor allem Rückenprobleme, die ich beim Radfahren hatte. Ich entschied mich für eine sehr erfahrene Person, die sich auch noch mit Kinesiologie und Muskeltests beschäftigte. Nach etwa zwei Stunden waren einige Einstellungen verändert und ein neuer Sattel aufgeschraubt. Die Tests ergaben, dass ich eventuell ein Zahnproblem haben könnte, was sich später als richtig erwies. Unabhängig davon saß ich anschließend ohne körperliche Einschränkungen und Probleme wie angegossen auf dem Rad und konnte mein Potenzial voll entfalten. Da machte mir das Radfahren noch mal so viel Spaß!

Ich hätte das viel früher machen und meine Leidensfähigkeit nicht unnötig strapazieren sollen. So eine Vermessung kann sehr hilfreich sein, aber auch recht kostspielig, und du solltest genügend Zeit dafür mitbringen.

TRAINING

Das Radtraining nimmt den größten Anteil deiner Zeit ein und dient als perfektes Grundlagenausdauertraining, da es auch orthopädisch gesehen weniger belastend ist. Wenn du wenig Zeit zum Trainieren hast, solltest du dir überlegen, ob du nicht die eine oder andere trainings-zweckmäßige Strecke mit dem Fahrrad anstelle des Autos zurücklegen kannst. Das ist sicher nicht jedem möglich, aber es kann sehr guttun, mal mit dem Fahrrad zur Arbeit zu fahren, die frische Morgenluft einzuatmen oder abends auf dem Heimweg den Stress des Tages loszulassen. Zudem entlastet es die Umwelt und den Geldbeutel und bewirkt meistens gute Laune.

GRUNDLAGENAUSDAUERTRAINING

Das Wichtigste: Du musst dir ein solides Fundament schaffen. Dazu gehören regelmäßige ruhige Ausfahrten, die bei 60–70 Prozent der HFmax Rad stattfinden. Du solltest zwei bis vier Mal in der Woche mindestens 30 Minuten am Stück trainieren. Wann immer möglich, nimmst du das Fahrrad statt des Autos und erarbeitest dir so mit der Zeit eine solide Konditions-Grundlage.

INTENSIVES AUSDAUERTRAINING

Wenn du schon eine Weile radelst und dein Tempo steigern möchtest, fängst du an, deine Kraftausdauer zu verbessern. Dafür erhöhst du allmählich deine Geschwindigkeit und hältst sie über längere Zeiteinheiten, das können anfangs 5 oder 10 Minuten sein. Nach und nach entwickelst du ein Gefühl für das Tempo und deine Kraft, deine Herzfrequenz sollte dabei nicht über 80–85 Prozent der HFmax Rad hinausgehen.

TEMPOWECHSELTRAINING

Bei den meisten Wettkämpfen ist Windschattenfahren verboten. Das bedeutet im Wettkampf, dass du immer auf genügend Abstand achten musst. Die Konsequenz daraus ist auch, dass du gegebenenfalls bremsen musst, wenn du überholt wirst, und dass du Vollgas geben musst, um einen oder mehrere Radler vor dir zu überholen. Da bei einigen Wettkämpfen sehr viele Teilnehmer am Start sind, wiederholt sich dieser Vorgang häufig. Das kostet dich nicht nur sehr viel Konzentration, sondern auch eine Menge Kraft. Falls du mit einem Partner oder mehreren trainierst, kannst du das sehr gut und mit viel Spaß üben, zum Beispiel im wechselnden Windschatten zu fahren. Ihr radelt auf einer ebenen Strecke in zügigem Tempo, Vorderrad an Hinterrad. In einem Überraschungsmoment oder auf Zeichen des Vordermanns überholt der Hintermann in zügigem Tempo den Vordermann oder gleich zwei. Dann fährt der neue Erste so schnell er kann und versucht, das Tempo zu halten, während sich der Hintermann erholt und wieder zur Frontattacke ansetzt.

FAHRTSPIEL

Beim Fahrtspiel wechselst du spielerisch das Tempo. Du nimmst dir beispielsweise vor, aus dem ruhigen Grundlagentempo so schnell du kannst zum nächsten Ortsschild zu fahren oder auch einen vor dir fahrenden Radler einzuholen. Dann fährst du wieder langsamer, erholst dich und steckst dir die nächsten kleinen Ziele.

Da ich häufig das Rad benutze, um meine Termine wahrzunehmen, ergibt sich häufig durch veränderte Windverhältnisse oder andere Umstände (weil ich mal wieder zu spät weggekommen bin) eine Art Fahrtspiel. Ich realisiere plötzlich, dass ich zu spät kommen könnte und steigere dementsprechend die Geschwindigkeit, um dennoch pünktlich zu sein. Ich glaube tatsächlich, dass ich genau aus diesem Grund trotz meines teilweise unstrukturierten Trainings immer noch recht schnell auf dem Rad bin.

BERGTRAINING

Wenn du in hügeligem oder gar bergigem Gelände wohnst oder trainieren kannst, ist das sehr geeignet, um deine Kraftausdauer zu verbessern [1]. Damit solltest du aber erst anfangen, wenn du schon länger trainierst, denn das Bergauffahren kann die Knie stärker belasten. Anfangs wählst du kleine Übersetzungen aus, um dann nach und nach mit möglichst dicken Gängen die Berge hochzufahren. Dabei kannst du dir auch mal vornehmen, im Sattel sitzen zu bleiben. Du wirst merken, wie viel Kraft du dann auch im Oberkörper brauchst.

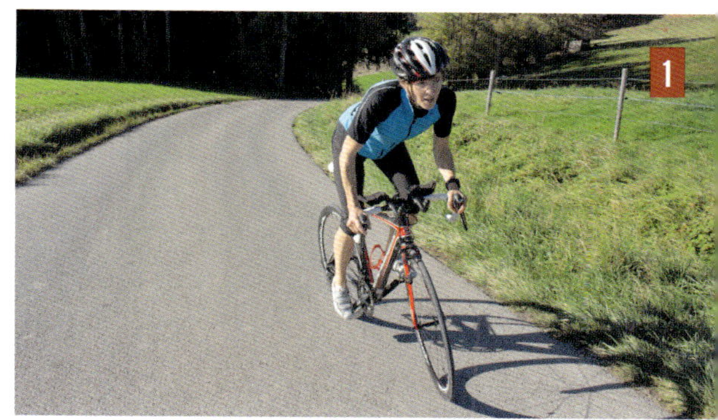

Krafttraining

Um stabil auf dem Fahrrad zu sitzen, brauchst du nicht nur eine passende und bequeme Sitzposition, auch eine gute Körperstabilität und Kraft in den Beinen sind dafür essenziell. Also wirst du nicht darum herumkommen, deine Rücken- und die Bauchmuskeln ausgiebig zu trainieren, denn dadurch beugst du Rückenbeschwerden vor, die vor allem auf dem Rennrad durch die ungewohnte Körperhaltung entstehen können. Beide, das Fahrradfahren und eventuell auch übermäßiges Sitzen bei deiner Arbeit, können Muskelverkürzungen zur Folge haben, die sich vor allem beim Laufen möglicherweise sehr negativ auswirken. Das bedeutet, dass du dir auch regelmäßig Zeit zum Dehnen nehmen solltest, auch um Verletzungen vorzubeugen.

WECHSELTRAINING UND KOPPELTRAINING

Ein Koppel- und Wechseltraining macht in der Gruppe deutlich mehr Spaß als allein, und der Ehrgeiz, möglichst schnell zu sein, ist bei Konkurrenz auch etwas größer. Zudem entspricht die Situation mit zunehmendem Tempo auch eher dem Wettkampfstress, und dadurch werden dir die Handgriffe selbstverständlicher.

Beim Koppeltraining geht es vor allem darum, die Beinmuskulatur an die unterschiedlichen Ansprüche zu gewöhnen. Anfangs kannst du einfach mal zwei unterschiedliche Einheiten an einem Tag machen. Du kannst zum Beispiel mit dem Rad zum See oder Bad fahren, das heißt, du radelst und schwimmst, oder du fährst morgens mit dem Rad und läufst nachmittags oder umgekehrt. Es geht darum, den Körper langsam an die unterschiedlichen Belastungen zu gewöhnen. Dann machst du bewusste Koppeleinheiten. Für das Frühjahr empfehle ich dir, gleich die Laufschuhe bereitzustellen und nach dem Radfahren zu laufen. Anfangs genügen wenige Kilometer. Sind die Temperaturen schon etwas gestiegen, probierst du den Wechsel am See. In Kombination mit dem Ausziehen des Neoprenanzugs präparierst du deinen Platz in der

Wechselzone mit Schuhen, Helm, Brille und einem Startnummernband. Du markierst dir eine Linie, zu der du dein Rad schieben musst, bevor du aufspringst, und schon geht es los.

Ein sehr gutes Wechsel- und Koppeltraining lässt sich auf einer vorher ermittelten Strecke durchführen. Ihr habt eine kleine Wechselzone errichtet und beispielsweise einen Kilometer für die Laufstrecke und vier Kilometer (jeweils mit Wendepunkten) für die Radstrecke abgemessen. Eure Plätze werden regelkonform präpariert, und ihr nehmt euch vor, diese Wechsel jeweils zwei oder drei Mal mit hoher Geschwindigkeit zu wiederholen – ganz nach Belieben.

Inhalte des Wechseltrainings:

- **Ausziehen des Neoprenanzugs im Lauf und dann anschließend im Stand am Rad**
- **Aufsteige-Übungen auf das Rad im Stand oder während des Laufens**
- **Absteigeübungen vom Rad (mit Schuhen am Rad und ohne)**
- **Anziehen einer Überjacke**
- **Aufziehen und Abziehen von Helm und Brille**
- **Startnummernband anlegen**
- **Laufschuhe anziehen (im Sitzen oder Stehen)**

Beispiel für ein kombiniertes und kreatives Wechseltraining mit Sportfreunden:

- **Einfahren auf engstem Raum mit erhöhter Schwierigkeit, einarmig fahren, mit eventuellen Ausweichmanövern, um Reaktion und Balance zu trainieren.**
- **Erste Station könnten Liegestütze sein.**
- **Zweite Station am Rad, wie im Wettkampf, dann bis zur Markierung schieben und laufen, danach aufs Rad springen, eventuell einklicken, und los geht's.**
- **Dritte Station, Rad abstellen, Helm erst jetzt öffnen, rein in die Laufschuhe, und los geht's.**

DEINE AUSSTATTUNG FÜR DAS TRAINING

Es mag selbstverständlich klingen, aber es ist absolut sinnvoll, wenn du vor jeder Trainingsausfahrt sicherstellst, dass die Reifen deines Fahrrads gut aufgepumpt sind, dass du einen Ersatzschlauch, ein bisschen Werkzeug (es gibt kleine praktische Kombinationstools) und eine Luftpumpe dabeihast. Die Pumpe sollte natürlich zum Ventil und den Laufrädern beziehungsweise den Felgen passen. Ebenso macht es Sinn, den

Wetterbericht zu checken und je nach Länge der Ausfahrt genügend Proviant und Flüssigkeit mitzunehmen. Im Zweifelsfall – aber das ist mittlerweile sowieso Standard – steckst du dein Handy ein, damit du notfalls Hilfe herbeirufen kannst.

Trainingszubehör:

- **Ersatzschlauch**
- **Multitool/Reifenheber**
- **Luftpumpe**
- **Verpflegung/Wasser**
- **Handy**
- **Regenjacke/Armlinge?**
- **Geld**
- **Licht?**

Falls du alleine unterwegs bist, solltest du dir überlegen, welche Strecke sich für dein jeweiliges Training anbietet.

WAS TUN, WENN DU EINMAL EINEN PLATTEN HAST?

In meinem Training habe ich auf unzähligen Kilometern tatsächlich nur drei Mal einen Platten gehabt und war unzureichend ausgerüstet. Du solltest sicherstellen, dass du einen passenden (!) Ersatzschlauch, Reifenheber und eine Pumpe dabeihast. Gib acht bei der Wahl der Pumpe! Und die Länge des Ventils muss zur Höhe der Felgen passen. Und natürlich für den Notfall ein Handy. Ich hatte zum Glück immer liebe Menschen, die mich dann mit meinem Platten abgeholt haben. Ach ja, und dann ist es sehr sinnvoll, wenn du vorher mal zu Hause ganz auf dich selbst gestellt einen Schlauch austauschst. Wenn man das noch nie zuvor selber gemacht hat, kann es bei einer Ausfahrt sehr lästig werden oder natürlich auch im Wettkampf, wenn man nicht aufgeben will.

Bei meinem ersten Versuch, mich für Hawaii zu qualifizieren, hatte ich tatsächlich nach 110 Kilometern hintereinander zwei Platten und leider nur einen Schlauch! Das führte dazu, dass ich 45 Minuten auf den Servicewagen warten musste, bis ich einen zweiten Schlauch bekam. Ich dachte damals schon ans Aufgeben, aber in dem Wissen, dass meine Familie auf mich wartete, setzte ich den Wettkampf fort. Der Slot für Hawaii war so natürlich unerreichbar, aber ich schaffte es noch mit einem souveränen Marathon auf Platz 3 in meiner Altersklasse zu laufen. Damit hätte ich niemals gerechnet, und so freute ich mich riesig über diese überraschende Leistung!

Nun wünsche ich dir viele fröhliche und unfallfreie Stunden auf dem Fahrrad! Für mich ist das Radeln immer mit dem Baumelnlassen der Seele verbunden, und ich finde es großartig, die Natur mit ihrer Vielfalt und Unterschiedlichkeit in allen Jahreszeiten zu erleben!

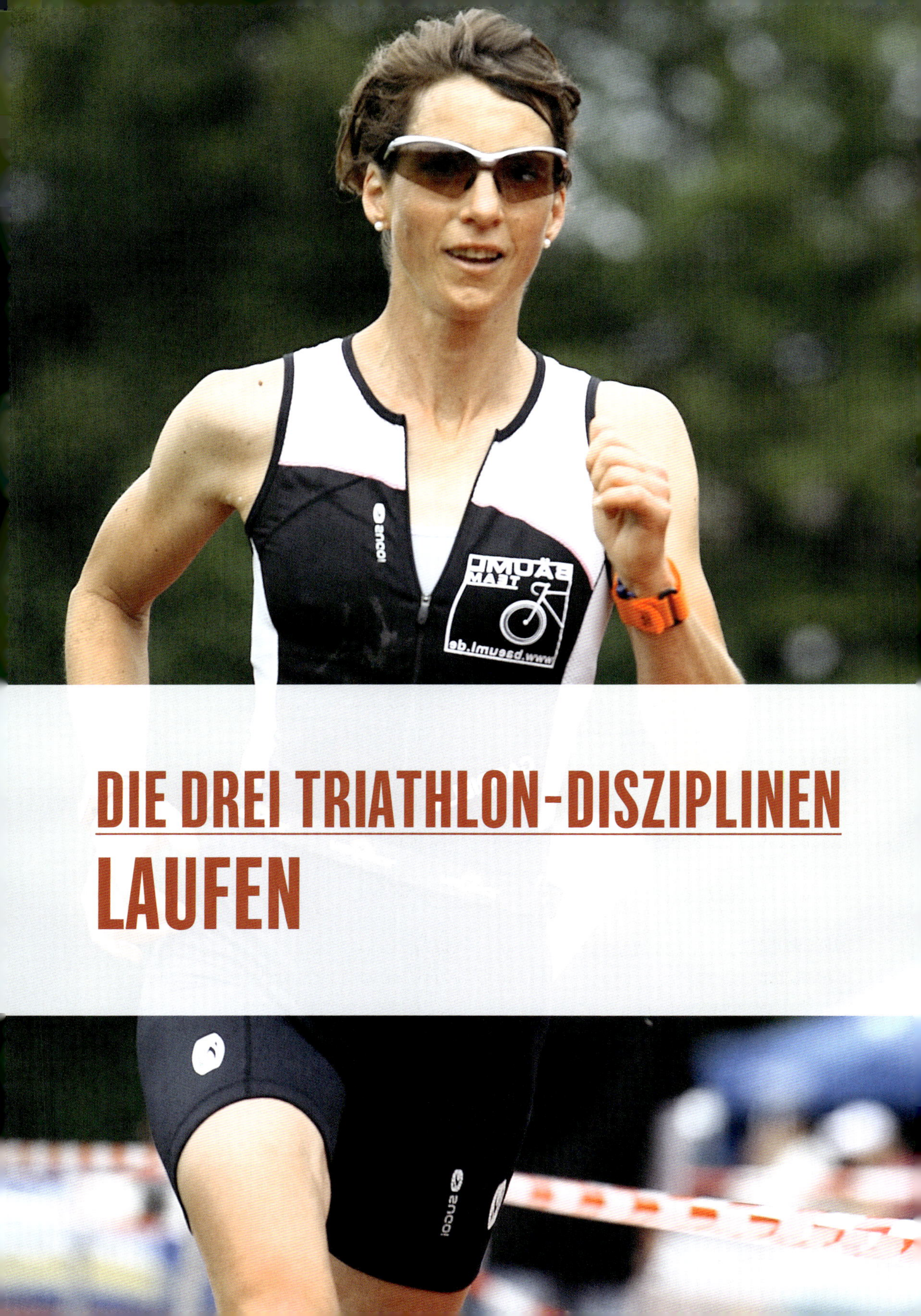

DIE DREI TRIATHLON-DISZIPLINEN

LAUFEN

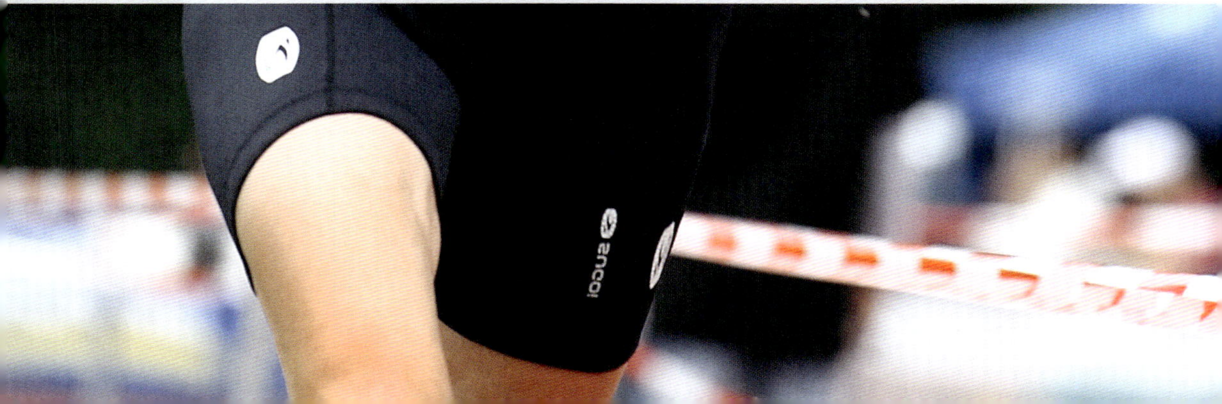

Laufen gehört zu den Fähigkeiten, die wir schon als Kleinkinder automatisch erwerben, und so denken wenige Sportler über ihre Technik nach – ganz anders als etwa beim Schwimmen.

Viele Läufer realisieren erst bei Verletzungen, dass bei ihnen etwas offensichtlich nicht ganz rund „läuft", und das kann unterschiedliche Gründe haben. So können eine zu schnelle Steigerung des Tempos und der Trainingsumfänge oder eine mangelhafte Technik sowie unpassendes Schuhwerk dir eine ungewollte Pause eintragen.

Tatsächlich ist das Laufen die verletzungsträchtigste der drei Sportarten, und das bedeutet, dass du mit dem entsprechenden Wissen einige Fehler vermeiden und dir einige Unannehmlichkeiten ersparen kannst.

TECHNIK

Laufen ist nicht gleich Laufen. Wenn man sich bei einem Marathon die einzelnen Läufer anschaut, dann findet man solche, deren Stil leicht und elegant wirkt, dann wieder gibt es Läufer, bei deren Anblick man das Gefühl hat, dass sie regelrecht am Asphalt „kleben". Was ist also „richtig", und worauf solltest du achten? Um das seriös beantworten zu können, muss man sich mit der Laufbewegung und auch mit dem eigenen Körper beschäftigen.

WELCHE LAUFSTILE GIBT ES?

Fersenlauf 1

Der Fersenlaufstil entspricht eher einem schnellen „Gehen" und ist als Folge gut gedämpfter Schuhe und glatter Straßen für uns ganz natürlich geworden. Deshalb verwundert es nicht weiter, dass der überwiegende Teil der Freizeitläufer (etwa 80%) im Fersenlaufstil unterwegs ist. Beim Fersenlauf kommt man auf der Ferse auf und rollt über den ganzen Fuß ab. Dadurch werden die Stöße wenig abgefedert und die Gelenke somit eher belastet. Nein, das bedeutet nicht gleich, dass du dir als Fersenläufer Schaden zufügst, denn bekanntlich macht die Dosis das Gift. Soll heißen: Wenn du keine allzu langen Strecken läufst, gesunde Gelenke und kein Übergewicht hast, kannst du deinen Fersenlaufstil ruhig beibehalten.

Wenn du allerdings vorhast, längere Strecken zu laufen, empfehle ich dir, dich langfristig auf die Mittelfußtechnik umzustellen. Sie ist nicht nur wesentlich ökonomischer, sondern schont vor allem auch die Gelenke. Aber denk daran: Jede Veränderung braucht ihre Zeit, um den Körper nicht anderweitig zu überlasten.

Zusätzlich zu der Laufstil-Umstellung solltest du dich unbedingt auch dehnen und deinen Rumpf stabilisieren (siehe „Rumpfstabilisation" ab Seite 99).

Vorfußlauf 2

Wenn man ans Barfußlaufen denkt, könnte man meinen, das Vorfußlaufen sei der „richtige" Laufstil, aber so uneingeschränkt lässt sich das auch nicht sagen. Denn gerade für ältere Athleten besteht bei diesem Laufstil die Gefahr, dass ihre Achillessehnen überlastet werden, da hier vor allem die Wadenmuskulatur viel Arbeit leisten muss. Das Vorfußlaufen ist gerade für leichtgewichtige Menschen mit Gelenkproblemen auf Strecken bis zu zehn Kilometern unter Umständen hilfreich. Ich selber habe meine Technik aufgrund meiner Rücken- und Knieprobleme auf das Vorfußlaufen umgestellt und komme damit sehr gut zurecht, wobei ich zwischendrin auch immer wieder in die Mittelfußtechnik wechsle, um meine Wadenmuskulatur zu entlasten.

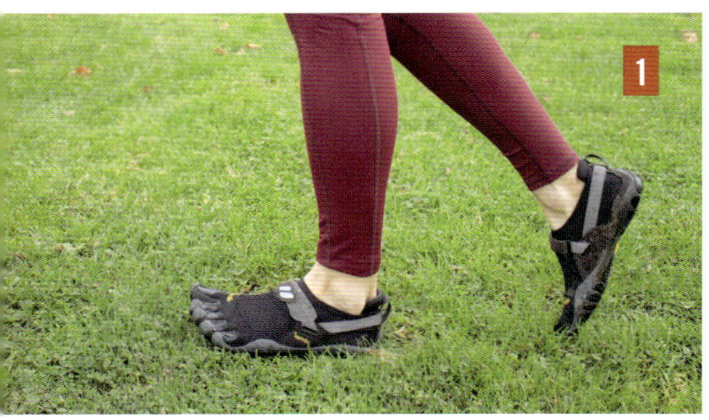

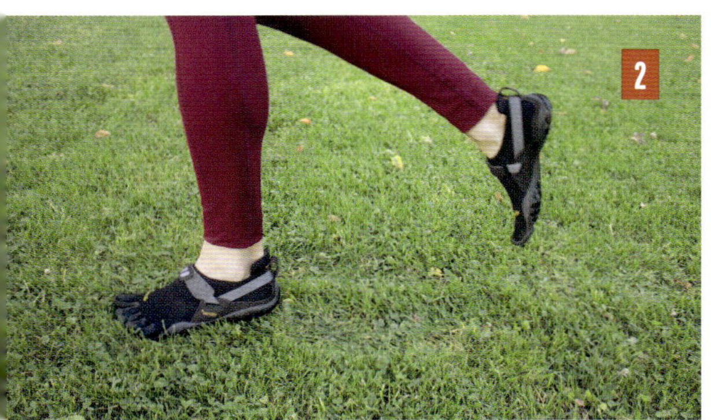

Außerdem mache ich sehr regelmäßig ein Kraft- und Stabilisationstraining für meinen gesamten Körper. Diese Umstellung hat ein halbes Jahr gedauert, ich habe meine Muskulatur gezielt darauf vorbereitet und laufe auch keine längeren Strecken mehr als maximal zwölf Kilometer.

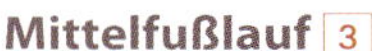

Mittelfußlauf 3

Beim Mittelfußlauf kommt man mehr oder weniger flach mit dem Mittelfuß auf und federt ganz natürlich über die Knie ab. Für den Mittel- und Langstreckenläufer ist dies die schonendste Laufart, sie entspricht dem natürlichen Laufstil. Zur Vorbereitung auf die Laufbelastung solltest du deinem Körper aber unbedingt ein vielseitiges Stabilisations- und Beweglichkeitstraining angedeihen lassen.

WAS IST EIN NATÜRLICHER LAUFSTIL?

Wer barfuß über eine Wiese läuft, setzt meistens intuitiv, ohne darüber nachzudenken, zuerst mit dem Fußballen und nicht mit der Ferse auf. In gedämpften Schuhen verlieren wir eher das Gefühl für die natürliche Bewegung, und das kann zu einem wenig ökonomischen oder gar verletzungsträchtigen Laufstil führen. 4 5

So sollte es sein:

- **Aufrecht mit dem Blick nach vorne**
- **Die Füße setzen unter dem Körper auf.**
- **Federnd und doch flach auf dem Fußballen landen**
- **Die Arme schwingen locker und gleichmäßig rhythmisch mit.**
- **Nicht zu große Schritte (zwischen 160 und 180 Schritte pro Minute) machen**
- **Leise und entspannt laufen**

Was sich hier so einfach anhört und ebenso elegant wie leicht ausschauen kann, braucht aber eine entsprechende Vorbereitung und auch ein vorsichtiges Aufbauen der „betroffenen" Muskulatur. Die wenigsten von uns laufen im Alltag barfuß, und so ist unser Körper auf diese Belastung nicht eingestellt. Als ich meine ersten Barfußschuhe bekam, bin ich sofort begeistert drauflosgelaufen, mit dem Ergebnis, dass ich danach tagelang nicht mehr gehen konnte, da meine Wadenmuskulatur auf die ungewohnte Belastung nicht vorbereitet war. **Mein Tipp**: Übertreib es nicht! Steigere die Streckenlänge langsam und mach vielleicht auch erst mal ein Lauf-ABC mit den Schuhen, um dich und deine Füße daran zu gewöhnen. Das Barfußlaufen unterstützt dich dabei, ein gutes Gefühl für den eigenen Körper und die Laufbewegung zu entwickeln.

Wer schneller laufen möchte, sollte versuchen, seine Schrittfrequenz zu erhöhen. Dazu ermittelst du am besten zuerst einmal deine aktuelle Schrittfrequenz, indem du deine Schritte zählst, das machst du entweder mit einer entsprechenden Sportuhr oder indem du 30 Sekunden lang selber zählst, wie oft dein linkes Bein aufkommt, und das Ergebnis mit 4 multiplizierst.

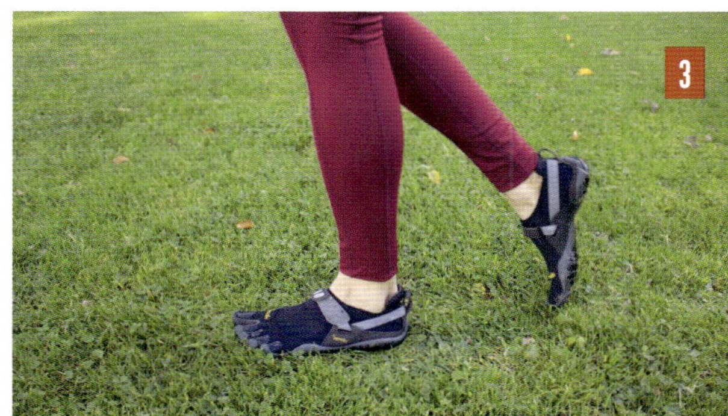
3

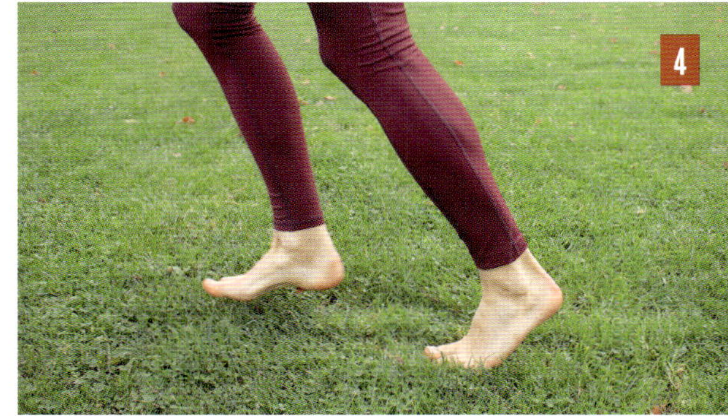
4

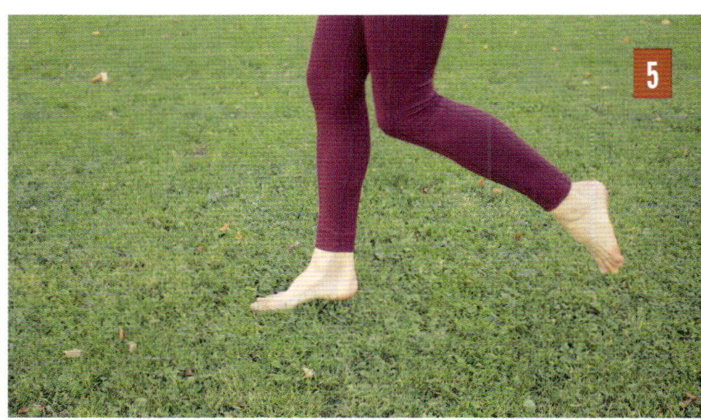
5

ALLGEMEINES ZUM LAUFEN

Um effizient, schnell und gesund laufen zu können, reicht es nicht, einfach „nur" zu laufen, denn unsere Beine sind nicht allein zuständig für die Fortbewegung. Nicht weniger wichtig sind die korrekte Armbewegung und eine stabile Rumpf- und Fußmuskulatur, denn diese schützt deine Gelenke obendrein vor Verletzungen. Ein weiterer positiver Nebeneffekt einer kräftigen und elastischen Körperspannung ist ein schnelleres und ökonomischeres Laufen.

Ein Hauptmerkmal des heutigen Büroalltags ist leider, dass viele Menschen viele Stunden des Tages im Sitzen zubringen. Dadurch verkürzt sich ihre Muskulatur, besonders davon betroffen ist der starke Hüftbeuger (Iliopsoas), und das lässt viele Menschen zu sogenannten Sitzläufern werden.

Die Folgen sind muskuläre Dysbalancen, die langfristig dem unteren Rücken schaden können. Durch entsprechendes regelmäßiges Dehnen und Kräftigen deiner Muskulatur kannst du diesem Prozess entgegenwirken. Wenn du deinen Stil optimieren möchtest oder du Schwierigkeiten beim Laufen hast oder dir irgendetwas wehtut, ist es sinnvoll, wenn du eine Videoaufnahme von dir beim Laufen machen lässt, oder noch besser, wenn du dir einen Trainer suchst, der dich professionell anleitet. Das allgemeine Athletiktraining sollte ein fester Bestandteil deines Trainingsplans sein.

Grundsätzlich finde ich auch die Übungen aus dem Lauf-ABC hilfreich, um sowohl das Gefühl für den eigenen Körper zu verbessern als auch an seiner Stabilität zu arbeiten.

WAS IST EINE LAUFANALYSE UND MACHT SIE SINN?

Wenn du ganz genau wissen willst, wie weit du noch vom „Lauf-Künstler" entfernt bist, kannst du eine Laufanalyse machen lassen, das geschieht unter professioneller Anleitung auf einem Laufband. Ein ausgebildeter Sportwissenschaftler oder Arzt nimmt dich beim Laufen mit verschiedenen Kameras aus unterschiedlichen Perspektiven auf, um die Bilder dann anhand der exakten Messergebnisse auszuwerten. Anschließend sollte ein entsprechender Plan erarbeitet werden, wie die vorhandenen Defizite behoben werden können. Dazu gehören ein Dehnungs- und ein Kräftigungsprogramm wie auch Übungen aus dem Lauf-ABC, diese sollten sowohl die eigene Körperwahrnehmung verbessern als auch langfristig neue Bewegungsmuster installieren.

TRAININGSMÖGLICHKEITEN, TRAININGSKONZEPTE UND METHODEN

Wer sich intensiver mit dem Lauftraining beschäftigt, wird auf verschiedene Trainingsvarianten stoßen. Um dir eine solide Grundlage zu schaffen, brauchst du regelmäßige Dauerläufe und verschiedene Spielarten des Schnelligkeitstrainings.

DAUERLAUF

Die regelmäßigen Dauerläufe bilden die Basis, um den Fettstoffwechsel zu trainieren und deinen ganzen Organismus leistungsfähiger und belastbarer zu machen. Dafür ist es wichtig, dass du bei einer niedrigen Herzfrequenz 60–70 Prozent der HFmax (siehe auch S. 24) trainierst. Wer permanent zu schnell läuft, belastet seinen Körper unnötig und wird auf Dauer auch nicht schneller.

Die schleichende Gefahr bei längeren eintönigen Dauerläufen besteht darin, dass du allmählich technisch nachlässig wirst und unsauber läufst. Dagegen können sehr kurze Sprints (50–100 Meter) helfen oder auch ein paar Übungen aus dem Lauf-ABC, die du zwischendurch immer mal wieder ausführst.

FAHRTENSPIEL

Diese Methode unterscheidet sich vom Dauerlauf durch Zwischenspiele mit deutlichen Tempounterschieden, die in den ruhigen Lauf eingebaut werden, sie liegen deutlich über und unter dem normalen Dauerlauftempo.

Du beginnst das Training mit einer 10–15-minütigen Aufwärmphase, dann variierst du das Tempo und oder auch die Länge der Strecke, je nach Lust und Gefühl. Du kannst sehr kurze, sehr schnelle Sprints machen, bei denen du bis zu 90 Prozent deiner HFmax erreichst, oder auch etwas längere, bei denen es 75–85 Prozent deiner HFmax sind.

Aschließend läufst du so lange langsamer, bis du dich erholt hast, dann kannst du je nach deiner Kondition Übungen einbauen, die das Tempo weiter variieren, das kann auch mal „nur" ein kurzes Anlaufen sein oder auch Teile des Lauf-ABCs.

Anschließend läufst du etwa 10 Minuten locker aus. Gehörst du zu den Laufanfängern, wartest du besser einige Wochen oder auch Monate und fängst dann mit sehr kurzen schnellen Sprints an. (50 Meter)

WALDLAUF QUERFELDEIN

Wenn du die Möglichkeit hast, im Wald oder im unebenen Gelände zu trainieren, empfehle ich dir, mal kurze Stücke über Stock und Stein und Wurzeln querfeldein zu laufen. Aber auch dafür solltest du schon ein wenig Lauferfahrung mitbringen, ansonsten ist es besser, wenn du durch etwas unwegsameres Gelände erst mal gehst beziehungsweise wanderst.

Durch dieses regelmäßige Training festigst du deine Bänder und Sehnen und auch die Haltemuskulatur, zugleich werden deine koordinativen Fähigkeiten und dein Gleichgewichtsorgan geschult, und darüber hinaus macht es auch noch Spaß!

INTERVALLTRAINING

Beim Intervalltraining unterscheidet man zwischen extensivem und intensivem Training. Für beide Arten solltest du schon einige Monate Trainingserfahrung haben, da der Körper dabei stärker belastet wird.

Extensives Intervalltraining

Wenn du mit dem Intervalltraining anfangen möchtest, rate ich dir, am Anfang erst einmal extensiv mit kürzeren Phasen und längeren Pausen zu beginnen, damit dein Körper Zeit hat, sich an die neuen Belastungen zu gewöhnen.

Bei dieser Trainingsmethode geht es darum, den Körper langsam auf höhere Belastungen einzustellen. Das heißt, man trainiert bei etwa 75 Prozent seiner HFmax.

Trainingsbeispiel:
Intervalle für 30 Sekunden bis 5 Minuten,
Wiederholungen 6–10,
dazwischen 3–5 Minuten Pause
(lohnende Pause)

Intensives Intervalltraining

Falls du aus dem Laufsport kommst oder schon länger läufst und keine gesundheitlichen Einschränkungen hast, kannst du mit dieser Trainingsart deine Schnelligkeitsausdauer deutlich verbessern. Hier liegt der Trainingsreiz bei kürzeren, sehr hohen Belastungen zwischen 80-90 Prozent der HFmax.

Trainingsbeispiel:
Intervalle 30–90 Sekunden,
Wiederholungen 4–8,
dazwischen 3 Minuten Pause
(lohnende Pause).

Generell gilt, dass du ein Intervalltraining nur in fittem, ausgeruhtem Zustand absolvieren solltest, da sonst die Verletzungsgefahr zu groß ist.

KOPPELTRAINING

Beim Koppeltraining geht es darum, deine Muskulatur auf die Doppelbelastung von Radfahren und Laufen einzustellen. Anfangs ist es hilfreich, an einem Tag beide Sportarten zu betreiben beziehungsweise alle drei. Dann kannst du anfangen, gezielt Wechsel zu üben. Dabei gehst du ohne nennenswerte Pause direkt vom Radfahren zum Laufen über. Die Längen der einzelnen Etappen können anfangs deutlich unter den normalen Trainingsstrecken liegen, da du hier ein Anpassungstraining durchziehst. Nach häufigen Wechseln erhöht sich die Belastbarkeit, dann kannst du auch mal eine längere Radeinheit und eine kürzere Laufrunde verbinden oder umgekehrt.

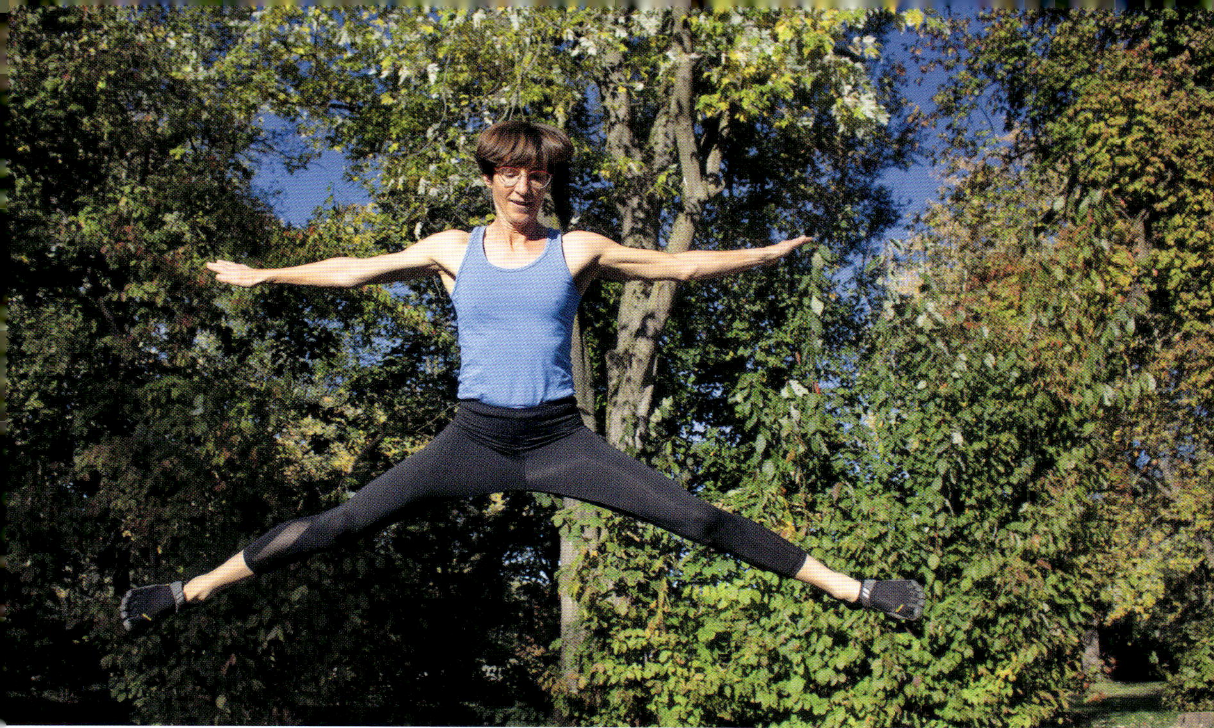

DAS LAUF-ABC

Die Laufbewegung ist ein komplexer Vorgang, der sich in einzelne Phasen zerlegen lässt. Durch die Übungen des Lauf-ABCs kannst du dich einerseits technisch verbessern, da du die einzelnen Bereiche etwas bewusster spüren kannst, du kannst dich aber auch muskulär stabilisieren und mithilfe der Übungen zusätzliche Kraft gewinnen. Gerade die verschiedenen Sprungübungen trainieren neben den Muskeln auch deine Faszien, sodass du flexibler wirst und dich dadurch gleichzeitig vor Verletzungen schützt. Ein weiterer Vorteil: Die Koordination wie auch der Gleichgewichtssinn werden geschult.

Die Hopserläufe oder die Kniehebeläufe sowie die Sprungläufe solltest du jedoch behutsam angehen. Falls du Gelenkprobleme hast, beginnst du besser erst mal im hüfthohen Wasser mit den Sprüngen, um dich langsam an die ungewohnten Belastungen zu gewöhnen.

Nach dem Warmlaufen suchst du dir eine ebene Strecke, je nach Übung reichen 5 bis 15 Meter vollkommen aus. Am Ende der Strecke pausierst du je nach Übung 10 bis 20 Sekunden. Je nach Lust und Laune und Fitnessstand variierst du die Anzahl und Vielfalt der Übungen.

FUSSGELENKSARBEIT

Hier wird die komplette Abrollbewegung mit hoher Frequenz und wenig Raumgewinn durchgespielt. Du drückst dich über die Ferse bis zur Zehe kräftig ab, dabei wird dein Fuß maximal gestreckt und gebeugt. Ziel ist es, den aktiven Abdruck aus dem Sprunggelenk zu üben und dabei auch die Wadenmuskulatur zu trainieren. Die Arme werden wechselseitig im 90°-Winkel mitgenommen.

ÜBUNGEN FÜR EINSTEIGER UND FORTGESCHRITTENE

Anfersen

In einer lockeren Laufbewegung versuchst du, durch den Abdruck mit dem Fußballen deine Ferse zum Gesäß zu bringen. Dabei schwingst du die Arme wechselseitig mit und neigst den Oberkörper leicht nach vorne. Bei senkrechtem Oberschenkel ist die Vorwärtsbewegung gering. Bei dieser Trainingseinheit spürst du sowohl den Abdruck wie auch die hintere Schwungphase sehr gut. 1 2 3

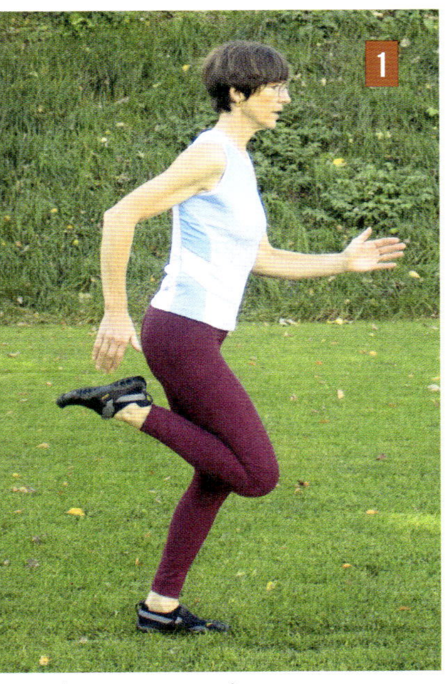
1

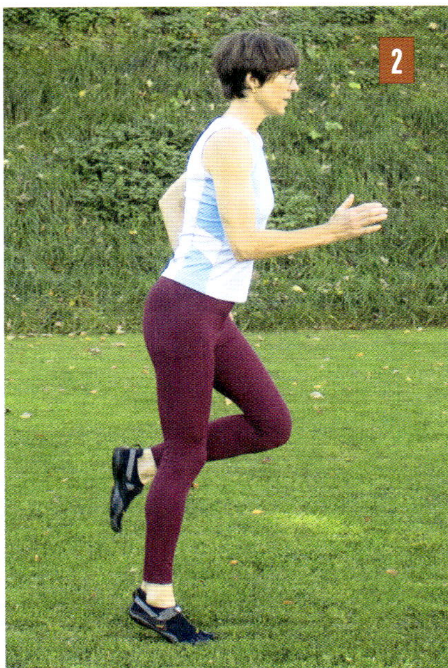
2

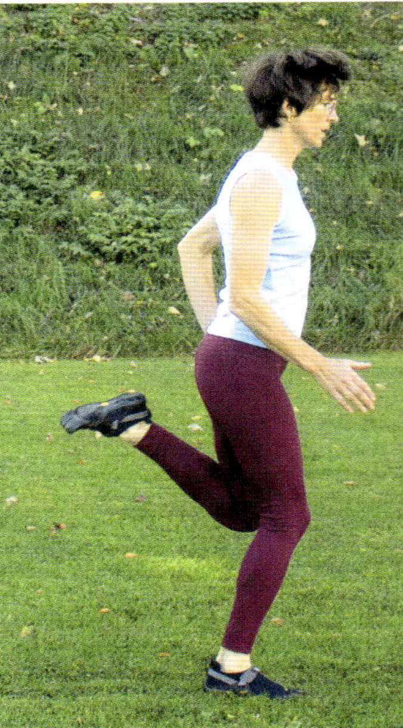

Seitwärtslauf

Hierbei läufst du – wie der Name schon sagt – seitwärts, in der sprunghaften Bewegung ziehst du das hintere Bein neben das vordere, und anschließend spreizt du das vordere Bein wieder ab. Deine Arme können die Übung durch eine waagerechte Position unterstützen. Der Oberkörper sollte ruhig gehalten werden und der Sprung aus den Fesselgelenken und den Beinen erfolgen. Die Übung stabilisiert die Hüfte und fördert die Koordination. 1 2 3

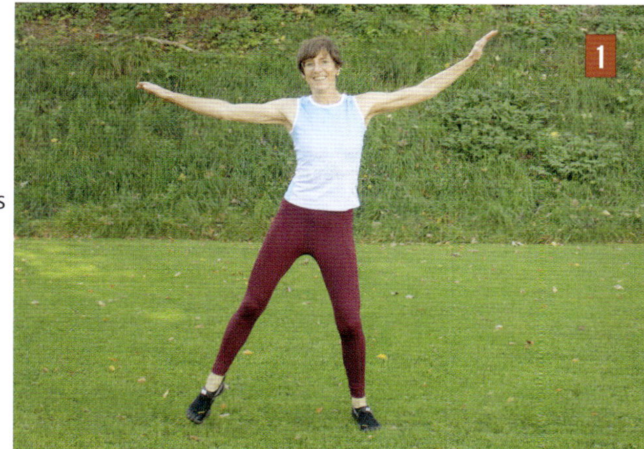
1

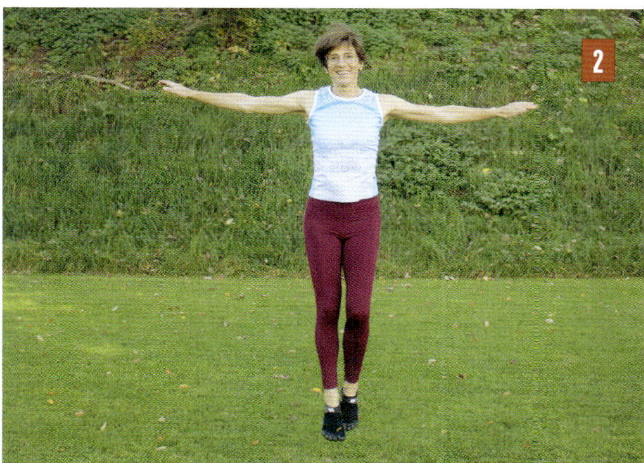
2

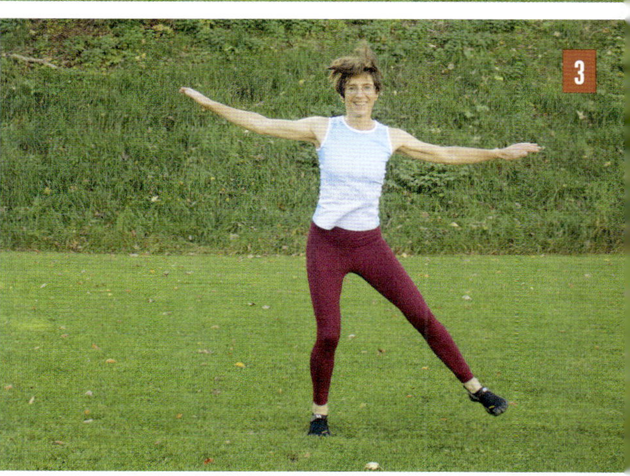
3

Überkreuzlauf

Die Grundbewegung ist das Seitwärtslaufen, allerdings werden bei dieser Übung die Beine abwechselnd vorn und hinten überkreuzt. Das ist noch etwas anspruchsvoller für die Koordination und fördert auch die Stabilität der Hüfte.

Kniehebelauf und Skippings

Beim Kniehebelauf bringst du den Oberschenkel des Schwungbeins bis in die Waagerechte, begleitest das mit einer diagonal aktiven Armbewegung, wobei deine Arme tendenziell nach vorne/oben schwingen. Die Arme unterstützen die extensive Beinarbeit, bei der Hüft-, Knie- und Sprunggelenk nach dem Abdruck voll gestreckt werden. Vorsicht: Nicht in der Hüfte „absitzen" und nicht mit dem Oberkörper nach hinten fallen!

Die etwas leichtere Variante sind die Skippings, wobei der Kniehub flacher, die Bewegungsfrequenz dafür aber höher ist. Durch das Anheben der Knie verbessert sich die Abdruckphase. 1

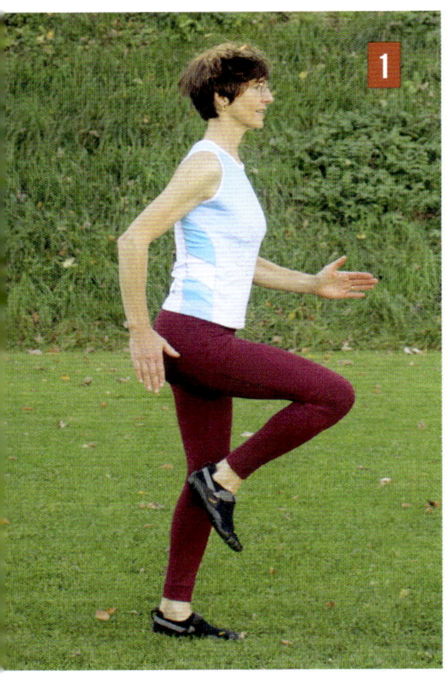

ÜBUNG FÜR FORTGESCHRITTENE

Hopserlauf und Prellhopser

Beim Hopserlauf ziehst du auch die Knie Richtung Waagerechte, federst (hopst) aber mehr als beim Kniehebelauf. 2

Anders dagegen der Prellhopser, bei dem du mit einem Bein abfederst und mit beiden Beinen zusammen auf einer Linie wieder den Boden berührst, um dich dann sofort wieder mit dem anderen Bein abzufedern. Die Bodenkontaktphasen sollten sehr kurz sein. Der Prellhopser ist eine Herausforderung für deine Koordinationsfähigkeit, du kannst ihn auch in verschiedenen Varianten üben, zum Beispiel mit höheren Sprüngen oder auch mit höherer Frequenz. 3 4

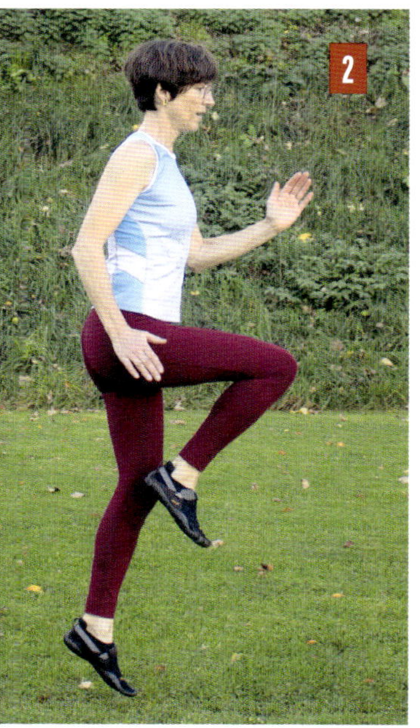

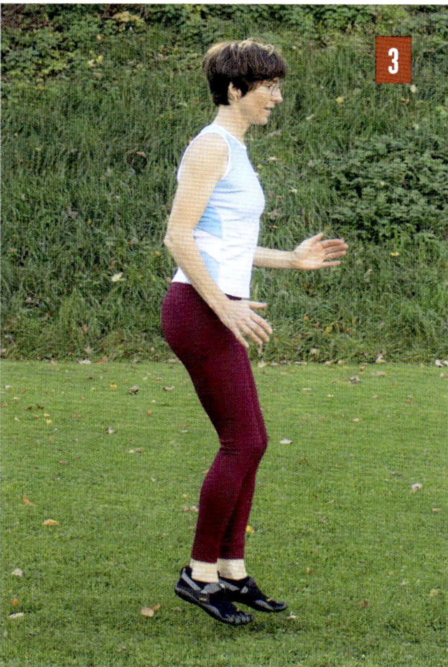

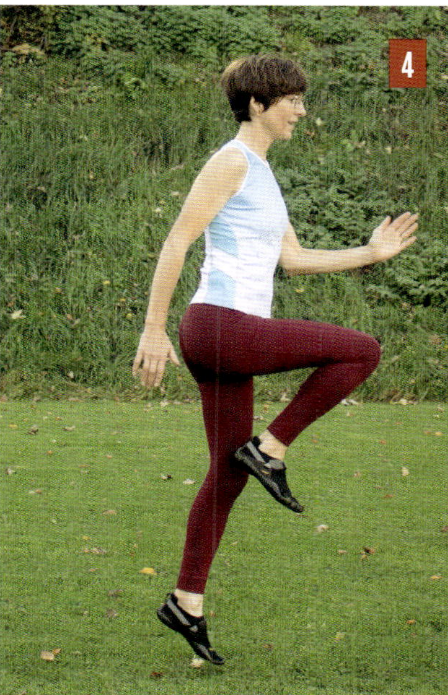

ÜBUNGSVARIANTEN FÜR ANFÄNGER UND FORTGESCHRITTENE

Einbeinsprünge und Sprunglauf

Einbeinsprünge sind vor allem für Anfänger empfehlenswert, da sie mit etwas weniger Dynamik ausgeführt werden. Du springst mit einem Bein los und landest auf dem zweiten und balancierst dich bis zum völligen Stillstand aus. Dann setzt du mit dem anderen Bein zum Sprung an und so weiter.

Für den Sprunglauf brauchst du eine trainierte Muskulatur, denn die Sprünge sollten möglichst lange Flugphasen haben und zügig hintereinander ablaufen. Mit einer begleitenden Armbewegung trainierst du deine Koordination und ein dynamisches Abdruckverhalten. 1

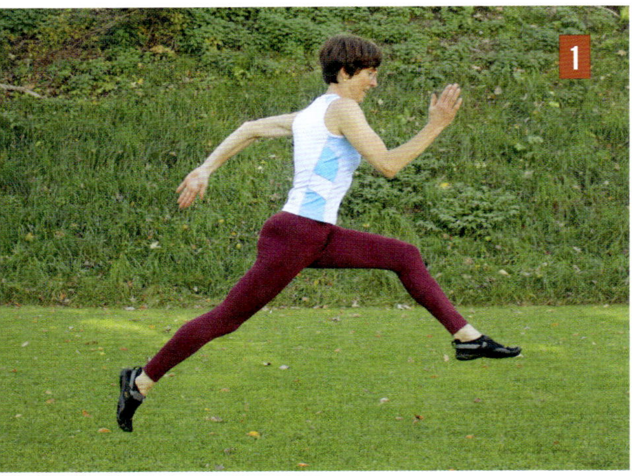

ÜBUNGSBEISPIEL EINER KOMBINIERTEN LAUFEINHEIT MIT KOORDINATIONSÜBUNGEN

1. Balanceübung

Du stehst auf einem Bein und führst nun den anderen Fuß an die Innenseite deines Oberschenkels, die Ferse in Schritthöhe, dann legst du deine Hände über dem Kopf zusammen, anschließend wechselst du die Seiten. 2

2. Balanceübung

Du stehst auf einem Bein und hebst das andere seitlich so hoch, wie es deine Stabilität erlaubt, und führst es dann wieder zurück und so weiter, während du gleichzeitig mit deinen Armen auf Schulterhöhe Achter ziehst. Zwischendrin wechselst du das Standbein. 3

3. Balanceübung

Wieder stehst du auf einem Bein, diesmal streckst du das andere Bein nach hinten in Richtung der Waagerechten, gleichzeitig nimmst du deine Arme nach vorne und vollführst schnelle kleine und große kreisende Bewegungen. 4

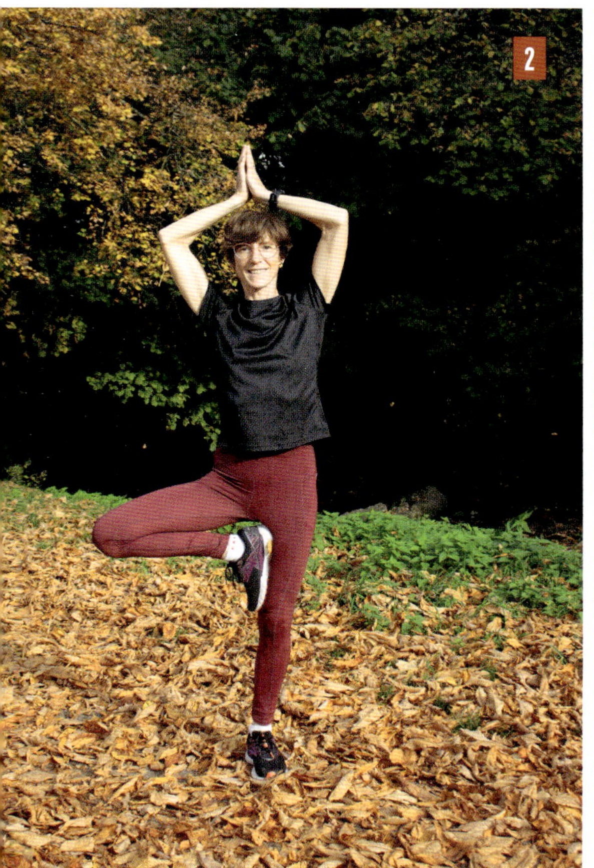

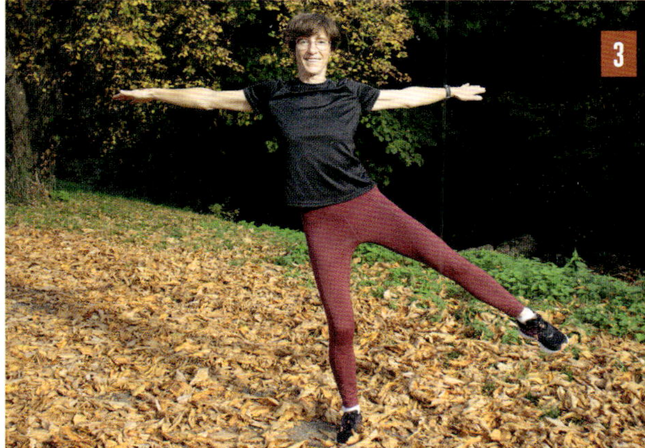

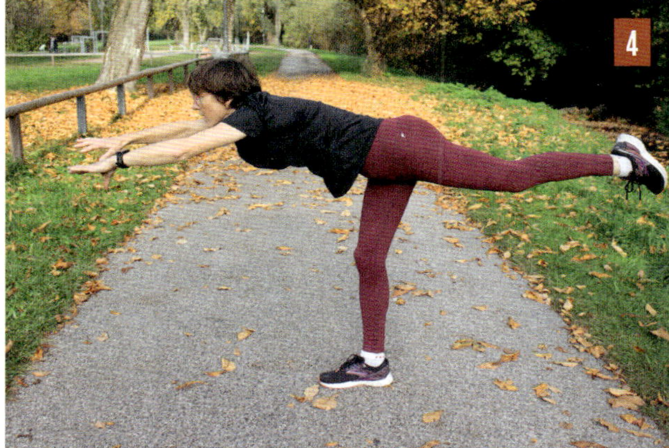

ANREGUNGEN FÜR WEITERE ÜBUNGEN

Bordsteinkante oder Treppe

Vorwärts, rückwärts, seitwärts, einbeinig hüpfen 1 2 3

Parkbank

Du drückst dich wechselseitig einbeinig ab. 4 5

Fußgelenksübungen

Ballerina, auf der Außenseite laufen 6, auf der Innenseite laufen, Pinguinlauf (Zehen anheben, Po anspannen)

Diese verschiedenen Übungen kannst du, genauso wie das Lauf-ABC, in deine Laufeinheiten integrieren.

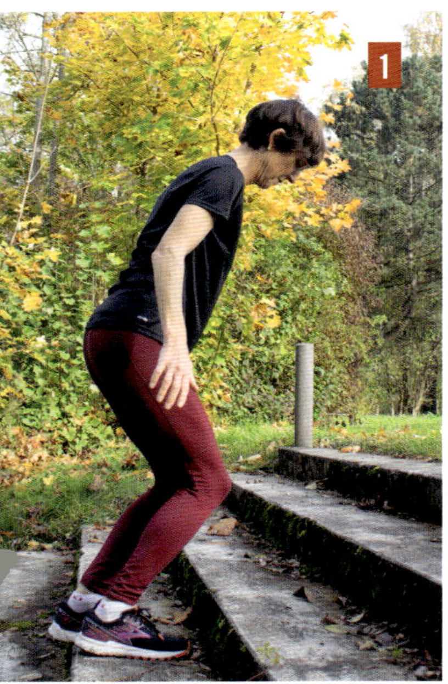

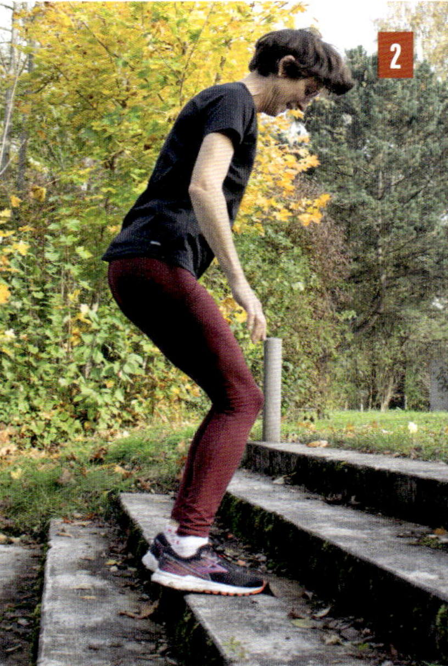

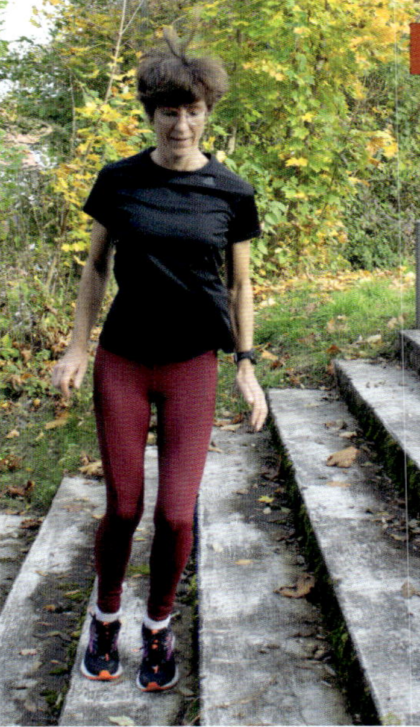

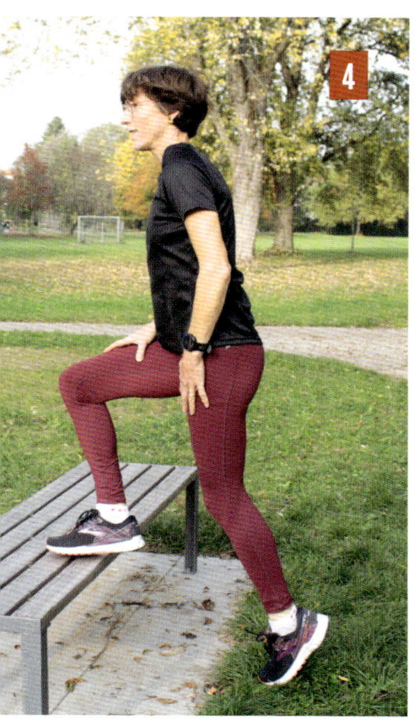

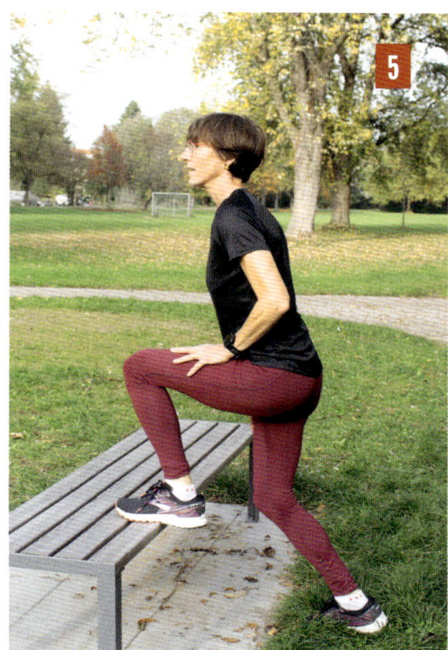

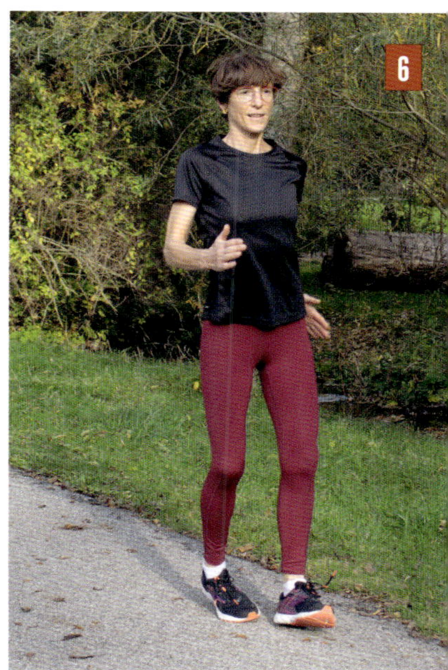

AUSSTATTUNG

Ich habe einige Jahre in Tokio gelebt, wo es im Sommer ausgesprochen heiß und die Luft sehr feucht ist, trotzdem war es offenbar eine Art Mode oder das Zeichen für einen „echten" Sportler, dass die Läufer dicke Baumwolltrainingsanzüge und ein Handtuch um den Hals trugen – und das bei Temperaturen von um die 30 Grad und 95 Prozent Luftfeuchtigkeit. Ich weiß bis heute nicht, ob „diese Verpackung" vielleicht einen geheimen Trainingseffekt in sich barg, oder ob sie einfach aus Masochismus entsprang.

OBERBEKLEIDUNG UND LAUFHOSE

Mittlerweile gibt es fantastische Materialien, die das Laufen bei jedem Wetter angenehm machen, und so solltest du dich den Außentemperaturen entsprechend kleiden. Im Winter finde ich die Zwiebelmethode sehr praktisch, denn die leichte und isolierende Bekleidung lässt sich auch einfach um den Körper wickeln, falls es doch zu warm werden sollte. Wer kein allzu volles Haar hat, sollte seinen Kopf im Winter vor der Kälte und im Sommer vor Hitze schützen. Das breit gefächerte Angebot der unterschiedlichen Laufhosen wird bestimmt jedem Geschmack gerecht, in erster Linie sollte die Hose bequem sein, und für den Winter wählst du vielleicht ein Modell mit Isolierschicht. Ich bin tatsächlich bei Temperaturen von bis zu -15 Grad gelaufen, ohne dass ich mit der Kälte jemals ein Problem bekam. Da die kalte Luft aber die Atemwege reizen kann, solltest du dich langsam daran gewöhnen und dich vielleicht auch mit einem dünnen, leichten Tuch vor Nase und Mund schützen. Tempoläufe sind bei kaltem Wetter generell nicht zu empfehlen! Bei Regen trage ich gerne Goretex-Jacken, die den Schweiß nach außen transportieren. Genauso angenehm, leicht und auch komfortabel sind verschiedene Softshelljacken, die sowohl beim Laufen als auch beim Radfahren vor Kälte und Wind schützen. Je nach Jahreszeit und Zweck variieren sie in Dicke und Ausstattung (besonders praktisch sind abnehmbare Ärmel).

SCHUHE

In den letzten 40 Jahren, als das Laufen zunehmend an Popularität gewann und zum Breitensport wurde, beschäftigten sich immer mehr Sportwissenschaftler sowie Sportbekleidungshersteller mit Design-Varianten, aber auch mit den unterschiedlichsten Schuhmodellen. Für einen Einsteiger gestaltet sich die Orientierung erst mal schwierig, denn leider sind nicht alle Berater in Sportgeschäften so gut geschult, dass sie die für dich am besten geeigneten Laufschuhe finden können. Ein erfahrener Laufschuhberater stellt oft schon beim Probelaufen Fehlstellungen oder Schwächen des Läufers fest und kann auf der Basis dieser Erkenntnisse das für diesen Kunden optimale Schuhwerk ermitteln. Im Lauf der Jahre wurden die Laufschuh-Modelle immer wieder verändert; der momentane Trend geht zum leichteren Schuh, der weniger Sprengung hat und somit unserem natürlichen Laufen am nächsten kommt (unter „Sprengung" versteht man die Höhendifferenz zwischen dem Vorfuß- und dem Fersenbereich). Bei der Wahl des richtigen Schuhs sind verschiedene Faktoren zu berücksichtigen, und du solltest dir die Zeit für eine entsprechend umfassende Beratung nehmen. Zu den maßgeblichen Kriterien gehören deine wöchentlichen Trainingsumfänge wie auch deine sportlichen Ambitionen und Ziele, eventuell auch deine Größe und dein Gewicht. Denk beim Schuhkauf auch gleich an komfortable Laufsocken, die dir – gerade auf längeren Strecken – ein gutes Gefühl in deinem Schuh verschaffen.

Welche sind denn nun die richtigen Schuhe?

Den „richtigen" Schuh gibt es nicht, vielmehr muss der Schuh zu dir und deinem Training passen. Es kann auch sinnvoll sein, wenn du bei deinen verschiedenen Laufeinheiten auch unterschiedliche Schuhe trägst. In meiner intensiven Wettkampfzeit hatte ich häufig vier verschiedene Schuhmodelle im Einsatz. Beim längeren Lauf (über 12–15 Kilometer) trug ich verschiedene stabilere, besser gedämpfte Schuhe, beim Lauf-ABC ein Paar Barfußschuhe, für die schnellen Einheiten und Intervalle wählte ich einen eher sehr leichten, wenig gedämpften Wettkampfschuh.

Tipps für deine Auswahl:

- **Such dir ein Fachgeschäft mit einer möglichst großen Markenauswahl, da sich die Leisten der Schuhe bei den einzelnen Marken unterscheiden.**
- **Der Schuh sollte sich beim Tragen sehr bequem anfühlen und dir im Zehenbereich genügend Platz bieten: zwischen Schuhspitze und Zehen eine Daumenbreite.**
- **Trag Laufsocken beim Anprobieren.**
- **Kauf die Schuhe am Nachmittag, weil deine Füße dann „größer" sind.**
- **Der Schuh-Berater sollte erfahren sein und dir umfassende Fragen stellen.**
- **Nimm dir genügend Zeit.**
- **Nimm eventuell (d)ein altes Paar Laufschuhe mit, denn daran kann der Spezialist erkennen, wie du läufst.**
- **Laufschuhe sollten je nach deinem Gewicht spätestens nach 800 bis 1200 Kilometern ersetzt werden.**

Welche Schuhtypen gibt es?

Die Orientierung ist wegen der Vielfalt des Angebots nicht ganz einfach, zur groben Einteilung dienen folgende drei Kategorien:

1. Stabilitätsschuhe

Dazu gehören:

Stabile Neutralschuhe
Solche Schuhe eignen sich für Läufer mit einem relativ gleichmäßigen Fußaufsatz, die zudem immer wieder längere Strecken laufen.

Überpronationsschuhe mit Innenstütze
Diese Schuhform macht Sinn für einen Läufer, der stärker nach innen einknickt. Gerade bei längerer Belastung und ermüdeter Muskulatur unterstützt der Schuh den Bewegungsablauf und verhindert Verletzungen.

Trail-Schuhe 1
Das sind aus einem robusten, belastbaren Material gefertigte Schuhe, die dem Fuß Halt und Stabilität geben. Solche Schuhe solltest du wählen, wenn du bisher überwiegend auf Asphalt oder befestigten Wegen gelaufen bist und es nun auf unbefestigten Wiesenwegen oder gar querfeldein durch den Wald versuchen möchtest.

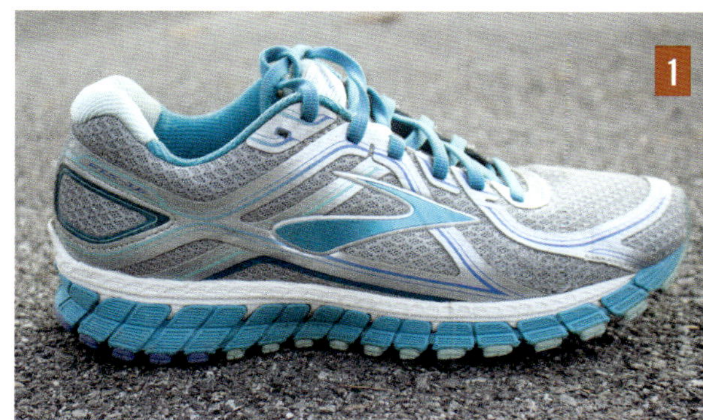
1

2. Natural-Running-Schuhe 2

Auch in dieser Kategorie gibt es unterschiedliche Fabrikate. Allen gemeinsam ist: Sie haben nur sehr dünne Sohlen und somit praktisch keine Dämpfung. Diese Schuhe schützen die Fußsohle und machen das „Barfußlaufgefühl" bei jedem Wetter möglich. Achte beim Kauf darauf, dass deine Zehen genügend Freiraum haben. Die Streckenlänge solltest du sehr vorsichtig ausdehnen, da sowohl deine Fußmuskulatur als auch deine Waden deutlich mehr leisten müssen. Empfehlenswert sind diese „Minimalschuhe" auch für das regelmäßige Lauf-ABC.

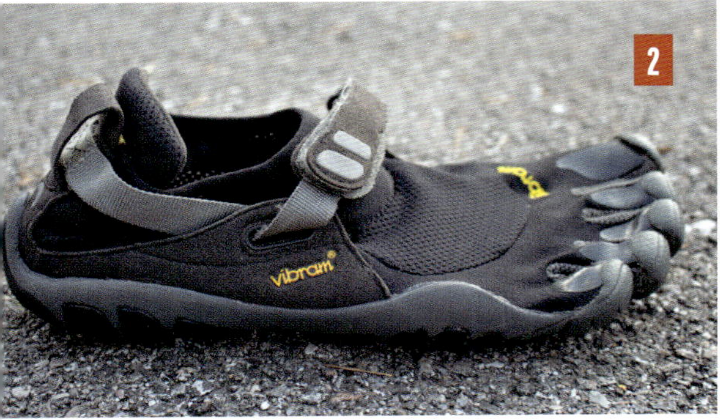

3. Leichte Wettkampfschuhe 3

Dieser Schuh-Typ ist eine Kombination aus etwas Komfort und extrem wenig Gewicht, damit bekommst du ein schnelles und leichtes Laufgefühl. Vor allem im Wettkampf ist das bei der dritten Disziplin auch ein psychologischer Vorteil, den du nutzen kannst. Einige solche Schuhmodelle haben eine kleine Schlaufe, die dir den schnellen Einstieg beim Wechsel zum Laufen erleichtern, sodass es etwas schneller geht. Manche solche Schuhe sind auch mit Drainagen ausgestattet, die in sehr heißen Wettkampfregionen, wie zum Beispiel auf Hawaii, sinnvoll sind, da die Schuhe sonst mit der großen Menge Kühlwasser volllaufen. In unseren Breiten dagegen können sie sich auch nachteilig auswirken, da Feuchtigkeit von unten in den Schuh eindringt und sich kleine Steinchen in die Öffnungen hineindrücken.

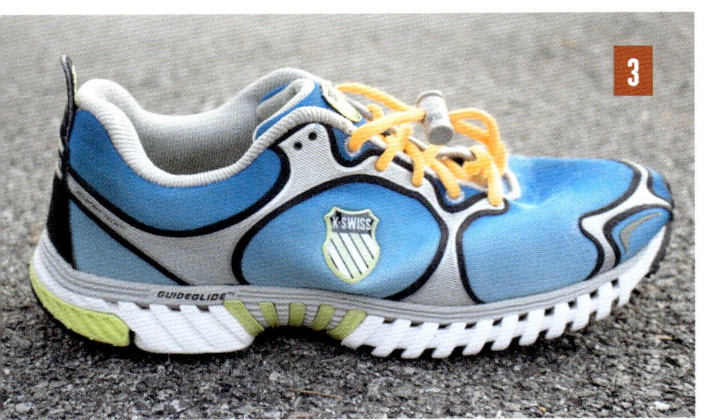

> Um sicherzugehen, dass du dich auch im Wettkampf richtig gut fühlst, solltest du deinen Schuh vorher über die entsprechende Distanz laufen (das gilt natürlich nicht für Marathondistanzen).

LAUFUHREN

Die wichtigste Funktion einer Laufuhr ist die Pulsanzeige. Nur anhand deiner Herzfrequenz kannst du dich im Training und auch im Wettkampf sicher orientieren. Man kann solche einfachen Uhren schon für wenig Geld bekommen, und ich empfinde sie als ein Muss für ein gesundheitsbewusstes Training. Mithilfe der Uhr kannst du dann auch lernen, nach deinem Gefühl zu trainieren (siehe dazu auch das Kapitel „Allgemeine Trainingslehre", S. 23). Die Uhren sind oft mit vielfältigen Tools ausgestattet, so kannst du beispielsweise auch bestimmte Trainingsbereiche akustisch markieren. Viele der neuen Lauf- und Triathlon-Uhren verfügen auch über zahlreiche Funktionen, die dir bei der Auswertung deiner Trainingsmethoden helfen können.

Nicht zwingend nötig, aber ausgesprochen angenehm ist ein GPS-System, es gibt Auskunft über die Streckenlänge und somit auch über dein Tempo auf der zurückgelegten Strecke. Das kannst du dann je nach Bedarf ermitteln, auch beim Schwimmen oder Radfahren. So kannst du auch alle deine Daten im PC auswerten lassen und mit deinen Freunden teilen oder gegen virtuelle Gegner antreten. Es gibt eine Vielzahl von Funktionen, an denen ein Technikfreak sicher seine Freude hat.

Ganz prima sind auch Auskünfte über die VO2max (die maximale Sauerstoffaufnahmefähigkeit, angegeben in ml/min/kg) oder auch über die Schrittlänge oder die Frequenz (wie viele Schritte pro Minute), beim Schwimmen ist es analog dazu die Anzahl der Armzüge.

Nachdem meine alte Uhr ihren Geist aufgegeben hatte, bin ich selber längere Zeit „ohne" unterwegs gewesen, was problemlos ging, da die langjährigen Erfahrungen mein Gefühl und die Selbsteinschätzung gut geschult haben. Dann habe ich mich aber doch für eine neue Uhr entschieden, bin jetzt total begeistert von ihren technischen Möglichkeiten (obwohl ich gefühlt eher aus der Technik-Steinzeit komme ...) und habe mich schnell damit zurechtgefunden, obwohl ich nicht alle Finessen nutze. Aber meine Motivation ist mit der Daten-Information definitiv gestiegen.

EINLAGEN, JA ODER NEIN?

Falls du eine Beinlängendifferenz hast oder stark ausgeprägte X- oder O-Beine oder eine Fußfehlstellung (etwa Plattfüße), dann empfehle ich dir, dich sowohl von einem Orthopäden als auch von einem erfahrenen Physiotherapeuten beraten zu lassen. Leichtere Probleme kannst du vielfach auch durch den Aufbau einer guten Muskulatur kompensieren und dich stabilisieren.

Wenn dir dein Arzt Einlagen verschrieben hat, solltest du dich vorher darüber informieren, in welchem Orthopädiefachgeschäft man sich mit Sporteinlagen auskennt. Die qualitativen Unterschiede und die Funktionalität können stark variieren, deshalb ist es sinnvoll, gleich zu einem Spezialisten auf diesem Gebiet zu gehen.

Ich laufe auf etwas längeren Strecken ein paar Schuhe mit Einlagen und die schnelleren Einheiten ohne. Sei achtsam, wenn dir nach oder während des Laufs etwas wehtut. Es ist wichtig, die Signale, die unser Körper uns sendet, zu hören und sie ernst zu nehmen.

WAS BEWIRKT DAS LAUFEN?

Wie schon vorher ausführlicher beschrieben (siehe S. 80), hat moderates Laufen sehr viele positive Einflüsse auf unseren Organismus. Sowohl unser Herz-Kreislauf-System als auch die Muskeln, Knochen und Gelenke werden gestärkt, eventuelle Verdauungsprobleme regulieren sich, und die Abwehrkräfte werden mobilisiert, um nur einige Gesundheitsnutzen zu nennen.

Aber auch der Einfluss auf unsere Psyche ist nicht zu unterschätzen: Laufen hat etwas Befreiendes, und so kann sich manche Anspannung lösen, die vielleicht in der Arbeitssituation oder in der Familie entstanden ist.

Eine für mich eher neue Erfahrung der letzten Jahre besteht darin, zwischendurch im Wald oder irgendwoanders in der Natur einfach mal innezuhalten, um mich und meine Umwelt ganz bewusst wahrzunehmen. Einen Moment der Stille zu genießen oder auch den Vögeln zuzuhören, manchmal schaue ich mich auch ganz gezielt danach um, welche Pflanzen oder Tiere in meiner Umgebung zu Hause sind. Einen tiefen Atemzug zu nehmen und den Geruch von frischem Heu zu inhalieren oder auch den erdig riechenden Dunst im Nebel nach einem Regenguss. Das mag vielleicht für den einen oder anderen fremdartig klingen, aber die Natur besitzt schon durch ihre bloße Existenz große Heilkräfte, und wir sind ein Teil von ihr.

Dann gibt es auch noch das meditative Laufen. Auch dabei kann man völlig neue Erfahrungen mit sich selbst machen. Ich selber nutze die Zeit beim Laufen, aber auch die auf dem Rad, meistens dazu, um anstehende Gespräche schon mal vorzuformulieren oder auch in Ruhe zu reflektieren, was mich gerade bewegt. Du kannst aber auch die Zeit und den Rhythmus der Bewegung nutzen, um Mantras zu wiederholen. Je nachdem, woran du glaubst, können das entsprechende Worte oder Sätze sein. Aber du kannst auch Worte, die dein Selbstbewusstsein stärken, in eine entsprechende Form bringen und wiederholen.

Ein Beispiel:

I am, I can, I will ist ein Mantra, das mir persönlich gut gefällt, aber da sind deiner Fantasie keine Grenzen gesetzt. Probier einfach aus, was dir guttut!

WICHTIGES FÜR LAUF-ANFÄNGER

Für Einsteiger in dieser Disziplin ist vor allem eines wichtig: ein maßvoller Beginn. Falls du übergewichtig bist oder ein orthopädisches Problem hast, rate ich dir dringend, zuvor einen Sportarzt zu konsultieren. Lass dich durchchecken und entsprechend beraten. Eventuell startest du mit Aquajogging, das durch den Auftrieb des Wassers sehr gelenkschonend wirkt, und wechselst 1 Minute Laufen mit 2 Minuten Gehen ab und steigerst dich mit aller Vorsicht von Woche zu Woche. Deine Schuhe sollten genau passen, und bei Beinlängendifferenzen solltest du Einlagen tragen. Die Trainingsumfänge und -intensitäten solltest du langsam steigern, auch wenn es sich gleich gut anfühlt und du schnell Erfolge verzeichnest. Deine Muskulatur hat sich nach etwa sechs Wochen an die neue Beanspruchung gewöhnt, und das hat auch entsprechende Auswirkungen auf dein Herz-Kreislauf-System – du wirst dich also relativ schnell fitter fühlen, und das wiederum stärkt deine Motivation. Doch leider benötigen deine Sehnen und Bänder, und damit verbunden auch dein Faszien-System, durchaus sechs bis zwölf Monate, um sich den neuen Anforderungen anzupassen. Sei achtsam, höre auf deinen Körper und gib dir die nötige Zeit, denn es ist sehr deprimierend, wenn du durch eine Verletzung ausgebremst wirst.

Eine sehr gute Verletzungsprophylaxe ist es auch, wenn du auf deine Beweglichkeit und eine gute Rumpfstabilität achtest (Näheres dazu im folgenden Kapitel „Rumpfstabilisation“, S. 99).

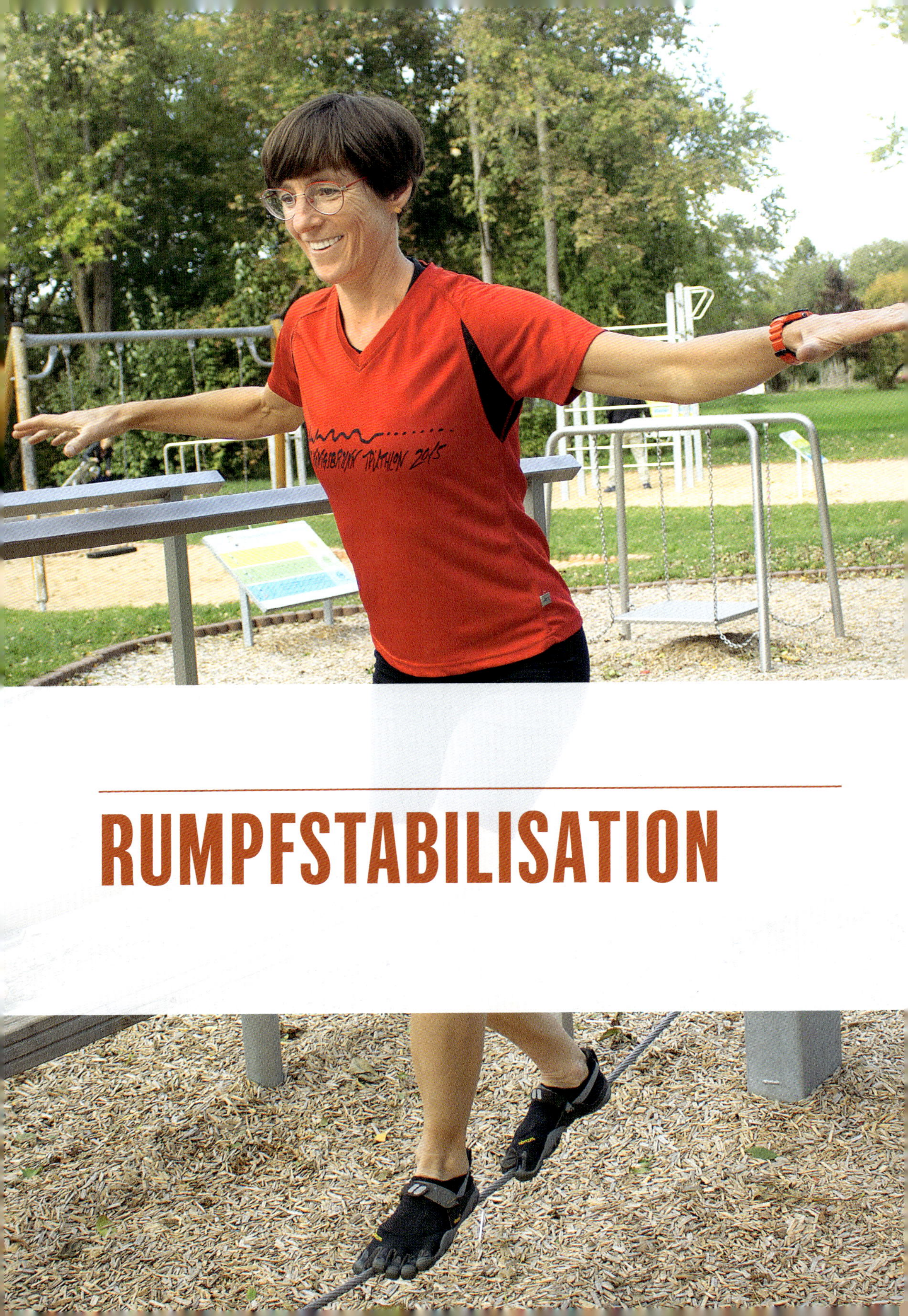

RUMPFSTABILISATION

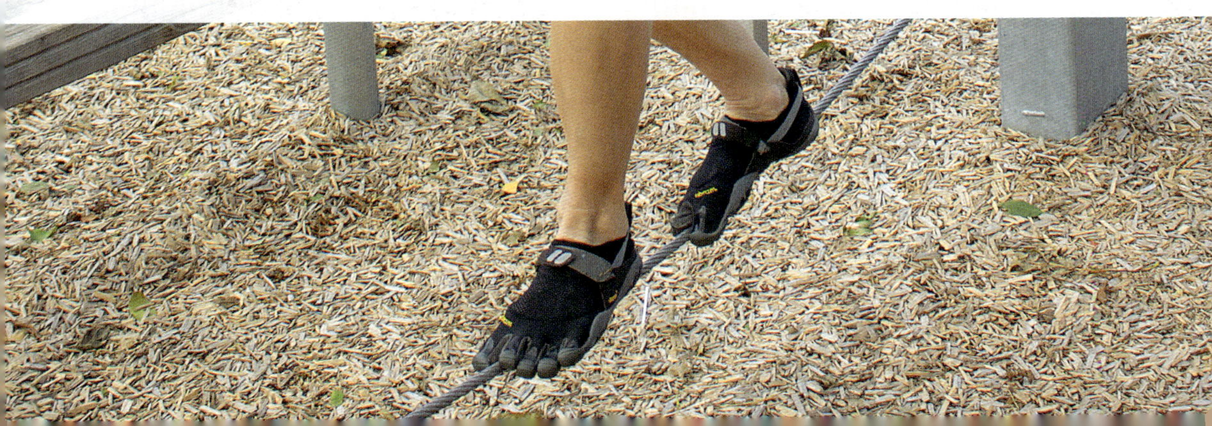

Nur ein beweglicher und ausgewogen bemuskelter Körper kann langfristig gesund bleiben. Sehr wichtig ist dabei auch die sogenannte Körpermitte, nur wird sie leider häufig vernachlässigt. Der eine oder andere mag jetzt vielleicht argumentieren, dass Schwimmen, Radfahren und Laufen ja schon sehr abwechslungsreiche Sportarten sind, die an sich schon so viel Zeit in Anspruch nehmen, dass alles andere entweder überflüssig oder zeitlich einfach nicht drin ist.

Diese Einwände kann ich sehr gut verstehen, ich selbst habe mir anfangs auch wenig Zeit für die zusätzlichen Übungen genommen. Bei mir kamen die Familie, Gartenarbeit, Reiten und Reitunterricht noch dazu, sodass es mir oft reichte beziehungsweise meine Zeit einfach sehr begrenzt war.

Ein Umdenken setzte bei mir tatsächlich erst ein, als ich mit den ersten Verletzungen und Überlastungen zu kämpfen hatte. Zu meinem großen Glück kannte ich sehr gute Physiotherapeuten und Sportwissenschaftler, die ihr Wissen ausführlich an mich weitergaben, und so wurde mir nach und nach klar, wie wichtig es ist, die muskulären Dysbalancen zu erkennen und gezielt dagegen anzutrainieren.

Da ich wenig oder gar keine Zeit für den Gang ins Fitnessstudio hatte, machte ich viele verschiedene Übungen zu Hause und ließ dafür mal eine Laufeinheit sausen. Wenn du es wirklich willst, findest du immer ein paar Minuten, in denen du mal eben 10 Liegestütze machst, du kannst auch einbeinig auf Zehenspitzen stehend lesen oder telefonieren (vielleicht nicht gerade mit deinem Chef). Es gibt im Alltag immer Möglichkeiten, an seiner Kraft und auch an der Beweglichkeit zu arbeiten.

Mit zunehmendem Alter lassen unsere Kraft wie auch unsere Beweglichkeit nach. Wir verlieren schneller Muskelmasse, Sehnen, Bänder und das Bindegewebe (die sogenannten Faszien) verkürzen sich beziehungsweise verkleben und verfilzen. Die Folgen sind Kraft-, Geschwindigkeits- und Mobilitätsverluste, und dadurch beziehungsweise damit verbunden nimmt die Verletzungsanfälligkeit leider zu.

Die gute Nachricht: Wir müssen diesem Prozess nicht tatenlos zuschauen und haben sehr wohl die Möglichkeit, das Geschehen in unserem Körper maßgeblich positiv zu beeinflussen. Auch die jüngeren Leser bis 30 Jahre sollten sich keinesfalls allein auf ihre Leistungen in den drei Disziplinen, sondern auch auf die allgemeine Stabilität ihres Körpers konzentrieren.

Zum einen profitierst du als jüngerer Sportler langfristig gleichermaßen von der Verletzungsprophylaxe, und zum anderen wirst du auch schneller werden, denn Instabilitäten kosten dich Kraft, und das wirkt sich negativ auf die Ökonomie deines Bewegungsablaufs aus.

BEWEGLICHKEIT

Ob du beweglich bist oder nicht, wird auch von deinen genetischen Voraussetzungen mitbestimmt („Prädisposition"). So sind Frauen generell beweglicher als Männer, da Frauen Kinder zur Welt bringen können und das Bindegewebe für den Geburtsvorgang elastischer sein muss. Eine gute Beweglichkeit ist grundsätzlich erstrebenswert, man sollte das aber nicht mit einer Hypermobilität verwechseln. Hypermobile Menschen neigen zu Instabilitäten, als Folge können Überlastungen von Sehnen und Gelenken auftreten. Diese Gruppe sollte besonders dringend an ihrer Stabilität arbeiten, denn sowohl die großen als auch die kleinen Haltemuskeln schützen unsere Gelenke vor frühzeitigem Verschleiß. Wenn du in deinem Beruf (hauptsächlich) im Sitzen arbeitest, werden sich auch deine Muskeln den gegebenen Umständen anpassen und leider verkümmern. Vor allem der Hüftbeuger verkürzt sich, was oft Verspannungen im Rücken oder Nacken verursacht, die auch zu unangenehmen Kopfschmerzen führen können.

Muskeln funktionieren nicht unabhängig voneinander, sondern gemeinsam, in Form sogenannter Muskelketten, zusammen mit dem umhüllenden und verbindenden Fasziengewebe. Deshalb muss man bei auftretenden Beschwerden unbedingt das Gesamtsystem, also den ganzen Körper, betrachten. Unser Schultergürtel und der Rumpf sind über das Bindegewebe mit den Beinen verbunden. Die Muskelketten überziehen die Gelenke und bewegen und schützen sie, da sie durch die Bindegewebshüllen (Faszien) miteinander verbunden sind, dadurch können die Kontraktionen der Muskulatur über Nervenreize (Signale) weitergeleitet werden. Problematisch wird es häufig, wenn das Fasziengewebe sich verhärtet und verklebt, das kann funktionale Störungen und vor allem auch Schmerzen hervorrufen.

Aber auch beim Sport hat eine eingeschränkte Beweglichkeit der Schulterblätter Auswirkungen – beispielsweise auf die Laufbewegung, die dadurch instabil wird. Verhärtete, hochtonische Muskeln können durch Fehlbelastungen, aber auch durch psychische Anspannung entstehen. Was bedeutet, dass bei Schwierigkeiten sowohl deine Statik überprüft wie auch deine allgemeine Lebenssituation in Betracht gezogen werden sollte. Wenn dein Alltag sehr stressig ist und du ständig „unter Strom stehst", solltest du es vielleicht erst mal mit entspannenden Dehnungsübungen in Verbindung mit der Atmung probieren.

Sei achtsam mit dir und höre auf die Signale deines Körpers, dann kommt es erst gar nicht zu größeren Verletzungen. Ich war viele Jahre meines Lebens sehr leistungsorientiert und bin über Schmerzen hinweggegangen, beziehungsweise habe ich die Schmerzen akzeptiert (das ist auch ein Teil, der zum Ironman dazugehört). Mittlerweile bin ich mir über den Wert meines Körpers verstärkt bewusst und über die Möglichkeiten, dem Verfall entgegenzusteuern. Die Erfolge sind nebensächlich geworden. Aber natürlich genieße ich es immer noch, eine DM in meiner Altersklasse zu gewinnen.

FASZIENTRAINING 1 2 3

Als ich 2003 mit dem Triathlon anfing, interessierte sich noch niemand groß für unser Bindegewebe, die sogenannten Faszien. Damals aß ich gelegentlich noch Fleisch und empfand diese Muskelhüllen oder Sehnenbestandteile beim Essen eher als lästig und unangenehm und machte mir keine Gedanken über den Aufbau oder die Aufgaben dieses Netzwerks.

Das Fasziensystem besteht aus unterschiedlichen Gewebslagen, die in Dicke und Beschaffenheit variieren und gemeinsam zum reibungslosen Ablauf der Kraftübertragung beitragen. Sie bestehen aus Wasser, Kollagen und etwas Elastin und enthalten spezielle Zelltypen, die sogenannten Fibroblasten, die veränderbar sind und sich der muskulären Beanspruchung anpassen. Die Faszien von Kindern und jungen Menschen besitzen eine wellenförmige Struktur und sind in mehrere Richtungen flexibel. Das ändert sich mit zunehmender Bewegungseinschränkung, als Folge verfilzt und verklebt das Gewebe, und es kön-

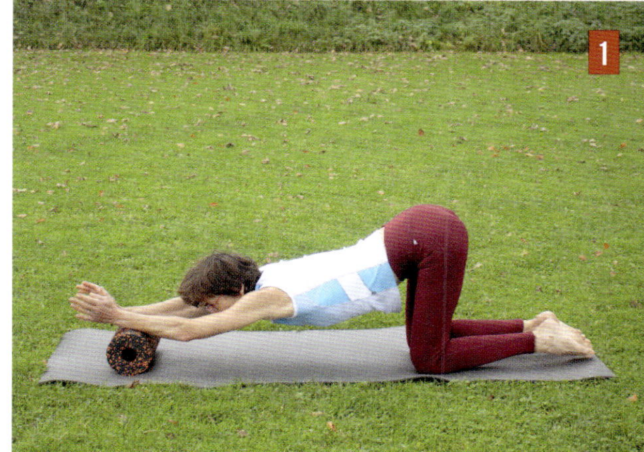

1

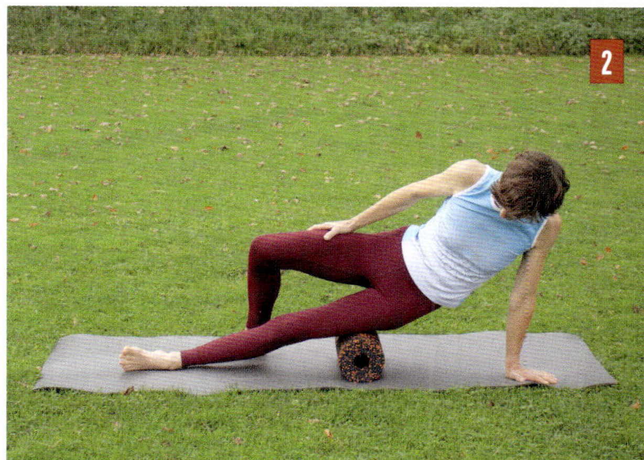

2

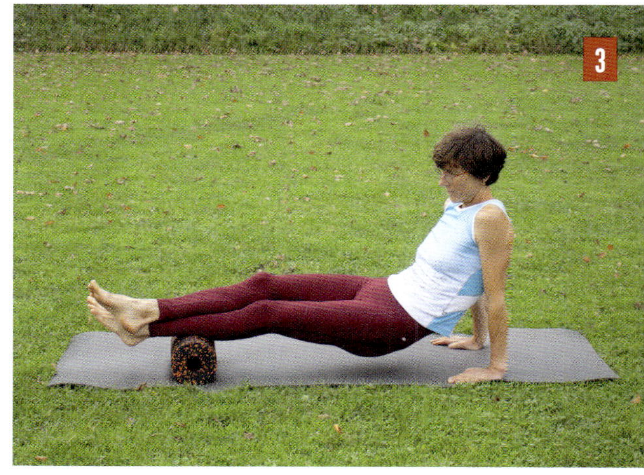

3

nen Nervenreizungen auftreten, die unter Umständen sogar einen Schmerzkreislauf in Gang setzen. Es kommt zu Verdickungen, und die Muskeln verkrampfen sich, als Ergebnis sind die Beweglichkeit und die Bewegungsabläufe eingeschränkt beziehungsweise beeinträchtigt. Ein plötzlicher Hexenschuss, ein steifer Nacken oder chronische Rückenschmerzen können die Folgen sein. Das musst du aber nicht einfach hinnehmen und tatenlos zuschauen, denn unser Bindegewebe ist trainierbar, es kann sich unterschiedlichen Reizen anpassen und auch wieder an Flexibilität gewinnen. Damit es geschmeidig arbeiten kann und auch Schlacken (Stoffwechselabbauprodukte) ausgespült werden können, ist regelmäßiges Wassertrinken wichtig!

Dieses Gewebe wird allerdings schlecht durchblutet, deshalb dauern die Veränderungsprozesse länger, und das bedeutet – vor allem in zunehmendem Alter –, dass du dein Training behutsam aufnehmen solltest, um dann konstant weiter dranzubleiben.

Auch wenn ich dem Faszientraining einen eigenen Bereich zugeordnet habe, ist es nicht isoliert zu betrachten, denn wenn du beispielsweise Sprünge trainierst, dann trainierst du natürlich auch deine Muskeln und das Ansteuern der Muskulatur. Ein wichtiger Richtwert beim aktiven Training des Bindegewebes ist die Regenerationszeit, die kollagenaufbauenden Prozesse brauchen rund 72 Stunden. Darin besteht ein deutlicher Unterschied zur Muskulatur, die sich deutlich schneller wieder erholt.

FEDERN UND SPRÜNGE

Leichtes Federn oder auch Schwung- und Sprungübungen (je nach Alter vielleicht im Wasser) setzen Reize, die das Zusammenziehen und Wiederloslassen des Bindegewebes trainieren. Man kann diese Fähigkeit der Faszien auch als „elastische Speicherkraft" bezeichnen. Eine gute Übung sind Vorwärts-, Seitwärts- und Rückwärtssprünge. Diese Sprünge kannst du auch mit Stufen kombinieren.

Ebenfalls zum Faszientraining gehört es, wenn man schnell mal eine Treppe hochspringt oder -sprintet, genauso wie Ausfallschritte. Auch mit einbeinigem Hüpfen (denk an das bei Kindern so beliebte Käsekästchenspiel und mach gleich mal mit) trainierst du deine Spannkraft.

Aus diesem Grund mache ich mit meinen Aquafitness-Gruppen (die älteste Teilnehmerin ist stolze 89 Jahre!) jede Woche verschiedene Sprungübungen, von Froschsprüngen angefangen bis zu einbeinigen Hüpfen. Durch den Wasserwiderstand werden auch bei etwas schwergewichtigen oder unsicheren Menschen die Gelenke geschont, und wenn jemand Probleme mit der Balance hat, verhindert das Wasser auch gleichzeitig Verletzungen durch Stürze.

Das positive Ergebnis des Trainings: Du wirst in unvorhergesehenen Situationen schneller reagieren, sei es, dass du beim Laufen in unwegsamem Gelände mal einknickst oder im Winter auf einer vereisten Stelle ausrutschst.

DEHNEN

Es gibt verschiedene Übungen zum Dehnen – was man wann, wo und wie macht, hängt von der jeweiligen Situation ab. Generell ist das Dehnen absolut sinnvoll, da es die Beweglichkeit langfristig erhält oder verbessert und zu einem größeren Bewegungsradius verhilft.

Das wirkt sich natürlich positiv auf die Leistungsfähigkeit aus, hat aber auch einen sehr günstigen Einfluss auf die Gelenke. Wenn sich der Bewegungsumfang in der knöchernen Gelenkstruktur vergrößert, ist der Knorpelabrieb nicht mehr auf eine kleine begrenzte Fläche reduziert, und durch den vergrößerten Gelenkwinkel werden deine Gelenke vor frühzeitigem Verschleiß geschützt.

Aber auch wenn bereits Schädigungen vorhanden sind, kannst du die Abnutzungsprozesse aufhalten, denn der Knorpel wird durch den vergrößerten Beweglichkeitsradius des Gelenks besser mit Nährstoffen versorgt, die im Gelenk selber gebildet werden.

Natürlich sind hier mehrere Faktoren zu berücksichtigen, und nur wenn du dich langsam und beständig dehnst, werden deine Bemühungen Erfolg haben. Auch beim Krafttraining ist das Dehnen wichtig, denn es geht dabei ja um das Zusammenspiel der Muskeln. Sind beispielsweise die Brustmuskeln verkürzt, wird es auch schwierig werden, die obere Rückenmuskulatur zu kräftigen.

Passives Dehnen

Ich selber praktiziere das passive Dehnen gerne als gesonderte Trainingseinheit. Doch vor oder nach intensiverem Training oder sehr langen, ermüdenden Einheiten kann das Dehnen sogar schaden, da die Strukturen schon stärker belastet sind. Das gilt natürlich auch für Wettkämpfe. Wenn du dir ein bis zwei Mal in der Woche dafür Zeit nimmst, wirst du einen positiven Effekt spüren, vielleicht kannst du ja auch die eine oder andere Übung in deinen (Büro-)Alltag einbauen und dehnst dich einfach mal zwischendrin ganz spielerisch.

Falls du Beschwerden mit deinem Bewegungsapparat hast, konsultierst du am besten einen Arzt und lässt dich dann von einem Physiotherapeuten behandeln, der die Dehnungs- und Kräftigungsübungen speziell auf deine Bedürfnisse abstimmt.

Aktives Dehnen

Vor dem aktiven Dehnen solltest du dich schon ein wenig warm gemacht haben. Du bleibst nur kurz in der Dehnungsposition und führst die Übungen mit einer weichen, fließenden Dynamik aus. Diese Technik eignet sich eher für die Aufwärmphase vor einem Wettkampf. Das aktive Dehnen gehört für mich in den Bereich der sanften Mobilisation, die auch gerade vor dem Schwimmen ihre Berechtigung hat.

Im Folgenden habe ich dir ein kleines Programm mit Dehnungsübungen für die einzelnen Triathlon-Disziplinen zusammengestellt.

Der Ablauf ist immer der gleiche:

- Leichtes Aufwärmprogramm, 5–10 Minuten locker laufen oder radeln
- Muskel langsam bis zum Endschlag dehnen (ohne Schmerz)
- Die Dehnung 20–40 Sekunden halten
- Auf die Ausgangsposition achten
- 3 Wiederholungen
- In der Dehnung auf das Ausatmen und die Entspannung konzentrieren
- Immer auf beiden Seiten dehnen

DEHNUNGSÜBUNGEN FÜR DAS SCHWIMMEN

Schulter/Oberarm

Der eine Arm wird quer über die Brust gelegt, während die andere Hand beziehungsweise der Arm den Ellenbogen an den Körper drückt. 1

Trizeps/Schulter

Die eine Hand liegt zwischen den Schulterblättern, während die andere Hand den Ellenbogen nach hinten/unten zieht. 2

Armstreckung nach hinten

Die Hände werden hinter dem Rücken zusammengefasst und bei geradem Rücken angehoben. Du kannst dich auch in einem 90°-Winkel nach vorne beugen. 3

Oberschenkelvorderseite

Du kannst die Übung sowohl im Stehen als auch im Liegen ausführen. Je nachdem, wie stabil dein Gleichgewicht ist, kannst du dich auch mit einer Hand festhalten. Mit der anderen umfasst du dein Fußgelenk und ziehst es nach hinten/oben. Die Hüfte sollte gestreckt sein. 4

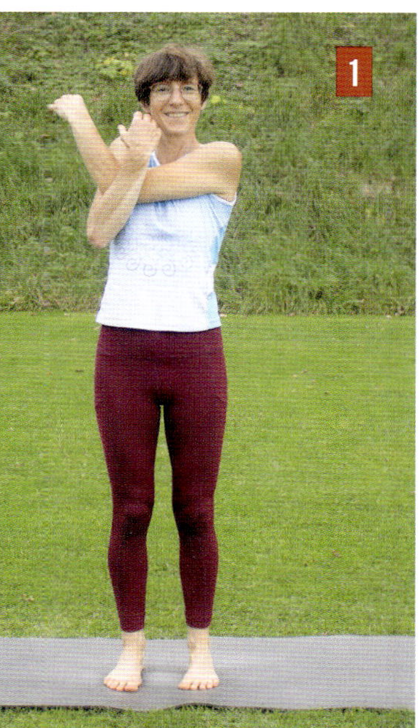

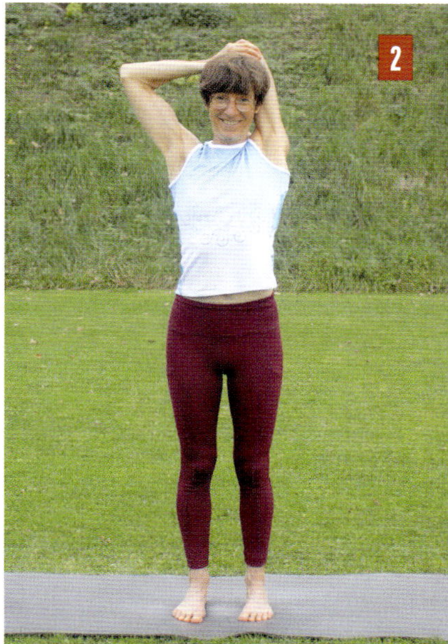

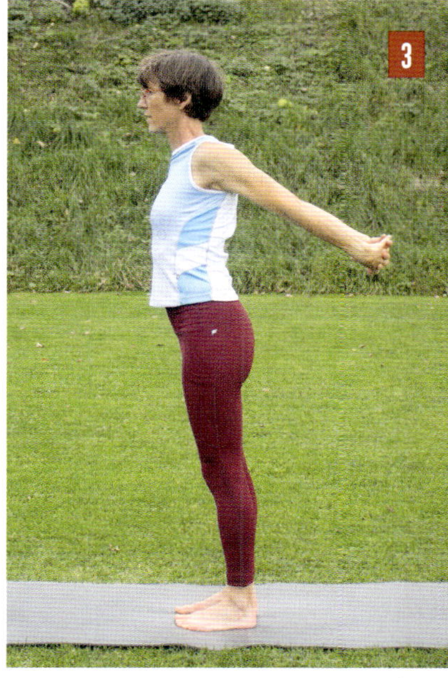

Füße

Entweder auf den Knien oder auch seitlich sitzend, einen Fuß mit den Händen umfassen und die Fußoberseite und das Fesselgelenk dehnen. 5

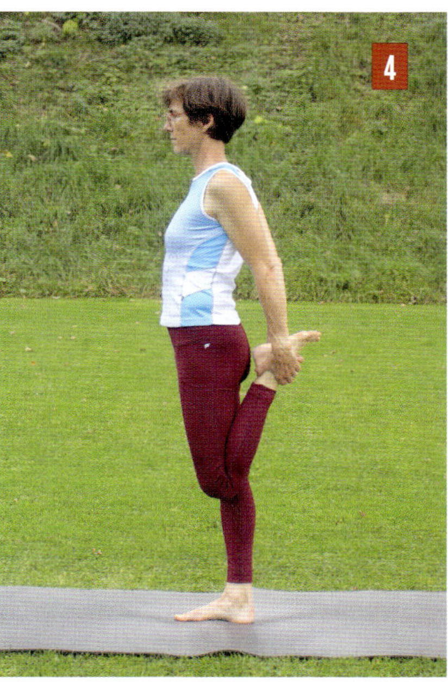

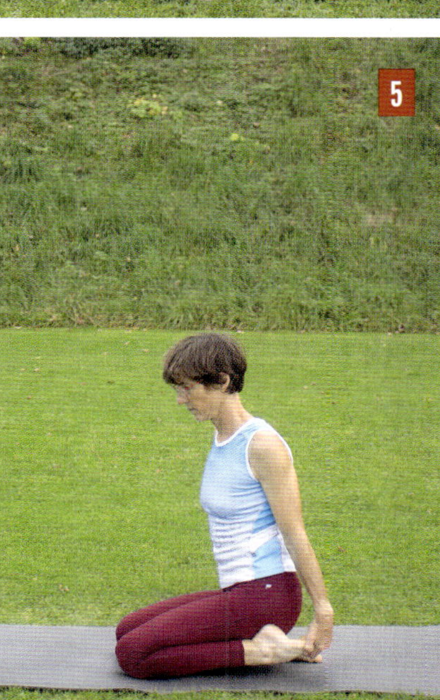

DEHNUNGSÜBUNGEN FÜR DAS RADFAHREN

Brustmuskel

Stell Dich vor eine Wand und leg den Ellenbogen und die Hand an der Wand ab. Dehne jetzt Deinen Brustmuskel mit einem Ausfallschritt in die entgegengesetzte Richtung. 1

Hals- und Nackenmuskel

Im aufrechten Stand neigst du den Kopf zur Seite, die Hand der gegenüberliegenden Seite schiebt zum Boden. Verstärken kannst du die Übung, indem deine freie Hand einen leichten Zug am Kopf ausübt. Durch die Veränderung deines Blickwinkels, sowohl in Richtung Boden als auch nach oben, veränderst du auch die Dehnung. 2

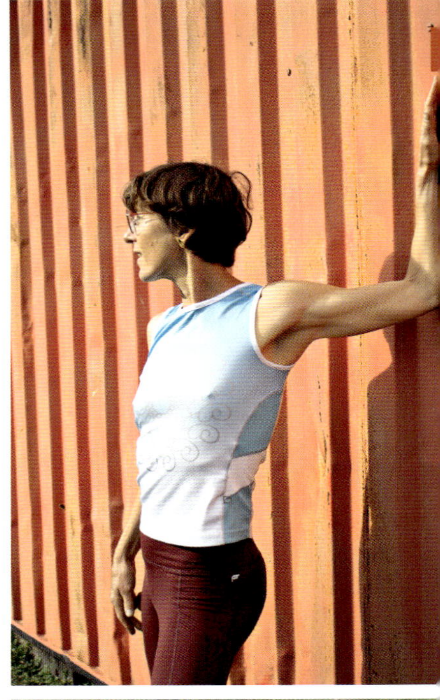

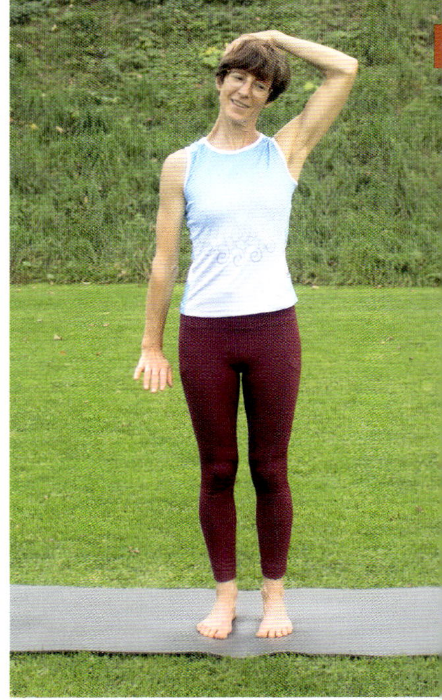

Hüftbeuger

Je nach Verkürzung deines Hüftbeugers kannst du die Übung unterschiedlich intensiv ausführen. Eventuell stützt du dich an einem Stuhl ab, um die Balance nicht zu verlieren. Die Hüfte wird gestreckt, diesen Effekt kannst durch eine leichte Rotation des Oberkörpers noch verstärken. 3

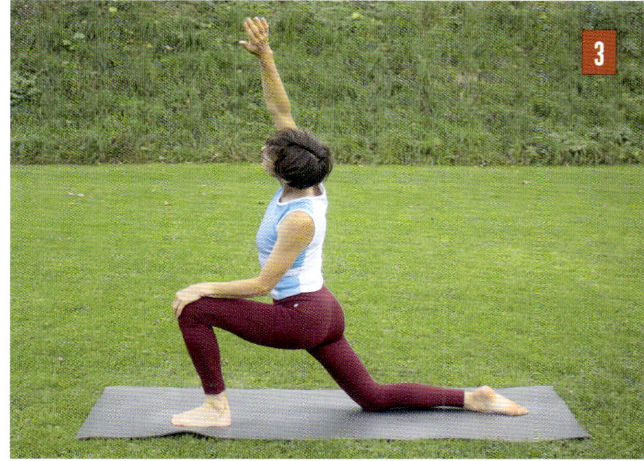

Unterer Rücken 1

Entweder hockst du auf den Knien oder du legst die Knie seitlich ab, dann streckst du die Arme weit vor und dehnst dabei deinen unteren Rücken. 4

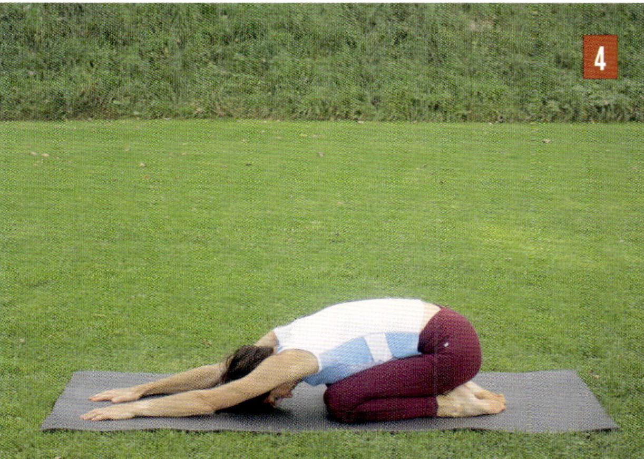

Unterer Rücken 2

Auf den Rücken legen, die Beine anziehen, die Knie umfassen und dabei den unteren Rücken auf den Boden drücken. 5

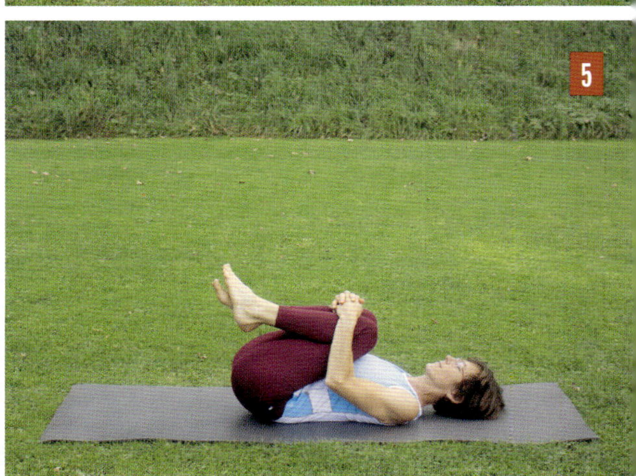

DEHNUNGSÜBUNGEN FÜR DAS LAUFEN

Wade

Du stützt dich mit beiden Händen nach vorne an einer Wand ab und streckst ein Bein nach hinten. Während beide Füße auf dem Boden stehen und nach vorne zeigen, verlagerst du dein Gewicht nach vorne, bis eine Dehnung spürbar wird. Danach wechselst du die Position, streckst das andere Bein nach hinten und dehnst erneut. 1

Wade und Achillessehne

Stell einen Fuß an der Wand an und bring das Bein vorsichtig in die Streckung. Die Achillessehne kannst du auch gut auf einer Treppenstufe dehnen. 2

Oberschenkelrückseite

Begib dich in die Rückenlage, dein eines Bein bleibt am Boden, das andere Bein hebst du an, umfasst es mit beiden Händen und ziehst es vorsichtig zu deinem Oberkörper. 3

Oberschenkelinnenseite

Die Oberschenkelinnenseite kannst du unterschiedlich dehnen, eine Variante siehst du auf dem Bild. Du kannst aber auch im Stehen einen Ausfallschritt machen, indem du ein Bein lang zur Seite ausstreckst und aufstellst. Das andere Bein wird gebeugt, sodass du den inneren Oberschenkel des ausgestreckten Beins in Richtung Boden drücken kannst. Das Körpergewicht verlagerst du auf die Seite des gebeugten

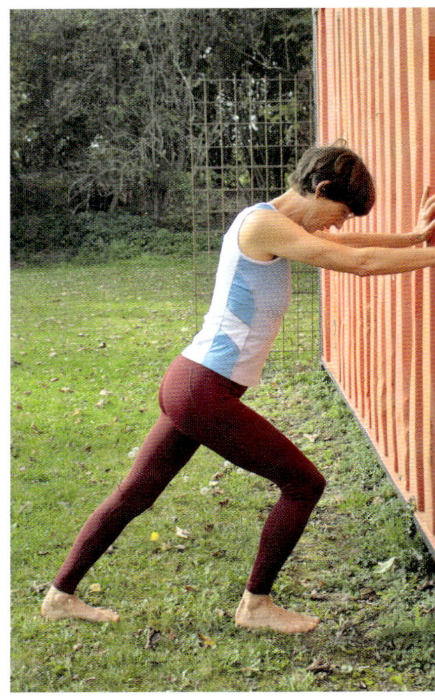

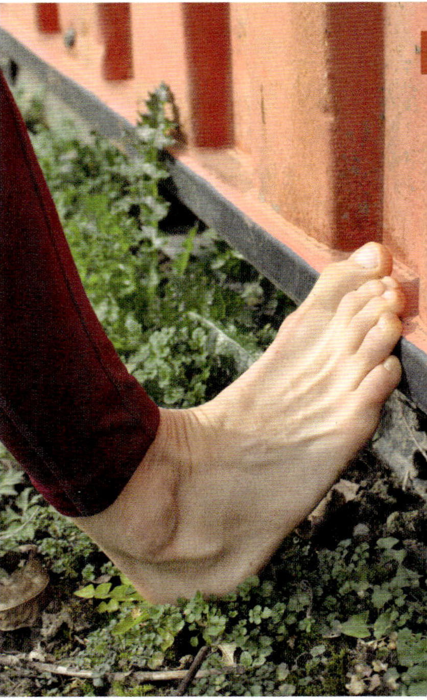

Beins und stützt deine Hände hintereinander darauf. Halte die Spannung kurz und wechsle dann die Seite. Alternative: Du grätschst die Beine und stützt dich mit den Händen am Boden ab.

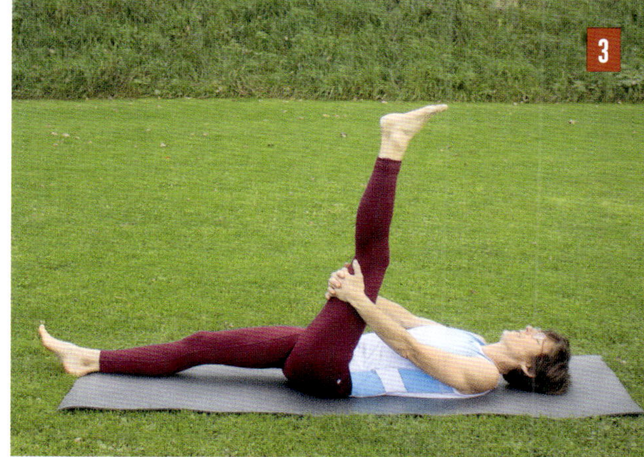
3

Oberschenkelinnenseite und unterer Rücken

Du sitzt in der Grätsche und neigst deinen Oberkörper möglichst weit hinunter zu deinem rechten Fuß. Das Knie sollte gestreckt am Boden bleiben, während du den Fuß umfasst und eventuell noch den Kopf auf dem Knie ablegst. Dann wechselst du zum linken Bein. 4

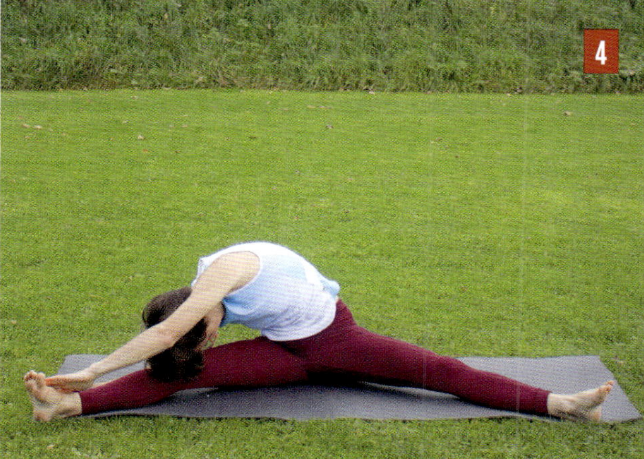
4

Po-Muskel

Du legst dich auf den Rücken, winkelst ein Knie an und stellst den anderen Fuß darauf. Nun umfasst du mit beiden Händen das angewinkelte Bein und ziehst es in Richtung zu deinem Rumpf. Du kannst die Dehnung zusätzlich verstärken, indem du den unteren Rücken auf den Boden drückst. 5

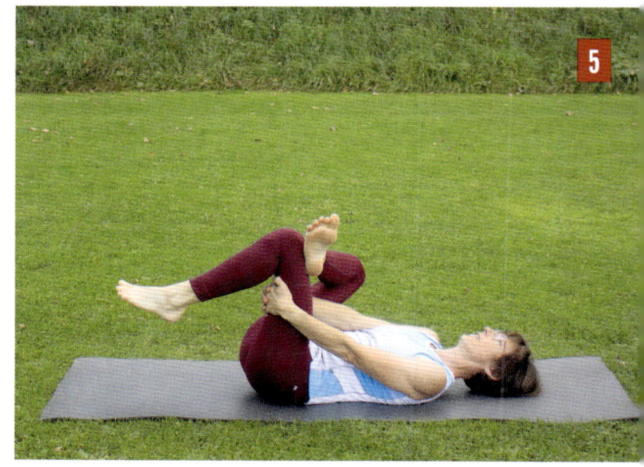
5

BELEBEN ODER AKTIVIEREN

Um Verklebungen und Verhärtungen zu lösen, bieten sich verschiedene Methoden und Übungen an. Insbesondere Verklebungen, die dir schon über einen längeren Zeitraum Schwierigkeiten bereiten, kann ein guter Physiotherapeut mithilfe manueller Therapie lösen. Das kann ziemlich schmerzhaft sein und sollte deshalb auch wirklich nur von einem erfahrenen Behandler durchgeführt werden.

Eine ähnliche Wirkung verspricht die Blackroll, die seit 2007 zur Eigentherapie überall in verschiedenen Formen und Größen erhältlich ist. Nach dem anfänglichen Hype um die Rolle sind mittlerweile auch kritische Stimmen laut geworden, die den Nutzen des Trainierens mit der Rolle infrage stellen. Das Fazit meiner persönlichen Erfahrung aus dem Training mit der Rolle: Wie immer macht auch hier die Dosis das Gift.

Je nach Verhärtung habe ich mich immer wieder abgerollt beziehungsweise länger und langsamer über die schmerzhaften Stellen gerollt. Im Bereich meines unteren Rückens oder Nackens fand ich dies zum Beispiel sehr entspannend, während das Rollen über die Oberschenkelaußen- und -innenseite einer schmerzhaften Tortur gleichkam.

Dennoch hat mir das Ganze etwas Erleichterung gebracht, ich habe es immer mal wieder in mein Training einfließen lassen und benutze die Blackroll auch nach wie vor. Sehr effektiv finde ich auch die kleine Rolle und die verschiedenen Bälle, denn gerade ein verhärteter Po-Muskel kann „nervtötend" sein, und das Sitzen auf einem Ball entspannt den verkrampften Muskel. Vor allem in Kombination mit der Dehnung empfinde ich das als sehr wirkungsvoll. Wenn du die folgenden Hinweise beachtest, kannst du die Vorteile der Rolle gut für dich nutzen.

- **Nicht in den Schmerz oder in Verletzungen rollen**
- **Nicht zu aggressiv und zu fest rollen, denn dadurch verletzt du unter Umständen dein Gewebe, und es kann zu Einblutungen und Blutergüssen kommen.**
- **Nicht zu schnell rollen, denn die Muskeln müssen sich langsam an den dosierten Druck gewöhnen.**
- **Nicht über die Gelenke rollen**
- **Beim Rollen atmen und entspannen**
- **Nicht bei einer Venenschwäche (Krampfadern) benutzen**
- **Auch bei akuten Wirbelsäulenproblemen unbedingt auf die Rolle verzichten**

DIE KÖRPERWAHRNEHMUNG VERBESSERN (PROPRIOZEPTION)

Die verschiedenen Trainingsarten gehören auch in den Bereich der Verletzungsprophylaxe, denn durch die bewusste Wahl instabiler Positionen oder Unterlagen verbesserst du deine Balance und trainierst gleichzeitig dein Gleichgewichtsorgan. Dadurch werden die tief liegenden kleinen Haltemuskeln (segmentale Muskeln) gezielt trainiert, das dient der Stabilität und dem Schutz deiner Gelenke. Die Nervenbahnen von den Muskeln zum Gehirn werden sensibilisiert, dadurch wirst du reaktionsschneller. Auch in dieser Trainingsform arbeitest du nicht isoliert an den Faszien, sondern natürlich auch an der Muskulatur. Man kann es auch als „sensomotorisches Krafttraining" bezeichnen.

- **Balanceboard** 1
- **Auf einem Seil laufen** 2
- **Einbeiniges Zähneputzen mit geschlossenen Augen (mit Wackelkissen)** 3

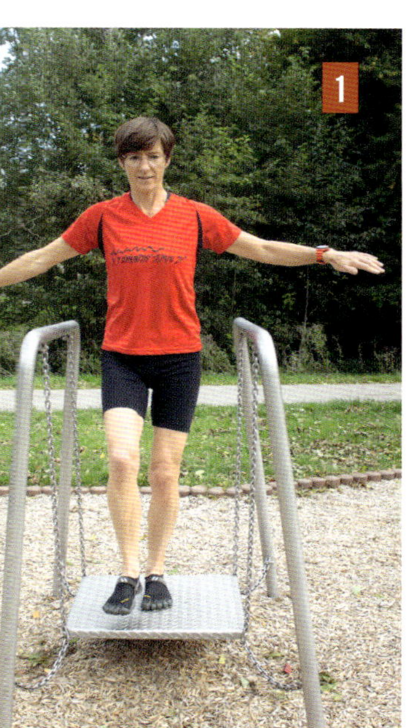

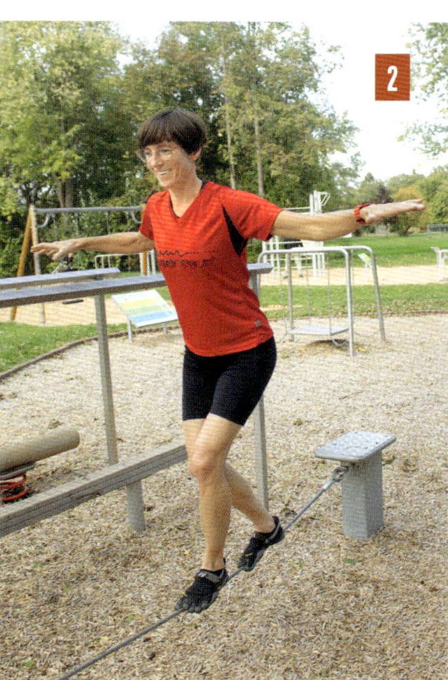

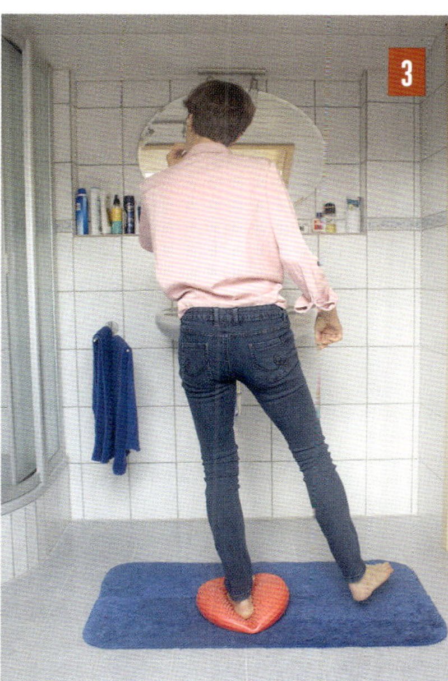

KRAFT

Wie anfangs schon erwähnt, gehören Kraft und Beweglichkeit zusammen. Deine Kraft kannst du sehr unterschiedlich trainieren, hier ein paar Möglichkeiten:

- **Sensomotorisches Krafttraining (siehe auch „Die Körperwahrnehmung verbessern“, S. 110)**
- **Schnellkraft und Reaktivkraft (siehe auch „Federn und Sprünge“, S. 102)**
- **Maximalkraft**

Für Triathleten ist es nicht grundsätzlich sinnvoll, ihren Muskelumfang über das Maximalkrafttraining zu erhöhen, aber speziell Frauen oder auch ältere Menschen haben entweder von Haus aus weniger Muskelmasse, oder sie verlieren sie allmählich. Um diesen Prozess aufzuhalten und die Muskelmasse wiederaufzubauen, macht diese Art von Krafttraining Sinn, denn es geht hier nicht nur um den Kraft-Zugewinn, sondern auch um die Muskulatur, die die Körperfunktionen positiv beeinflusst.

KRAFTAUSDAUER

Unter der Kraftausdauer versteht man – einfach ausgedrückt –, dass man in den einzelnen Sportdisziplinen eine höhere Geschwindigkeit über längere Zeit halten kann. Die Kraftausdauer entwickelt sich in dem Maß, indem sich nicht nur die Muskulatur anpasst und verändert, sondern auch durch eine Stoffwechseloptimierung. Nachdem man sich eine solide Grundlage geschaffen hat, kann man an seiner Kraftausdauer in den einzelnen Sportarten arbeiten. Beim Radfahren beispielsweise wählt man dazu „dicke“ (hohe) Gänge für Anstiege.

BASISKRAFT

Unter dem Begriff „Basiskraft“ fasse ich jetzt allgemein zusammen, wozu Krafttraining notwendig und sinnvoll ist, und auch welche Möglichkeiten dazu sich dir im Alltag bieten. Da ich sehr wenig Zeit zur Verfügung hatte (und habe) und mir der Gang ins Fitnessstudio meistens zu aufwendig war, bin ich innerhalb meiner eigenen vier Wände aktiv geworden und habe mir auch das eine oder andere Gewicht und einen Slingtrainer zugelegt.

Die drei wichtigsten Gründe und Argumente, weshalb du Krafttraining in deinen Trainingsplan aufnehmen solltest:

- **Es hilft, die Technik jeweils besser umzusetzen.**
- **Als Verletzungsprophylaxe**
- **Zum Ausgleich von Dysbalancen**

Für die Arbeit an deiner Basiskraft stehen dir nun verschiedene Wege und Methoden/Techniken offen, am besten orientierst du dich an deinen individuellen Vorlieben und Möglichkeiten.

GERÄTETRAINING IM FITNESSSTUDIO

Es erleichtert dir die Entscheidung, wenn du bei der Wahl eines geeigneten Fitnessstudios einige Kriterien beachtest: Die Geräte sollten gut verstellbar und gewartet sein, und es sollten qualifizierte Trainer zur Verfügung stehen, die dich entsprechend anweisen. Sie sollten am besten auch Kraft- und Beweglichkeitstests durchführen, um anhand der Analyse von deren Ergebnissen herauszufinden, wie du deine Schwachstellen konkret angehen kannst. Der Trainer sollte mit dir ein Programm ausarbeiten, dich professionell anleiten und an den Maschinen begleiten.

TRAINING MIT DEM KÖRPEREIGENGEWICHT

Mit diesen Übungen kannst du überall und jederzeit deinen Körper trainieren. Egal, ob du am Schreibtisch sitzt oder im Auto, du kannst deinem Körper in wenigen Minuten Trainingsreize setzen.

ÜBUNGEN MIT DEM EIGENEN KÖRPERGEWICHT

Viele Übungen zur Rumpfstabilisation kannst du einfach spontan in deinem Alltag ausführen. Wenn du beispielsweise öfter im Auto sitzt, kannst du mal probieren, dich maximal aufzurichten, dabei ziehst du die Schulterblätter nach hinten/unten und spannst deinen ganzen Körper an, lächeln nicht vergessen!

Falls du im Sitzen arbeitest, probier mal das Sitzen ohne Stuhl, wobei du eine Sitzhaltung einnimmst und deinen Rücken an die Wand drückst. Der positive Effekt setzt schon nach sehr kurzer Zeit ein.

Wenn du dir mehr Zeit für eine Übungsreihe nehmen kannst, beginnst du mit einer kurzen Aufwärmphase. Du trabst 5–10 Minuten locker auf der Stelle, lässt dann die Schultern rotieren und kreist mit den Armen, anschließend auch mit den Füßen und Beinen, dann hüpfst du ein wenig auf der Stelle oder auch vorwärts, seitwärts und rückwärts.

Die folgenden Übungen habe ich nach ihren Ausgangspositionen geordnet. Zu jeder Übung gibt es verschiedene Varianten, mit denen du deinem Körper unterschiedliche Anreize vermitteln kannst. Die Reihenfolge ist beliebig.

Ausgangsposition Vierfüßlerstand

Aus dem Vierfüßlerstand streckst du jeweils diagonal einen Arm und ein Bein waagerecht maximal aus. Dein Blick ist zum Boden gerichtet, und die Hüfte bleibt auf einer Höhe. Die Position 15–60 Sekunden halten.
Achtung: Nicht die Hüfte verdrehen, lass deine Position vielleicht sicherheitshalber von jemandem korrigieren. 1 2

Eine einfache, aber effektive **Variante** ist das „Erbsendrücken". Du bleibst im Vierfüßlerstand und stellst dir vor, unter deiner rechten Hand und dem linken Knie lägen Erbsen, die du zerdrücken willst. Dann wechselst du die Seiten. Mit dieser Übung trainierst du die kleinen Haltemuskeln der Wirbelsäule.

Bei einer **anderen Variante** führst du Ellenbogen und Knie jeweils diagonal zueinander.

10-30 Mal pro Seite wiederholen.

Unterarmstütz

Aus dem Vierfüßlerstand auf die Unterarme gehen und die Beine nacheinander strecken, sodass die Wirbelsäule in der Verlängerung vom Kopf bis zu den Füßen eine Linie bildet. Dabei Bauch und Po anspannen. Die Position 15–60 Sekunden halten. 3

Achtung: Heb den Po nicht zu weit hoch und beende die Übung, wenn du durchhängst. Je nach deinem Trainingszustand kannst du **die Übung auch variieren**, indem du abwechselnd jeweils ein Knie seitlich anziehst oder jeweils ein Bein anhebst. 4

Wer es richtig schwierig mag, kann sowohl einen Arm als auch das diagonale Bein im Wechsel anheben. Oder du rotierst aus dem Unterarmstütz, indem du den Arm erst nach oben außen führst und anschließend unter deinem Körper. 5 6

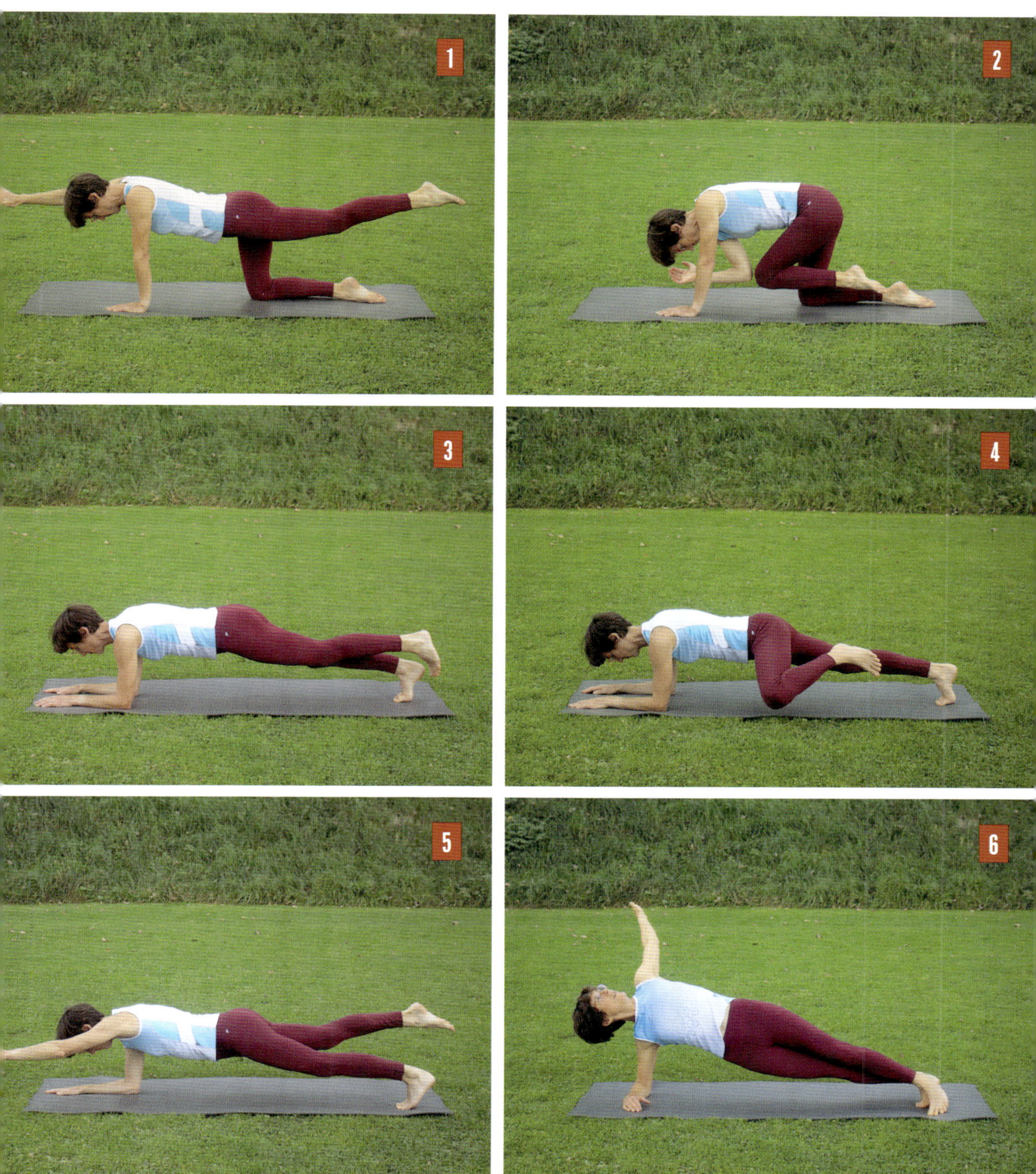
1
2
3
4
5
6

Seitstütz

Den Seitstütz gibt es in der einfacheren Einstiegsvariante, bei der die Knie abgelegt sind und du dich seitlich auf dem Unterarm abstützt. Dann hebst du die Hüfte an, sodass der Körper eine Ebene bildet. Wer schon geübter ist, streckt auch die Beine und stabilisiert sich über die Füße. Die Hüfte sollte gerade sein, weder nach vorne noch nach hinten kippen, und auch nicht nach unten absinken. Die Position 15–60 Sekunden halten.
Achtung: Die Hüfte darf nicht kippen oder absinken!

Etwas schwieriger wird es, wenn du den oben liegenden Arm und das Bein nach oben streckst. 1

Eine **andere Variante** ist die mit Oberkörperrotation, dabei führst du deinen freien Arm unter dem angewinkelten Arm durch und rotierst wieder zurück. 2

Rückenlage und Beine angewinkelt

Aus dieser Ausgangsposition lassen sich verschiedene Übungen entwickeln. **Übungen für die schräge Bauchmuskulatur**:

In dieser Position legst du die Hände hinter dem Kopf ab und führst die Ellenbogen ohne Zug in Richtung deines diagonalen Knies. Du kannst die Übung auch variieren, indem du dir vorstellst, dass du deine Brust diagonal nach oben ziehst. Dadurch werden unterschiedliche Muskeln angesprochen. 3 4

Bei einer **Variante** legst du auch die Hände hinter dem Kopf ab und streckst jeweils ein Bein im Wechsel, indem du den Ellenbogen diagonal in Richtung Knie führst. Beide Füße sind vom Boden abgehoben. Die Hände sind seitlich abgelegt, und du hebst im Wechsel mit dem Ein- und Ausatmen jeweils einen Fuß maximal einen Zentimeter vom Boden.
Achtung: Dein Rücken sollte bei beiden Übungen am Boden bleiben, wenn das nicht geht, ist die Übung noch zu anspruchsvoll. Vermeide, ins Hohlkreuz zu fallen! 5 6

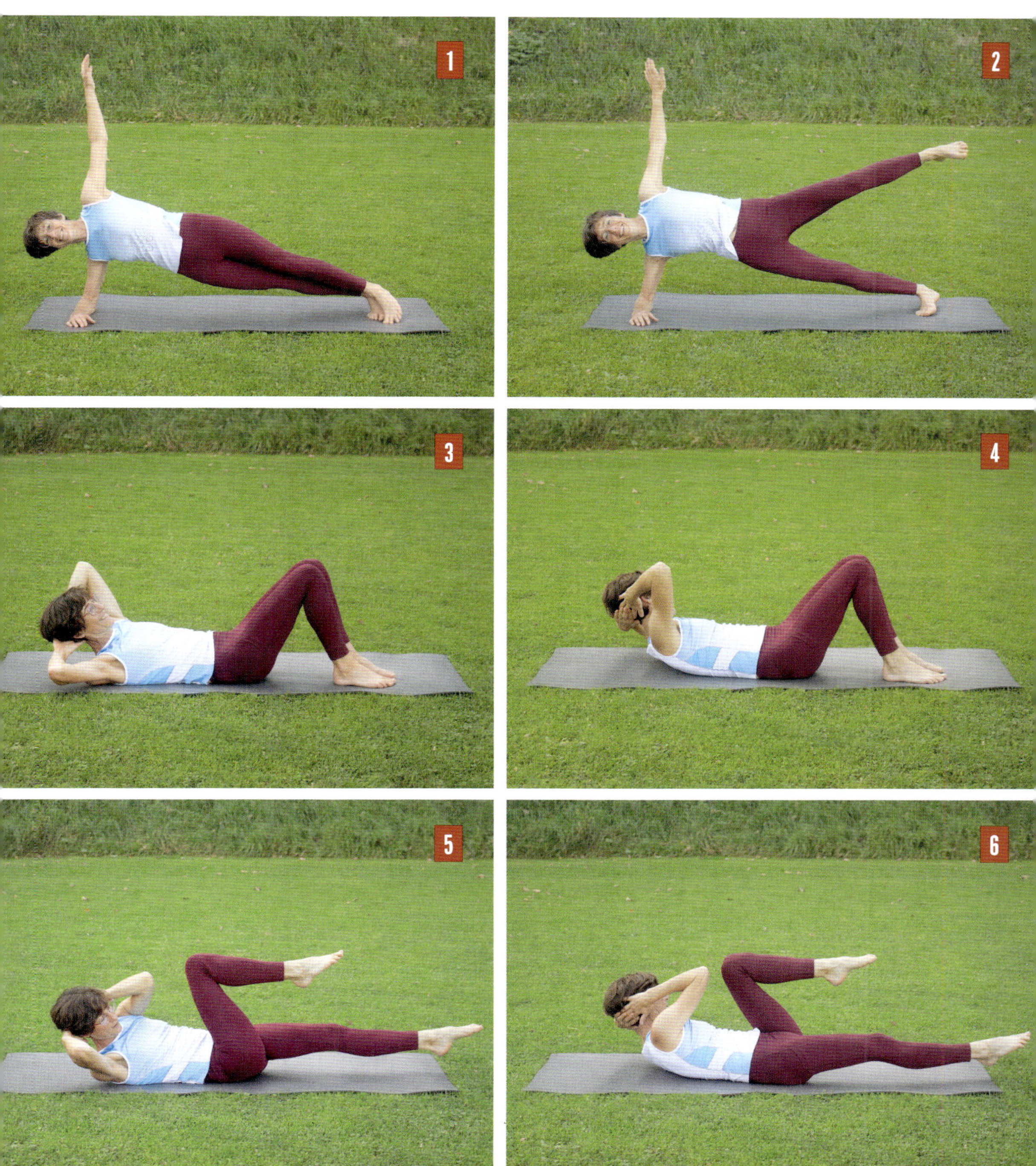
1
2
3
4
5
6

Übungen für Rücken und Po

1. Du hebst dein Gesäß an und hältst die Position 15–60 Sekunden lang. 1

2. Du hebst dein Gesäß an und streckst ein Bein in der Verlängerung deines Knies. Die Position 15–60 Sekunden lang halten. 2
   Achtung: Die Hüfte sollte auf einer Ebene bleiben!

3. Du hebst und senkst nun das gestreckte Bein bis dicht über dem Boden, um es dann wieder anzuheben. Auf beiden Seiten 5–15 Wiederholungen.

Liegestütz

Auch den klassischen Liegestütz kannst du variieren. Beim **klassischen Liegestütz** bildet dein Körper beim Kopf angefangen in der Verlängerung der Wirbelsäule bis zur Ferse eine Linie. Die Grundkörperspannung inklusive einer Bauchspannung solltest du konstant halten können. Die Ellenbogen bleiben nah am Körper, während du mit den Armen auf Schulterhöhe hoch und runter gehst.

Für eine **einfache Variante** begibst du dich auf die Knie und bildest anschließend mit dem Oberkörper in der Halsverlängerung eine gerade Linie. Mit den Ellenbogen am Körper gehst du so weit hoch und runter, wie es deine unveränderte Haltung und deine Kraft zulassen.

Für eine **ebenso einfache Variante** suchst du dir eine eine Bank, einen Tisch oder – wie ich auf den Fotos – einen stabilen Zaun, die es dir ermöglichen, den Liegestütz auf einer höheren Ebene zu machen. Hierbei ist es genauso wichtig, dass du den ganzen Körper in einer Linie hältst. 3 4
Achtung: weder das Gesäß zu hoch anheben noch zu tief absinken lassen!

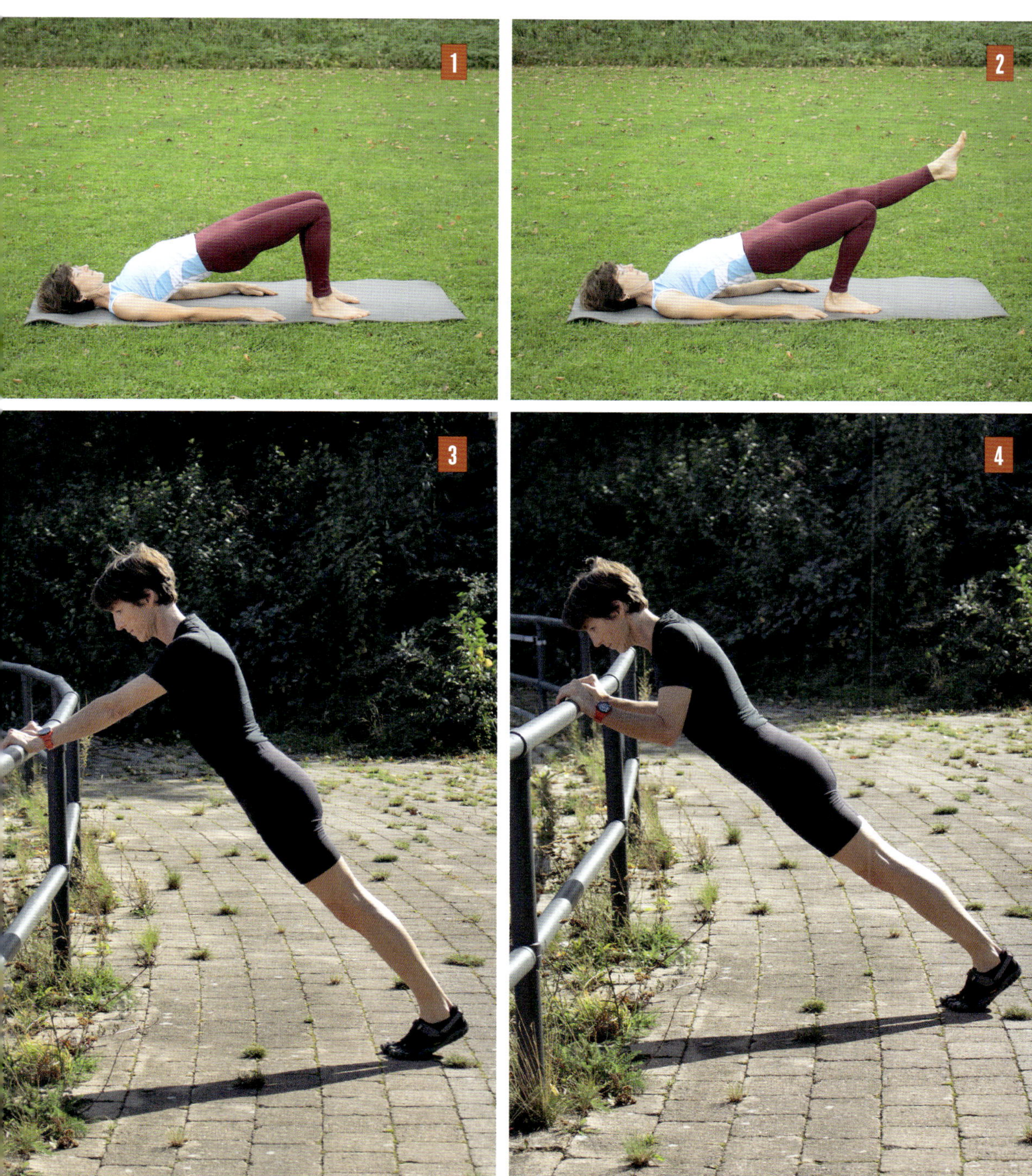
1
2
3
4

Rückenübung in Bauchlage

Bei dieser Übung trainierst du nicht nur die gesamte Rückenmuskulatur, sondern vor allem auch die Zwischenschulterblatt-Muskulatur. Du liegst auf dem Bauch und legst deine Stirn am Boden ab, dann hebst du den Kopf leicht an – in Verlängerung der Wirbelsäule mit dem Blick nach unten. Den Bauchnabel ziehst du nach innen, dann kannst du auch die Beine leicht anheben. Nun spreizt du die Arme im 90°-Winkel und hebst sie ab. 1 2

Eine Variante dieser Übung nennt sich „Schwimmer", dabei „paddelst" du mit den Beinen, und deine Arme gehen im Wechsel vor und zurück. 3 4

Eine deutliche Wirkung erzielst du auch, wenn du einen Gegenstand von rechts nach links und umgekehrt über deinen Rücken weiterreichst.

Achtung: Achte unbedingt darauf, dass du deine Bauchspannung hältst, sonst kannst du in ein starkes Hohlkreuz fallen, was im schlimmsten Fall Blockaden verursacht.

Standwaage

Die Standwaage ist eine sehr effiziente Übung, weil sie auch deinen Gleichgewichtssinn fordert. Du beginnst die Übung, indem du deine Arme erst im 90°-Winkel hältst und dann den rechten Arm diagonal nach vorne und den linken nach hinten führst. Anschließend hebst du das linke Knie an und stellst dich rechts auf die Zehenspitzen. Anschließend gehst du wieder zurück auf den ganzen Fuß, während der linke Arm nach vorne geht und der rechte nach hinten. Das vorher angewinkelte Knie streckst du nun möglichst weit nach hinten aus. Dabei sollte sich dein ganzer Oberkörper in der Waagerechten befinden, dein Blick ist nach unten zum Boden gerichtet. Die Übung wird sehr langsam ausgeführt, und es ist hilfreich, wenn du dir anfangs im Spiegel dabei zusiehst, um sicherzustellen, dass du nicht seitlich wegkippst. 5 6

Achtung: Halte die Hüfte in der Waagerechten auf gleicher Höhe und verdreh die Wirbelsäule nicht!

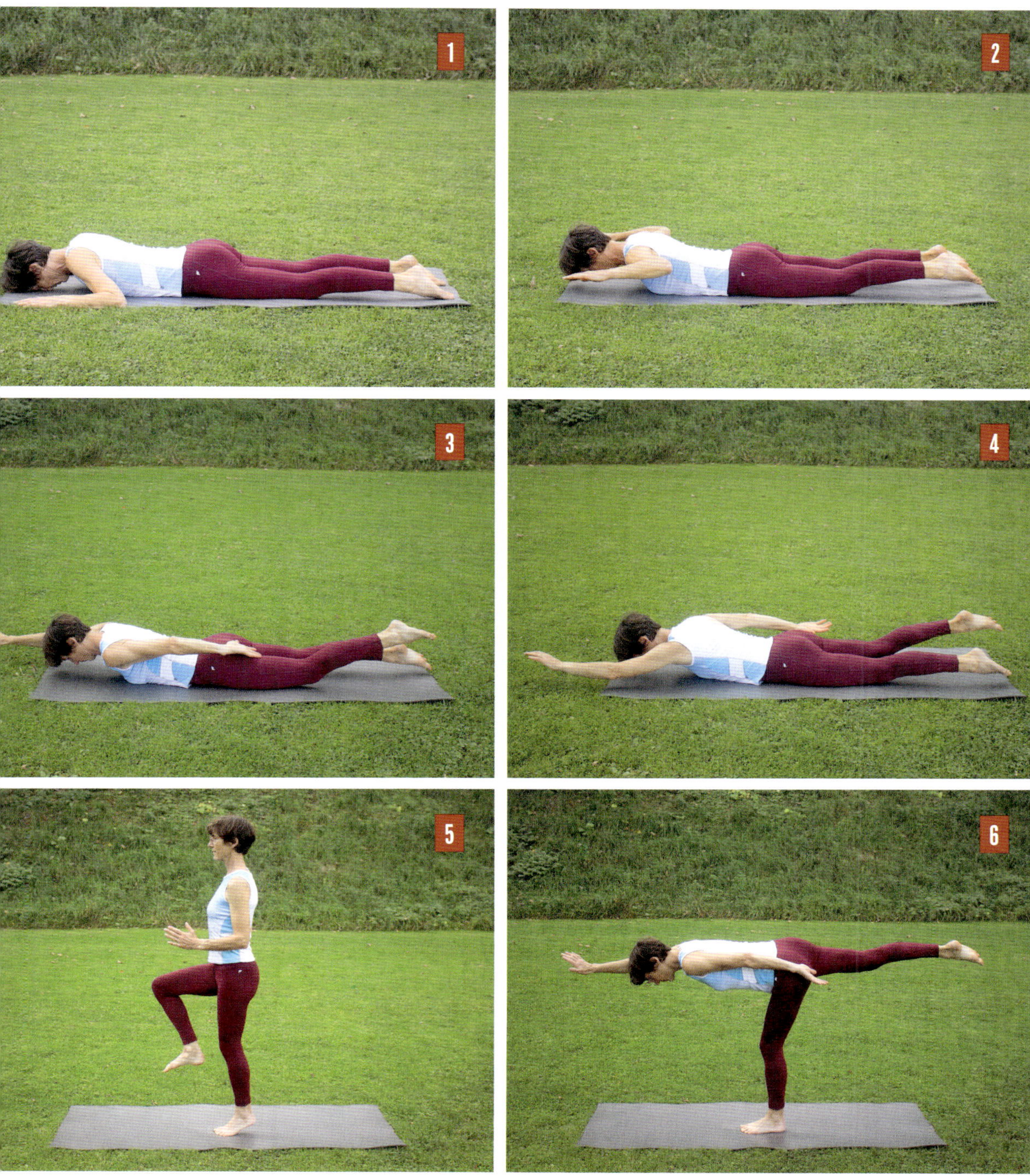
1
2
3
4
5
6

Sling Trainer oder TRX Trainer („Schlingentraining")

Dieses sehr simple Trainingsgerät gibt es in unterschiedlichen Ausführungen, wobei du unabhängig davon mit einem solchen Gerät sehr viele verschiedene Übungen für unterschiedliche Muskelketten ausführen kannst. Der Clou: Hierbei wird mithilfe von Schlingen und Gurten dein Körpereigengewicht als Widerstand genutzt. Durch die Instabilität des Geräts aktivierst du noch zusätzlich deine Halsmuskulatur. Ich stelle dir hier nur ein paar Beispiele vor:

Beispiel 1: Liegestütz mit Variationen 1 2

Beispiel 2: Ganzkörperspannung halten 3

Beispiel 3: Seitstütz 4

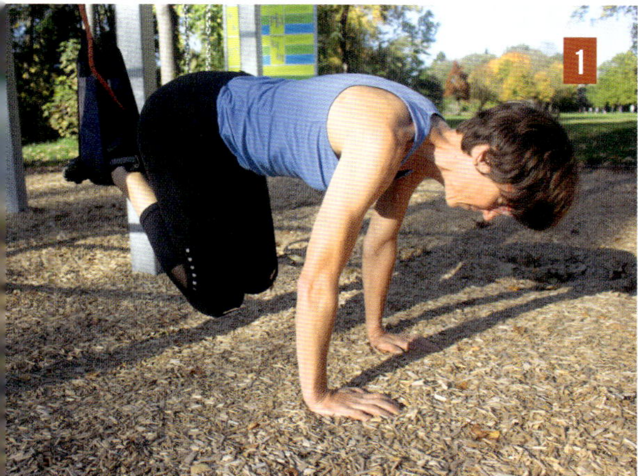
1

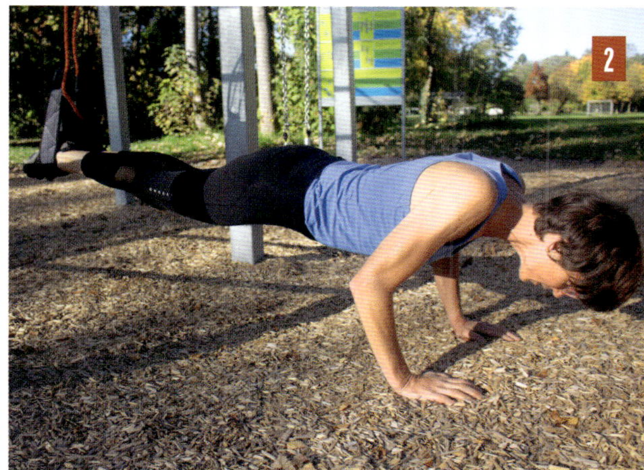
2

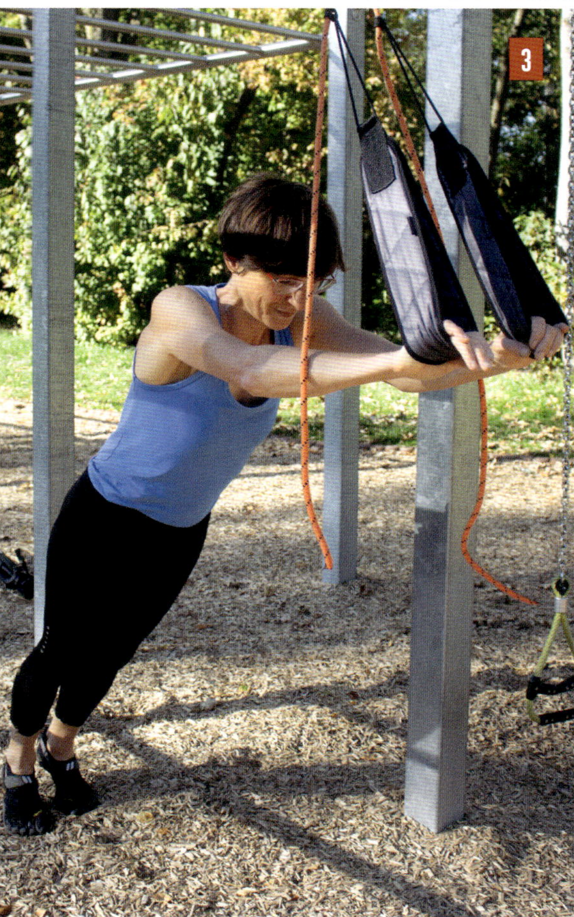
3

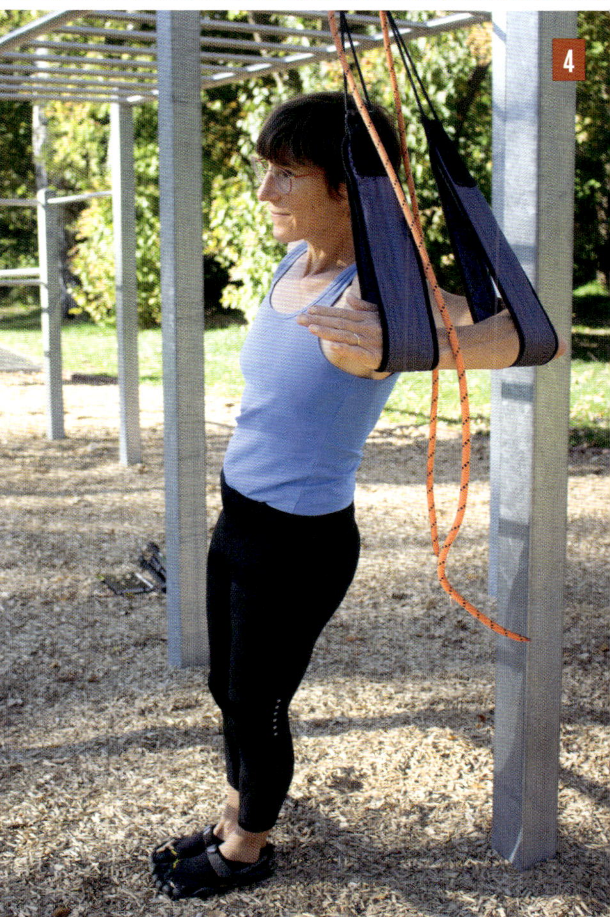
4

Expander oder Thera-Bänder

Elastische Bänder eignen sich ganz hervorragend, um beispielsweise den Trizeps zu trainieren. Du kannst sie einfach überallhin mitnehmen und leicht irgendwo befestigen.

Beispiel 1: Trizeps mit Ausfallschritt mit Zug über Kopf von hinten 1 2

Beispiel 2: Trizeps von vorne gleichseitig 3

Beispiel 3: Trizeps von vorne wechselseitig auf dem Wackelkissen stehend 4

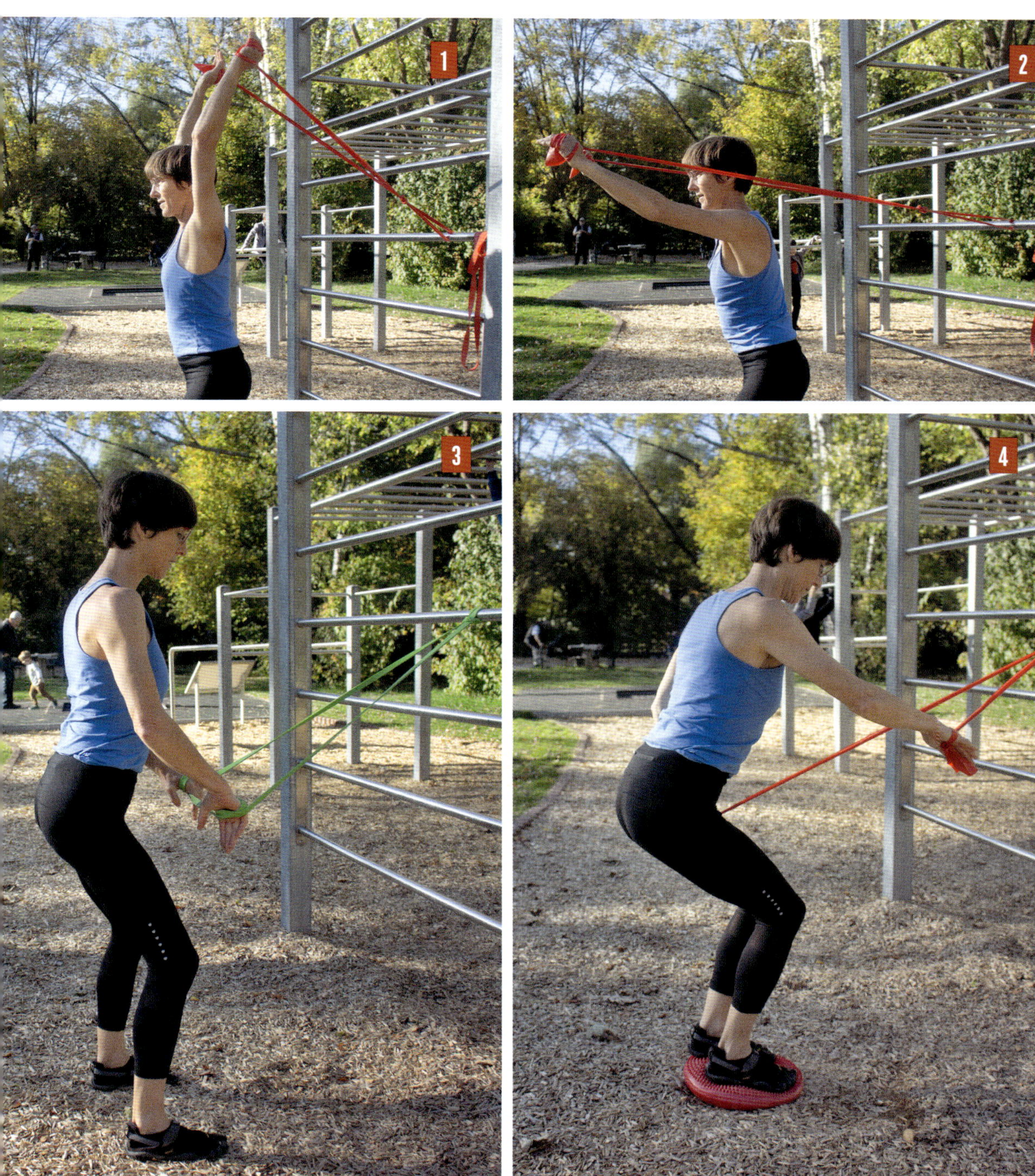
1
2
3
4

Großer Gymnastikball

Der große Gymnastikball ist nicht nur ein guter Stuhlersatz, vielmehr kannst du ihn auch für viele verschiedene Übungen verwenden. Durch die instabile Position aktivierst du auch hier viele Haltemuskeln.

Beispiel 1: Dehnung der Körpervorderseite (Brustmuskel) 1

Beispiel 2: Liegestütz 2

Beispiel 3: Rückenübung 3 4

Aquakrafttraining

Da ich selber Aquafitnesstrainerin bin, kann ich dir das Training im Wasser nur empfehlen. Vor allem Aquajogging-Einheiten sind eine perfekte Trainingsalternative. Lange Zeit habe ich die Aquafitness eher ein bisschen belächelt, bis ich verletzungsbedingt eine längere Pause einlegen musste und nicht mehr laufen konnte. Da fing ich mit dem Aquajogging an und bemerkte schnell seine spürbaren Vorteile, denn es ist richtig anstrengend, mal eine Stunde im Wasser zu laufen. Prima war auch, dass ich dabei mit ganz anderen Menschen ins Gespräch kam, die mir an Land nicht hätten folgen können.

Aquajogging eignet sich auch hervorragend für ältere oder übergewichtige Personen, da durch den vermehrten Auftrieb und den Wasserwiderstand die Gelenke geschützt werden. Auch das Herz-Kreislauf-System profitiert von dem Wasserdruck. Und es macht einfach richtig Spaß! Außerdem kann man sich – egal, ob jung oder alt – richtig auspowern, aber eben auch ganz gezielt an Gleichgewicht, Koordination und Kraft arbeiten. Dann gibt es auch noch einiges sinnvolles Zubehör: Neben dem Gürtel als Auftriebshilfe in tiefem Wasser kann man Poolnudeln, Hanteln, Scheiben oder Auftriebsschuhe als Widerstandshilfen einsetzen.

Funktional Training

Das Funktional Training war ursprünglich Bestandteil der Reha für Leistungssportler und hat inzwischen auch im Freizeitsport an Bedeutung gewonnen. Vor allem Rehazentren wie auch entsprechende Fitnessstudios bieten einen Test an, ein sogenanntes Funktional

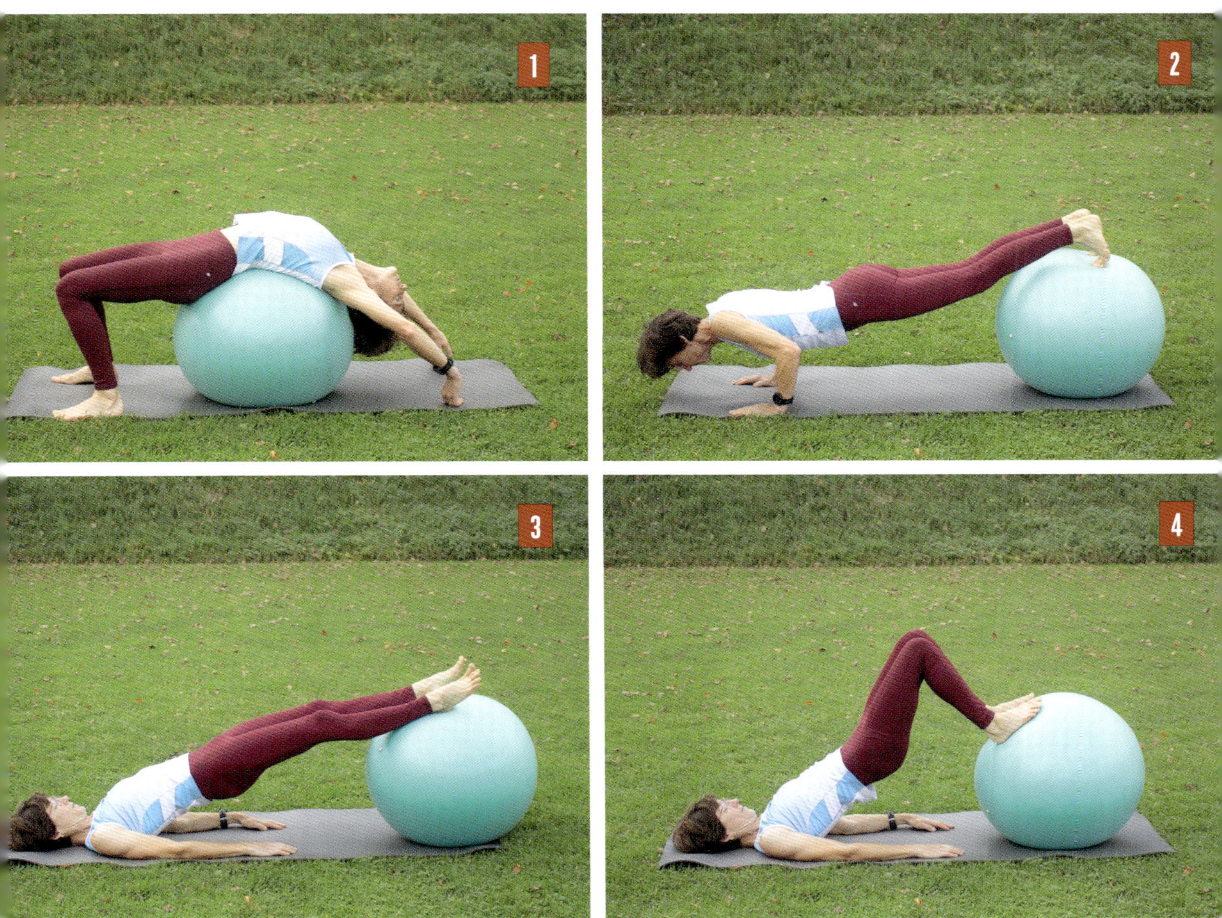

Movement Screen (FMS); es besteht aus sieben ausgewählten Übungen, die Aufschlüsse über Beweglichkeit, Koordination und Kraft der jeweiligen Person geben. Das Ergebnis wird analysiert, daraufhin wird ein entsprechendes Übungsprogramm entwickelt und auf die persönlichen Bedürfnisse zugeschnitten. Erfahrene Physiotherapeuten oder Sportwissenschaftler leiten dich anschließend in einem Personal Training an und erklären dir die individuell auf dich abgestimmten Übungen.

Das Training ist zielgerichtet und wird dich in den drei Hauptsportarten stabilisierend und ausgleichend unterstützen. Es werden nicht einzelne Muskeln, sondern Muskelketten und Bewegungen trainiert, und dein Gehirn lernt dabei, die einzelnen Partien neuromuskulär anzusteuern.

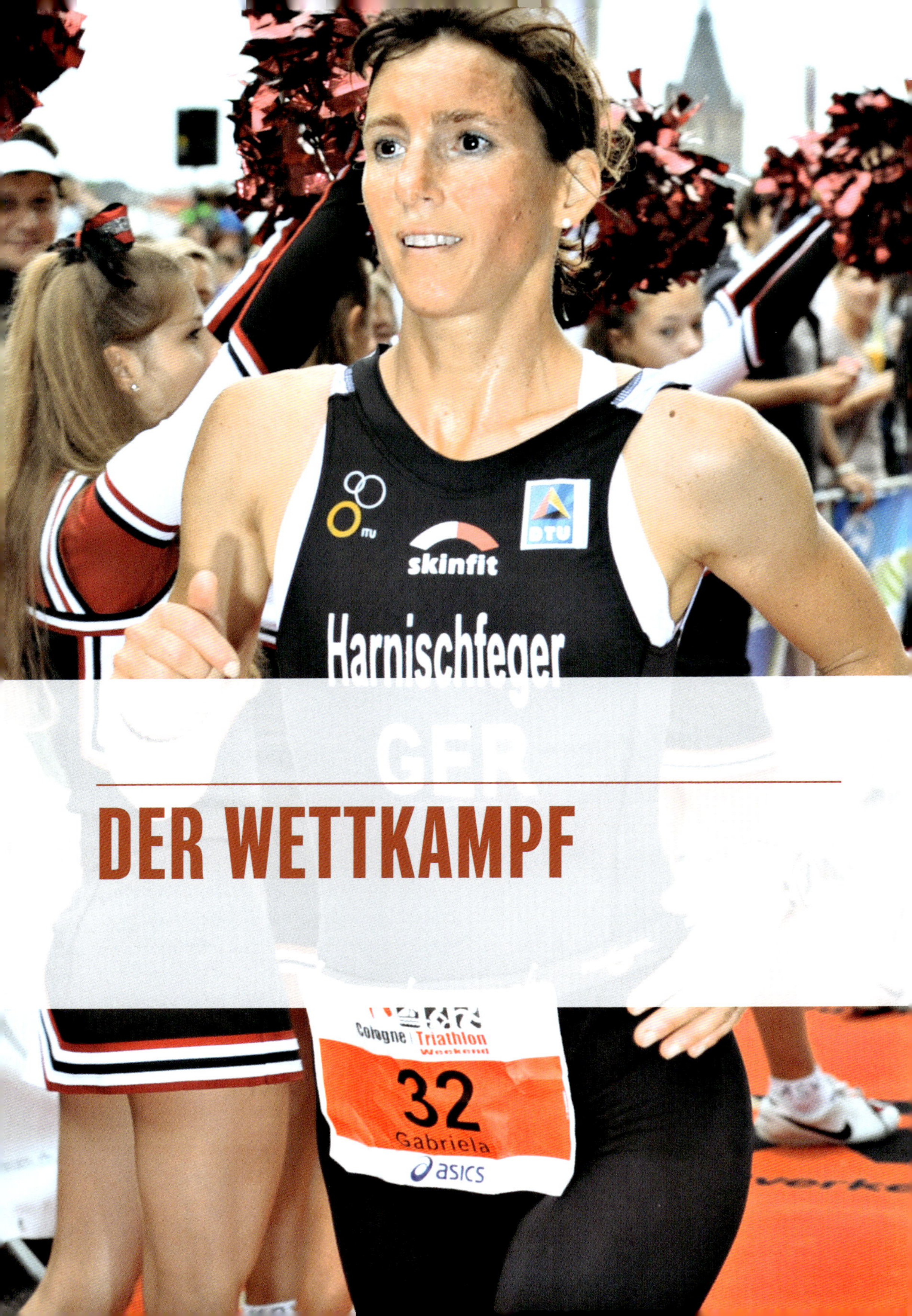

DER WETTKAMPF

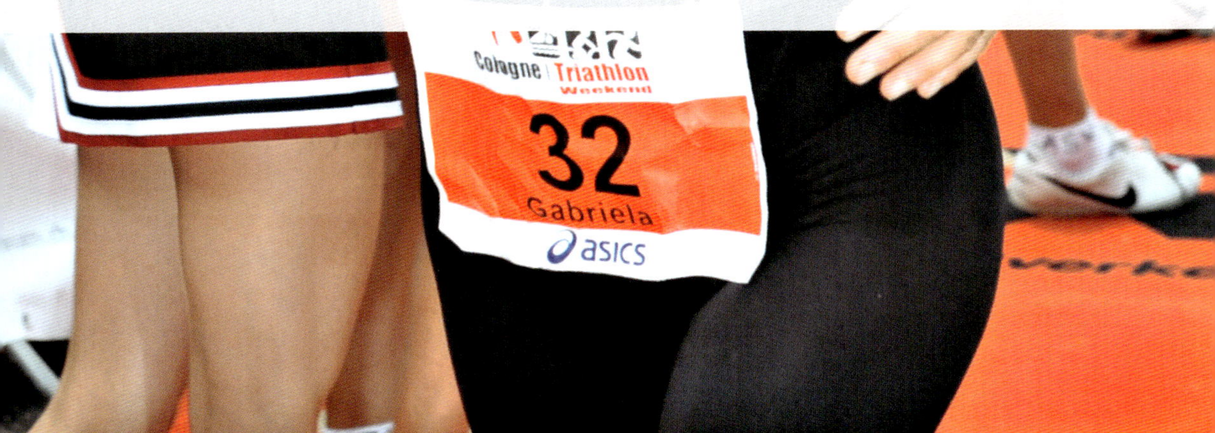

Nun hast du dich viele Wochen und Monate auf deinen ersten Wettkampf oder auf deinen Hauptwettkampf vorbereitet und fieberst dem Tag entgegen, wobei aber noch viele Fragen offen stehen. Nach den folgenden Zeilen wirst du perfekt vorbereitet sein und genau wissen, worauf es wann ankommt.

DAS TAPERING ODER DIE WETTKAMPFVORBEREITUNGSPHASE

Etwa zwei Wochen vor dem großen Ereignis steigerst du die Intensität deines Trainings ein bisschen, um deinem Körper dadurch nochmal ein paar intensive Trainingsreize zu geben. Dann reduzierst du allmählich die Trainingsdauer und machst vor allem in der letzten Woche vergleichsweise wenig. Stell das Training aber nicht komplett ein. Es ist sinnvoll, in jeder Disziplin kurze Trainingsspitzen einzubauen, die deine Muskulatur zwar nicht stark ermüden, aber dennoch die Idee von Schnelligkeit vermitteln. In der letzten Woche und vor allem an den letzten Tagen vor dem Rennen verlagerst du den Schwerpunkt deiner Ernährung stärker auf Kohlenhydrate, um deine Speicher in den Muskeln und der Leber optimal zu füllen. Am Tag und am Abend vor dem Wettkampf nimmst du dann möglichst ballaststoffarme und leicht verdauliche Nahrung zu dir. Dann steht einem guten Gelingen nichts mehr im Weg.

KURZ VOR DEM TAG X

Nun rückt er näher, der große Tag, und mit steigender Anspannung wirst du bald zeigen, dass du optimal vorbereitet bist, um deinen Wettkampf zu finishen! Wahrscheinlich werden Trainingskollegen, dein Partner oder Freunde mitfiebern und dich vielleicht auch zu deinem Event begleiten. Es war für mich immer sehr schön und auch hilfreich, dass mein Partner sich mit um die Logistik wie Anfahrt, Hotel, Parkplatz und all diese Nebensächlichkeiten gekümmert hat. Einen alleine kostet das viel Kraft und Konzentration. Man steht sowieso schon völlig unter Strom, und es schwirren einem viele Gedanken im Kopf herum.

„Habe ich genug trainiert?", „Was mache ich, um mich nicht zu verfahren?", „Ist der Neoprenanzug erlaubt?", „Wie war das nochmal mit der Reihenfolge beim Wechsel?", „Gibt es eine oder mehrere Wechselzonen?", „Wenn ich erst mal das Schwimmen überlebt habe ..."

Diese und viele weitere Fragen schießen dir vielleicht durch den Kopf. Die gute Nachricht: Wir brauchen das Adrenalin und auch die Aufregung vor dem Start, um unsere optimale Leistung abrufen zu können. Dennoch kannst du dir durch eine gute rechtzeitige Planung unnötigen Stress ersparen. Wenn du, so wie ich anfangs, schon eine Woche vor dem Wettkampf unter Verdauungs- und/oder Schlafstörungen leidest, empfehle ich dir, schon im Vorfeld mit Meditation und Mentaltraining zu beginnen. Die dadurch gewonnene innere Ruhe hilft dir, im Wettkampf mit gebündelter Kraft loszulegen.

Bei der Wahl deines Wettkampfevents hast du dir wahrscheinlich schon vorher einige Gedanken gemacht. Vielleicht ist der Ort ganz in deiner Nähe, da dir dies eine lange Anfahrt erspart, oder die Strecken passen vom Höhenprofil her zu deinen Trainingsvorlieben. Vielleicht haben dir Freunde die Wettkampfregion als sehr schön und stimmungsvoll ausgemalt. Je näher das Datum rückt, desto genauer solltest du dich mit den Strecken und den Umständen vor Ort vertraut machen. Erstelle frühzeitig eine Checkliste mit all den Dingen, die du für den Wettkampf brauchst. So hast du gegebenenfalls noch Zeit genug, um dir fehlende Sachen zu besorgen.

Bei einem meiner letzten Wettkämpfe hatte ich vergessen, dass ich keine Gels mehr hatte. Da es sich um einen internationalen Wettkampf handelte, war ich ganz sicher, dass ich auf der Triathlon-Messe vor Ort welche kaufen könnte. Das artete schließlich zu einem richtigen Stressfaktor aus, da einfach nirgendwo Gels aufzutreiben waren.
Noch nie zuvor war mir so etwas passiert! Als ich die Örtlichkeiten ein zweites Mal intensiv absuchte, fand ich dann Tütchen mit gelähnlichem Inhalt, den ich im Wettkampf schlucken konnte. Sie waren besser als nichts, aber auch nicht optimal.

Damit dir das nicht passiert, schreibst du dir früh genug eine Checkliste, legst dir in der Woche vorher schon mal alles zurecht und überprüfst, ob es passt. Dann gehst du den Wettkampf auch noch mal mental durch. Das gibt dir Sicherheit im Ablauf, und du kannst beruhigt anreisen.

CHECKLISTE FÜR DEN WETTKAMPF

Vor dem Start:

- ☐ Anreiseplan
- ☐ Meldebestätigung
- ☐ Startpass und Personalausweis
- ☐ Warme, bequeme Kleidung
- ☐ Proviant (Banane, Gels), Getränk(e)
- ☐ Taschentücher, Klopapier
- ☐ Luftpumpe
- ☐ Ersatzschlauch, Reifenheber
- ☐ Sonnencreme
- ☐ Kontaktlinsen (falls erforderlich)

Fürs Schwimmen:

- ☐ Badeschlappen (vor dem Start)
- ☐ Badebekleidung, Wettkampfanzug
- ☐ 2 Badekappen
- ☐ Schwimmbrille (antifog präpariert)
- ☐ Kontaktlinsen (falls erforderlich)
- ☐ Eventuell Neoprenanzug
- ☐ Hirschtalg oder Schutzcreme gegen Scheuern

Wechselzone Rad:

- ☐ Wettkampfrad
- ☐ Helm
- ☐ Radbrille, Kontaktlinsen (falls erforderlich)
- ☐ Radschuhe
- ☐ Gefüllte Radflaschen
- ☐ Ausreichende Menge Geltütchen oder Riegel sicher befestigt
- ☐ Startnummernband oder Hutgummiband mit Sicherheitsnadeln
- ☐ Kleines Handtuch

Wechselzone Laufen:
(falls es zwei unterschiedliche Wechselzonen gibt)

- ☐ Laufschuhe (mit Schnellverschlüssen oder mit entsprechenden Gummibändern zum schnellen Reinschlüpfen präpariert)
- ☐ Laufsocken
- ☐ Kopfbedeckung
- ☐ Eventuell Gel

Zielbereich:

- ☐ Trockene warme Kleidung
- ☐ Eventuell Duschzeug
- ☐ Wunschkost

ORGANISATORISCHES VOR DEM WETTKAMPF

Bevor du dich auf die Reise oder die Anfahrt zum Wettkampfort begibst, solltest du – zusätzlich zu den Punkten auf deiner Checkliste – einige Dinge sicherstellen.

Zu den wichtigen Fragen gehören:

- **Wann, wo und zu welcher Tageszeit findet der Start statt?**
  Musst du dir ein Hotel suchen, damit es vielleicht morgens weniger stressig ist, und wie früh musst du anreisen?

- **Wann und wo hole ich meine Startunterlagen ab, und was brauche ich dafür?**
  Auch das kann sehr unterschiedlich sein. Bei einigen Veranstaltungen muss man die Startunterlagen einen Tag vorher abholen, und bei großen Events werden auch die Räder tags zuvor eingecheckt. Manche Veranstalter wollen ein Haftungsauschlussformular mit persönlichen Angaben vorgelegt haben, aber in der Regel braucht man nur den Personalausweis. Bei einigen Veranstaltungen sind die Startnummernausgabe sowie Start und Ziel an völlig verschiedenen Orten, weshalb du dir das in den Unterlagen vorher gut anschauen solltest, sonst kann es für dich unter Umständen zeitlich eng werden.

- **Wann und wo findet die Wettkampfbesprechung statt?**
  Die Wettkampfbesprechung findet bei kleineren Veranstaltungen in der Regel unmittelbar vor dem Rennen in der Nähe des Startbereichs statt. Bei größeren Rennen und auch bei Meisterschaften auch mal am Vortag. Die Teilnahme ist generell Pflicht, und man bekommt dort genau erklärt, welche Streckenbereiche schwierig oder gefährlich sein können. Es wird auch noch einmal auf die Regeln eingegangen. Da solltest du aufmerksam zuhören, denn die möglichen Strafen können unterschiedlich lang sein, und es wird genau erklärt, wo du sie abzuleisten hast. Wer sich nicht daran hält, kann auch im Nachhinein disqualifiziert werden.

- **Sollte ich die Strecke vorab besichtigen?**
  Wer sich wirklich umfassend auf einen Wettkampf vorbereiten möchte, fährt die Radstrecke einfach vorher ab und schwimmt auch mal eine Runde in dem Gewässer. Das schafft im Vorfeld Sicherheit. Falls du dazu keine Gelegenheit hast, siehst du dir die Strecken inklusive Höhenprofil im Internet ganz genau an. Spätestens am Wettkampftag sind dann auch die Bojen entsprechend platziert, und du kannst schauen, ob es zusätzlich Markierungen an Land gibt, die dir bei der Orientierung helfen.

- **Was mache ich mit den Startunterlagen?**
  In dem kleinen Beutel mit deiner Wettkampfnummer befindet sich alles, was du brauchst. Aufkleber für den Helm, für das Rad und eventuell auch für einen Lauf-, Rad- oder Zielbeutel. Manchmal muss man sich auch eine Nummer auf die Haut kleben (Klebetattoo). Außerdem findest du noch eine Startnummer, die du am besten an einem Startband oder an einem Gummi befestigst, dann kannst du sie beim Radfahren hinten und beim Laufen einfach vorne tragen. Sehr wichtig ist natürlich der Transponder, der deine Zeitnahme möglich macht. In der Regel ist noch eine farbige Badekappe dabei, die bei einem Rollenstart für deine Startzeit verantwortlich ist. Beim sogenannten Rollenstart gibt es nämlich je nach Alter, Geschlecht oder prognostizierter Schwimmzeit verschiedene Startzeiten.

PERSONALAUSWEIS VERGESSEN UND EIN PLATTEN VOR DEM START

Da meine Schwester in Köln lebt, war es für mich naheliegend, häufiger auf der Mitteldistanz in der Domstadt zu starten. Die Veranstaltung findet immer gegen Saisonende Anfang September statt und bildet somit einen schönen Abschluss. Zwar war die Stimmung eher etwas weniger ausgelassen, nicht vergleichbar mit dem Kölner Karneval, doch überkamen mich immer wieder warme Gefühle, wenn ich in der ehemaligen Heimat unterwegs war. Nach einer langen Autofahrt erreichten wir schließlich am Vorabend spät die Wohnung meiner Schwester, und wir entschieden uns, den Abend eher gemütlich ausklingen zu lassen, um am nächsten Morgen zeitig zu starten. Da ich die Strecke ja schon kannte, hielt ich es auch nicht für nötig, mich nochmal damit zu beschäftigen. Dies sollte ich später bereuen.

Der Weg vom Parkplatz zur Startnummernausgabe, Start und Eincheckbereich war etwa einen Kilometer lang, und so schob ich wie viele andere Teilnehmer mein Fahrrad bedächtig auf dem Kiesweg, bis mich ein leises hässliches Zischen aus meinen Gedanken riss. Oh nein, das konnte doch nicht wahr sein – ich hatte schon vor dem Rennen einen Platten! Nun war die angespannte Ruhe dahin, ich rannte hektisch zum Eincheckbereich und fragte dort nach einem Pannendienst. Ja, war die Antwort, es gebe einen, und schließlich nahmen mir ein paar freundliche junge Männer das Rad aus der Hand und wechselten den defekten Schlauch.

Beruhigt ging ich anschließend zur Startnummernausgabe, um bei der Frage nach meinem Ausweis irritiert festzustellen, dass der wohl noch in der Wohnung meiner Schwester liegen musste. Jetzt wurde es zeitlich aber richtig eng. Mein Mann sprintete nun so schnell er konnte die Strecke zum Parkplatz zurück und vollbrachte das Meisterstück, mir den Ausweis gerade noch rechtzeitig zu holen und ihn mir kurz vor dem Schließen der Startnummernausgabe völlig atemlos in die Hand zu drücken. Peter hatte also seinen persönlichen Wettkampf schon hinter sich! Meine restliche Vorbereitung verlief nun ähnlich desaströs: In der Wechselzone fiel mir auf, dass ich auch das Netz mit der Trinkflasche vergessen hatte. Na, großartig! In rasender Eile zwängte ich mich anschließend in meinen Anzug und erreichte den Start gerade eben, als der Startschuss fiel. Immer noch vollgepumpt mit Adrenalin, ging ich nach dem Schwimmen von der Wechselzone ohne Probleme auf die Radstrecke. Nochmal gut gegangen, dachte ich, bis aufgrund des Geholpers über die vielen Schlaglöcher auf der Strecke meine Apfelsaftschorle aus der Flasche herausspritzte und mir die Beine verklebte. Zum Glück gab es bei den Versorgungsstellen Wasser, mit dem ich mir das Zeug wenigstens etwas abwaschen konnte. Nach einer hervorragenden Radzeit wechselte ich motiviert auf die Laufstrecke. Da passte alles auch recht gut, bis ich – leider zu spät! – feststellte, dass der Veranstalter die Streckenführung geändert hatte. Wegen der vielen Teilnehmer hatte das dann leider zur Folge, dass ich, anstatt auf die Ziellinie abzubiegen, in eine dritte Runde hineinlief. Nach wenigen Hundert Metern ging mir auf, dass da etwas nicht stimmen konnte, und ich fragte einen Zuschauer, wo es ins Ziel ging. Das hieß dann umdrehen und mich durch den engen Kanal bis zur Abzweigung durchschleusen, aber dann war es zum Glück nicht mehr weit, und ich hatte es geschafft.

Dem ganzen Chaos zum Trotz überquerte ich als zehntschnellste Frau von allen die Ziellinie und errang den Sieg in meiner Altersklasse.

RACEDAY, DER TAG X

Das morgendliche Aufwachen, vielleicht in einem Hotelbett, ist bei mir immer mit Aufregung verbunden. Obwohl ich schon unzählige Wettkämpfe hinter mir habe, rauscht das Adrenalin durch meine Gefäße. Ich lege mir immer schon abends alles zurecht und handle nach festen Abläufen, damit ich meine Nervosität besser kontrollieren kann. Das Rad ist im Auto, und die Tüten sind getrennt gepackt und sortiert. Immer wieder schaue ich, ob ich an alles gedacht habe: Bloß keine Tempos vergessen! Ist die Brille geputzt? Habe ich eine volle Wasserflasche dabei? Dann nehme ich mir die Zeit für ein ruhiges Frühstück. Es sollte zwei bis drei Stunden vor dem Start sein, bei einem späten Start esse ich etwas mehr und schiebe mir 20 Minuten vor dem Startschuss noch ein Gel rein.

Mein Frühstück:

- **Schwarzer oder grüner Tee**
- **Butterbrezel mit Honig oder ein helles Brötchen mit Honig oder Marmelade**
- **Vielleicht auch eine Banane und ein kleiner Obstsalat**

Wichtig: Hau dir den Magen ja **nicht mit schwerverdaulicher fettiger Nahrung** voll und nimm **auch keine unnötigen Ballaststoffe** zu dir, denn eine angeregte Verdauung ist das Letzte, was du bei einem Wettkampf brauchst.

Nun fahre ich zum Wettkampfort und halte mich weiter an die festen Abläufe: Das Rad wird aus dem Auto ausgeladen und fertig zusammengesetzt, die Reifen entsprechend aufgepumpt. Ich fahre eine kleine Runde und checke die Gänge und natürlich die Bremsen. Nachdem alles vorschriftsmäßig beklebt und beschriftet ist, geht es in die Wechselzone.

DER COUNTDOWN LÄUFT, NUN WIRD ES ERNST

Du bist gut vorbereitet, fühlst dich frisch und erholt und musst nun als Erstes die Rad- und die Laufzone vorbereiten. Manchmal gibt es nur eine Wechselzone für beide Disziplinen. Wenn du die folgenden Tipps beherzigst, wird dir der Wechsel zügig gelingen.

Die Vorbereitung der Wechselzone:

- Das Fahrrad an genau dem markierten Ort abstellen, der deiner Nummer zugeordnet ist. Die Schaltung sollte auf einen passenden Gang eingestellt sein und der Kilometerzähler auf null stehen.
- Am Fahrrad sollte genügend Verpflegung angebracht sein. Ich befestige dazu immer eine kleine Tasche am Oberrohr. Einige Athleten kleben Riegel oder Gel am Oberrohr fest.
- Falls Container Pflicht sind, Schuhe dort hineinstellen. Fahrradschuhe öffnen und neben das Rad stellen.
- Helm geöffnet auf den Lenker legen
- Sonnenbrille aufgeklappt in den Helm legen
- Falls es eine Wechselzone für alle Disziplinen ist, dann die Laufschuhe vorher mit Schnellschnürsystemen ausstatten und offen – eventuell mit jeweils den passenden Socken und einem Sonnenschutz – bereitlegen. Je nach Disziplin noch ein Gel dazupacken.

Allgemeine Tipps vor dem Wettkampf und auch für die schnellen Wechsel:

- Am Vortag auf ballaststoffreiche Nahrung verzichten, das verhindert unnötigen Toilettenstress.
- Zum Anziehen des Neoprenanzugs eine Plastiktüte einstecken
- Zum schnelleren Ausziehen und zum Schutz vor Reibung Hirschtalg oder Bodyglide benutzen, das kannst du auch an den Knöcheln probieren, dann bist du beim Ausziehen schneller.
- Achtung: Der Neoprenanzug darf nach dem Ausstieg aus dem Wasser erst mal nur zur Hälfte geöffnet werden! Falls es ein Wechselzelt gibt, kann es Pflicht sein, ihn dort auszuziehen, ansonsten aber am Rad. Dort muss er dann meistens zusammen mit der Brille in einer Kiste verstaut werden. Wer sich nicht daran hält, riskiert Strafzeiten!
- Zwei Badekappen übereinander anziehen, unter der zweiten Kappe die Brille befestigen, dann kann sie nicht verrutschen, auch wenn du ins Wasser springst.
- Antifogspray oder Spülmittel in der Schwimmbrille hilft gegen Beschlagen.
- Unbedingt die Wege in und aus den Wechselbereichen abgehen und dir merken, wo dein Fahrrad steht. Gibt es dort mehrere Masten oder Bäume, oder hast du ein spezielles Handtuch auf den Boden gelegt? Es gibt immer irgendwelche Orientierungshilfen. Genauso wichtig ist auch der Gang aus der Wechselzone.
- Ich lasse meine Radschuhe am Fahrrad und öffne sie kurz vor Ende der Radzeit,

um den Fuß dann kurz vor der Wechselzone rauszuziehen und locker weiterzupedalieren. Dann kann ich leichter und sofort in den nächsten Wechselbereich laufen. Vorsicht: Der Helm darf erst geöffnet werden, wenn du dein Rad abgestellt hast – das kann manchmal dauern.

- Schnellverschlüsse oder spezielle Gummis für deine Laufschuhe benutzen. Der zweite Wechsel ist rasant.
- Falls ihr barfuß in den Laufschuhen lauft, eventuell etwas Babypuder reinstreuen, der saugt die Feuchtigkeit auf.
- Vorher nochmal auf die Toilette?
- Eventuell 20 Minuten vor dem Startschuss noch eine Banane oder ein Gel mit etwas Wasser
- Aufwärmen

Es ergibt Sinn, sich gut aufzuwärmen – insbesondere vor kürzeren Distanzen. Am besten läufst du dich über 5 bis 10 Minuten ein, um dann ein oder zwei Kurzsprints zu machen. Es kann auch nicht schaden, die Arme zu schwingen und anschließend auch noch ein paar Meter zu schwimmen. Dehnen dagegen ist nicht zweckmäßig, wenn überhaupt, dann nur kurz und dynamisch. Ansonsten setzt du den Muskeltonus herab, und das bewirkt eher eine nicht zielführende Erschlaffung der Muskulatur. Die Aufwärmphase dient der Verletzungsprophylaxe, da deine Betriebssysteme Zeit haben, sich auf die zeitnah folgende Anstrengung einzustellen. Sie sollte dich nicht erschöpfen, also je nach konditioneller Vorerfahrung nicht länger als 30 bis 45 Minuten dauern und bestenfalls 15 Minuten vor dem Start beendet sein.

DIE ENERGIEVERSORGUNG WÄHREND DES WETTKAMPFS

Wie ich schon erwähnte, solltest du deine Verpflegung vorher ausprobiert haben, um unnötigen Schwierigkeiten infolge von Verdauungsproblemen vorzubeugen. Am schnellsten, und zwar innerhalb von fünf bis sieben Minuten, wirken Gels. Sie werden rasch in den Mund gedrückt und mit etwas zusätzlicher Flüssigkeit geschluckt, mit ihren verschiedenen kurz- und langkettigen Zuckern sichern sie die optimale Energieversorgung.

Als Faustformel gilt, dass du je nach Körpergewicht 60–90 Gramm Kohlenhydrate pro Stunde verbrauchst und nach dem Schwimmen auf dem Rad mit dem ersten Gel und der Wasseraufnahme von etwa 150–200 Millilitern beginnst.

Je nach Länge deiner Rad-Zeit nimmst du alle halbe Stunde ein Gel und trinkst die entsprechende Menge Flüssigkeit dazu. Wenn du also rund 90 Minuten für die Radstrecke brauchst, benötigst du vier Tütchen Gel und anschließend noch eines oder zwei fürs Laufen.

ES GEHT LOS! WENN DER STARTSCHUSS FÄLLT ...

SCHWIMMEN – IM NEO ODER NICHT?

Laut den Richtlinien der DTU für Amateurrennen in der olympischen Disziplin ist er bei Wassertemperaturen bis 21,9 Grad erlaubt.

Je nach Wettkampf stehst du nun im Massenstart an Land oder bist bereits im Wasser und musst erst zur Startlinie schwimmen. Wenn du Glück hast, gibt es auch einen Rollenstart, dabei stehst du in einer kleineren Gruppe und wartest auf den Aufruf.

Falls du viel Selbstbewusstsein hast und zudem tatsächlich ein guter Schwimmer bist, suchst du dir die Ideallinie aus und stellst dich vorne hin. Wenn du dich dagegen unsicher fühlst und (so wie ich) vielleicht unter Platzangst leidest, suchst du dir deine Position am Rand des Feldes. Falls du nur zu einer Seite atmest, wählst du dementsprechend einen Platz rechts oder links. Sinnvoll ist es auch, wenn du deine Schwimmzeiten realistisch einordnest und dich gegebenenfalls eher im hinteren Feld platzierst. Es ist ein besseres Gefühl, an etlichen Athleten vorbeizuschwimmen, als gleich auf den ersten 100 Metern von zahlreichen Schwimmern buchstäblich überrollt zu werden. Mir hilft es, wenn ich eher ein paar Meter mehr in Kauf nehme und dafür ruhiger in meinen Rhythmus hineinkomme. Aber das muss jeder nach seiner Fasson entscheiden.

Mit dem Startschuss rennst du bei einem Landstart so lange durchs Wasser, bis das Laufen schwierig wird, dann siehst du zu, dass du in deinen individuellen Rhythmus findest.

Nun kannst du eventuell versuchen, dich im Wasserschatten seitlich bis auf Hüfthöhe oder an den Füßen „mitnehmen" zu lassen. Aber Vorsicht: Es sind schon andere auf Abwege geraten und etliche Meter zu viel geschwommen. Darum nimm die Bojen oder andere Markierungen von Zeit zu Zeit in den Blick.

An den Bojen angelangt, lohnt es sich nicht, um die „Vorfahrt" zu rangeln. Versuche, im schlanken Wasserballkraul unbeschadet weiterzuschwimmen.

Wenn du den Bogen zur Wechselzone erkennen kannst, schwimmst du je nach Kondition zügig so weit, bis du vielleicht schon den Boden erkennen kannst. Dann heißt es, wieder laufen. Da du dir den Weg und den Standort deines Fahrrads gut eingeprägt hast, läufst du unbeirrt in den ersten Wechselbereich.

Wechselzone 1

Während du noch läufst, kannst du schon vor dem Erreichen der Wechselzone deine Brille und die Haube abziehen. Mit geübtem Griff gelingt es dir sicher auch leicht,

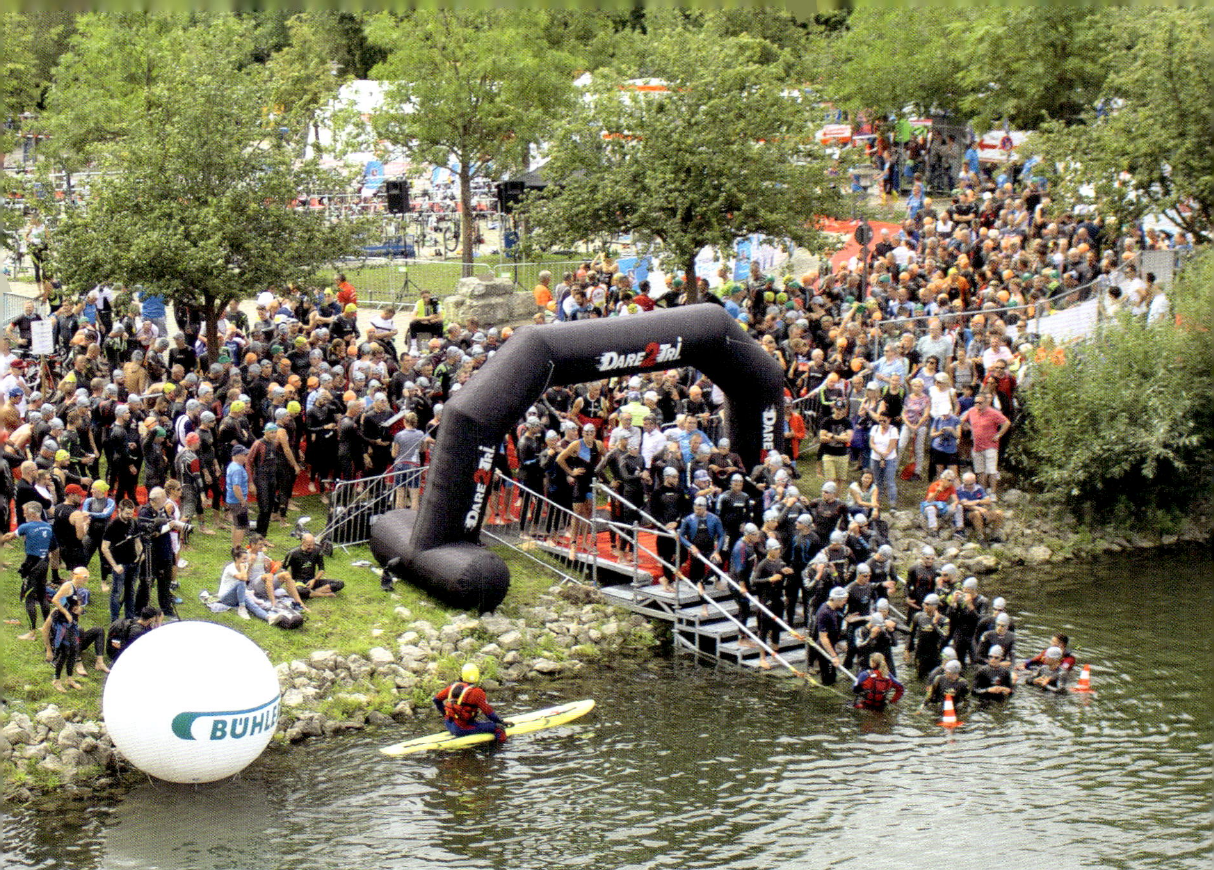

den Neoprenanzug zur Hälfte abzustreifen. Je nach Reglement ziehst du ihn entweder bereits im Wechselzelt oder erst am Fahrrad komplett aus. Du kannst dabei gut mit dem einen Fuß drauftreten, um dich zu befreien, und dabei schon Brille und Helm anlegen. Schnell die Startnummer umgebunden, rein in die Schuhe und den Anzug samt Brille in die Tüte gepackt, und schon geht es auf dem schnellsten Weg raus aus der Wechselzone. Ganz wichtig: Schließ deinen Helm und schwing dich erst nach der markierten Linie auf dein Fahrrad. Vorsicht: Es gibt immer wieder „Wackelkandidaten", die dich schon gleich auf den ersten Metern zu Fall bringen können, wenn sie die Kontrolle über ihr Rad verlieren, bei dem Versuch, ihre Füße in die Schuhe hineinzumanövrieren. Jetzt hast du schon die erste Disziplin geschafft und kannst dich voll und ganz auf das Radfahren konzentrieren.

RADFAHREN

Nun lohnt sich ein Blick auf deine Pulsuhr. Falls du nach der Hektik in der Wechselzone jetzt schon am Anschlag bist, lässt du es jetzt etwas ruhiger angehen. Der Wettkampf wird dich noch einige Zeit beanspruchen, das gilt vor allem für die olympische Distanz. Wenn du dich zu früh verausgabst, wird sich das später rächen. Wenn sich dein Puls etwas beruhigt hat, konzentrierst du dich auf deinen gleichmäßigen runden Tritt. Nun ist auch der richtige Moment, um dich mit einem Gel zu versorgen und entsprechend etwas dazu zu trinken.

Deine Konzentration gilt jetzt ganz dem Wettkampfgeschehen und eventuell auch dem Verkehr. Nicht alle Strecken sind für den öffentlichen Verkehr gesperrt, und so gilt auch hier das Rechtsfahrgebot, vor allem, wenn du überholt wirst. Gerade in windschattenfreien Rennen musst du auf den Abstand achten. Wenn du also überholt wirst, solltest du aufhören zu treten oder gar bremsen, damit du einen Abstand von zehn Metern gewährleisten kannst. Denn wenn du von einem der motorradfahrenden Richter dabei erwischt wirst, dass du zu wenig Abstand hältst, droht dir eine **Zeitstrafe**.

Zeigt der Richter dir die schwarze oder rote Karte, musst du deine Strafe entsprechend absitzen oder bist sogar disqualifiziert. Ähnliches kann passieren, wenn du einen Platten hast und dein Fahrrad von einem hilfsbereiten Zuschauer flicken lässt. Auch das kann zum Ausschluss führen. Wenn du selber überholen möchtest, wirfst du zuerst einen Blick über die linke Schulter, bevor du das Manöver startest, und am besten informierst du den Vordermann durch einen kurzen Zuruf über dein Vorhaben.

Dann heißt es, zügig antreten und mit genügend Kraft und Tempo zum Überholen ansetzen und den Vorgang sauber beenden. Häufiges Überholen kann dir viel Kraft rauben. Vergiss nicht, dass noch ein möglichst schneller Lauf folgt.

Als **weiterer Regelverstoß** wird geahndet, wenn du deinen Müll einfach auf der Strecke entsorgst, aber dass du das unterlässt, sollte sich eigentlich von selbst verstehen. Wenn du deine leeren Gel-Tütchen wegwerfen möchtest, dann nur an den ausgewiesenen Versorgungsstellen.

Verzichte auf dem letzten Kilometer bis zur nächsten Wechselzone lieber auf weitere Überholmanöver, nimm eher etwas Druck raus und öffne vorsichtig deine Radschuhe. Wenn du dich sicher fühlst, ziehst du die Füße aus den Schuhen und pedalierst locker weiter bis kurz vor die Linie. Die Helfer werden dir hier schon zurufen, dass du abspringen sollst. Nun hast du den zweiten Wechselbereich erreicht, der – je nach Wettkampf – auch mit dem ersten identisch sein kann.

Und das kann dir bei Regelverstößen im Ernstfall blühen

Schwarze oder blaue Karte: Zeitstrafe, nach zwei Karten erfolgt die Disqualifikation.
Gelbe Karte: Verwarnung, nach zwei Verwarnungen erfolgt die Disqualifikation.
Rote Karte: sofortige Disqualifikation, sofortiges Ende des Rennens

Wechselzone 2

Schnell schiebst du nun dein Rad zu deinem Platz oder übergibst es – je nach den Vorgaben des Veranstalters – einem freundlichen Helfer. Jetzt musst du deinen Helm unbedingt noch so lange geschlossen lassen, bis du das Rad aus der Hand gegeben hast, ansonsten kassierst du eine Zeitstrafe (mir selbst ist das nur einmal passiert und hat mich den ersten Platz gekostet). Eventuell musst du auch noch deinen Helm eintüten, bis du dir endlich Socken und Laufschuhe anziehen darfst. Falls die Sonne scheint, solltest du deinen Kopf noch mit einer Kappe schützen. Und jetzt geht es auch schon in die letzte Etappe.

LAUFEN

Wenn du dich auf dem Rad gut mit Energie versorgt hast, musst du beim Laufen nicht zwingend etwas zu dir nehmen außer Flüssigkeit, das aber auf jeden Fall, vor allem wenn es sehr warm ist! Es gibt unterwegs auf der Laufstrecke immer Versorgungsstellen, die entweder Wasser, Cola oder Iso bereithalten, und wenn es sehr heiß ist, werden manchmal auch Schwämme ausgegeben, die man sich in den Anzug oder auch unter die Kappe stecken kann. Falls du keinen Schwamm bekommst, kippst du dir bei heißen Temperaturen regelmäßig Wasser über den Kopf. Das kühlt, erfrischt und reguliert die Körpertemperatur. Je nachdem wie ehrgeizig du deine Ziele verfolgst, kannst du auch kurz gehen und in Ruhe ein bisschen trinken, um beim Laufen unnötige Hustenanfälle durch Verschlucken zu vermeiden. Vorsicht: Es gilt auch als Regelverstoß, wenn Freunde oder Familienmitglieder dich beim Laufen begleiten, ob per Rad oder zu Fuß, und/oder dir Verpflegung zustecken. Bist du im Rennen, musst du dich selbst um dich kümmern, da kann sich auch ein 10-Kilometer-Lauf ganz schön ziehen. Achte also auf deine Versorgung! Ich trinke beim Laufen ganz gerne Cola, aber das solltest du vorher mal ausprobieren, denn die verdauungsanregende Wirkung des Koffeins könnte dich auch in unnötige Schwierigkeiten bringen.

Nun ist es bald geschafft, und dem schnellen Zieleinlauf steht nichts mehr im Wege. Biete deinen Freunden noch einen letzten Sprint, bevor du die Finish Line überquerst.

IM ZIEL

Herzlichen Glückwunsch! Du hast es geschafft, und egal, ob es der erste oder einer von vielen Wettkämpfen war: Jedes Event ist eine besondere Leistung, und du kannst jetzt erst mal sehr stolz auf dich sein! Auch wenn du optimal vorbereitet warst und dir das Rennen perfekt eingeteilt hast, wirst du zwar ein wenig erschöpft sein, aber es wird dir gut gehen, und du wirst dich großartig fühlen.

Jetzt kannst du deinen Körper dabei unterstützen, sich so schnell wie möglich zu regenerieren. Dafür solltest du deinen Organismus möglichst schnell mit Flüssigkeit und Nährstoffen versorgen, dadurch werden die verbrauchten Ressourcen wieder aufgefüllt, und dein Körper kann die notwendigen „Reparaturarbeiten" vornehmen.

Bei vielen Wettkämpfe gibt es feine Leckereien, die den einen oder anderen sogar dazu motivieren, im nächsten Jahr beim gleichen Wettkampf wieder teilzunehmen. Auch ich bin eine solche Wiederholungstäterin. Gerade bei den kleineren Veranstaltungen werden die Teilnehmer häufig mit köstlichen selbst gebackenen Kuchen verwöhnt, die von den zahlreichen ehrenamtlichen Helfern gespendet wurden, ohne die so eine Veranstaltung gar nicht möglich wäre. Obst, aber auch Kuchen mit Obst und alkoholfreies Bier fördern die schnelle Regeneration. Danach kannst du dich vielleicht auch noch massieren lassen. Auch das wird nach solchen Veranstaltungen immer wieder angeboten.

DIE REGENERATION

Die Erholung und die damit verbundene Regeneration sind ein wichtiger Bestandteil des sportlichen Lebens. Nicht nur nach einem Wettkampf, sondern auch im Alltag sowie nach langen und/oder intensiven Sporteinheiten, musst du dich unbedingt entsprechend ausruhen und erholen.

Gerade unter den Triathleten habe ich immer wieder Menschen kennengelernt, die sehr aktiv sind. Der Sport tut dir gut, er macht dir Spaß und ist zu einem festen Bestandteil deines Lebens geworden, auf den du nicht mehr verzichten möchtest. Wenn du zu diesen Menschen gehörst, die eher zu viel als zu wenig machen, musst du besonders auf dich achten und dir ein für dich passendes Entspannungsprogramm gönnen. Die Möglichkeiten sind individuell verschieden, und gerade die sehr aktiven Menschen (wozu ich selber auch gehöre), haben manchmal Schwierigkeiten, sich solche Auszeiten zu genehmigen. Denk immer daran:

Du bist der wichtigste
Mensch in deinem Leben,
und nur wenn es dir gut
geht, kannst du auch
anderen Gutes tun!

Stell dir also selber mal die Frage, was dir guttut und wie du deine Seele baumeln lassen und am besten zur Ruhe kommen kannst. Das können mentale Techniken wie autogenes Training sein (siehe im Kapitel „Mentaltraining" auf S. 161), oder ein simpler Waldspaziergang. Vielleicht ist es aber auch eine Tasse Tee mit einem Freund oder der Freundin, ein Saunabesuch oder ein Schaumbad mit dem Lieblingsbuch.

Setz dich einfach mal hin,
atme tief aus und
nimm dir alle Zeit der Welt,
denn es ist dein Leben,
und du darfst es
genießen!

Die Regeneration nach einer starken körperlichen Anstrengung, wie zum Beispiel nach einem Wettkampf, findet auf verschiedenen Ebenen statt, dazu gehört auch die mentale Ebene. So erinnere ich mich noch gut an das Gefühl kompletter Leere in meinem Kopf, nachdem ich meinen ersten Ironman gefinisht hatte. Ich bin dann am Tag nach dem Wettkampf im Schwimmbad tatsächlich vor einen Pfosten gelaufen, ganz einfach, weil meine sämtlichen geistigen und körperlichen Ressourcen aufgebraucht waren. Das war schmerzhaft, erschreckend und peinlich zugleich und sicher auch Zeichen eines Extremzustands. Nach einer Volksdistanz oder einer olympischen Disziplin kann ich mittlerweile auch ohne große Einschränkung in meinen Alltag zurückkehren, was allerdings auch damit zu tun hat, dass ich seit vielen Jahren moderat Ausdauersport betreibe und mein Körper sich entsprechend angepasst hat und ich grundsätzlich auf die notwendige Erholung achte.

Unmittelbar nach einem Wettkampf braucht unser Organismus als Erstes Flüssigkeit und Nährstoffe, um die stark belasteten Strukturen wieder erneuern und die notwendigen Reparaturarbeiten leisten zu können. Heißt: Die Regeneration beginnt nach dem Überschreiten der Ziellinie.

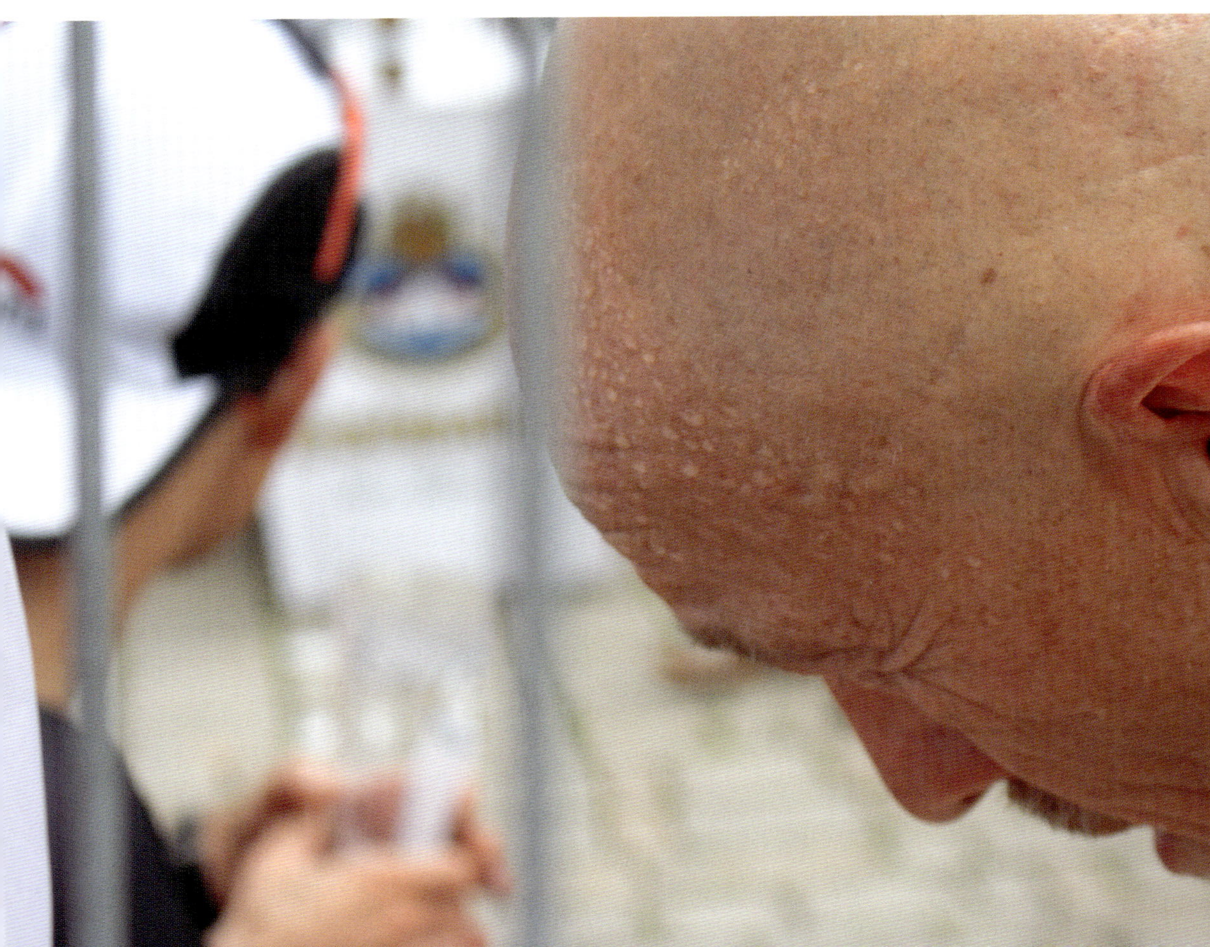

Nun musst du erst mal ordentlich trinken, viele Veranstalter bieten alkoholfreies Bier an, das mit seinem hohen Mineralstoffgehalt und der isotonischen Zusammensetzung hervorragend als Erstversorgung geeignet ist, um den Elektrolytmangel durch Schweißverlust wieder auszugleichen. Gerne werden auch Obst und Kuchen gereicht, in den Früchten steckt eine Kombination aus sekundären Pflanzenstoffen und Vitaminen, und Gebäck liefert reichlich Kohlenhydrate und Energie, die der Körper zügig verstoffwechselt. Eine zeitnahe Versorgung mit hochwertigem Eiweiß in Form eines leichten Abendessens, wie zum Beispiel Kartoffeln mit Quark und einem Schuss Leinöl (Omega-3-Fettsäuren!), unterstützen deinen Körper zusätzlich bei der Reparatur seiner strapazierten Muskelstrukturen.

Genauso wichtig wie eine qualitativ hochwertige Ernährung ist die Erholung **durch ausreichend Schlaf**, denn in diesen Stunden finden elementare Stoffwechselvorgänge statt, die maßgeblich zur physischen und psychischen Erholung beitragen. Nach längeren Wettkämpfen ist es oft schwierig, tiefen Schlaf zu finden, da sehr viele Prozesse im Organismus ablaufen und der Körper eine Weile braucht, um herunterzufahren. Das ist ganz normal und braucht dich nicht zu beunruhigen, ein leichtes Essen und ein warmes Bad, vielleicht auch ein Lavendeltee, können dir helfen, dich zu entspannen.

Du kannst die Heilungsvorgänge in deinem Körper auch noch durch **moderate Bewegung** beschleunigen, das bedeutet, dass du sehr locker radelst, schwimmst oder auch spazieren gehst. Dadurch regst du die Durchblutung an, ohne deine Körperstrukturen weiter zu belasten. Falls du regelmäßig im Jahr an mehreren Wettkämpfen teilnimmst, kann es dir auch mal guttun, eine Weile völlig auf den geliebten Triathlonsport zu verzichten. Du wirst nicht gleich abbauen, ganz im Gegenteil kann es sein, dass ein Urlaub mit der Familie oder mit Freunden, ohne täglichen Sport, den Körper und die Seele auftanken lassen. Es ist auch schön, mal etwas komplett anderes zu machen, so kannst du beispielsweise deinem Gehirn durch Klettern, Jonglieren, Wandern oder einfach Lesen neue Impulse und Inspiration geben. So steigerst du dein Wohlbefinden, und dein Körper bleibt in einer gesunden Balance.

Die Regenerationszeit ist abhängig von der Länge des Wettkampfs und natürlich auch individuell von deinem Trainingszustand und deinem Alter.

Spüre in dich hinein, und wenn du dich noch müde und ausgelaugt fühlst, oder wenn deine Muskeln, Sehnen oder Gelenke noch schmerzen, gönnst du dir mehr Auszeit. Auch dein morgendlicher Ruhepuls gibt dir Aufschluss darüber, ob du noch etwas länger Pause machen solltest. Bei mir macht sich nach einiger Zeit ein leichtes Kribbeln in den Beinen bemerkbar, und ich verspüre wieder totale Lust auf Bewegung, und dann lege ich wieder locker los.

DIE ERNÄHRUNG

Ich halte mich selbst für einen Genussmenschen, und da Essen für mich weit mehr ist als nur zwingend nötige Nahrungsaufnahme, gönne ich mir eine besondere Zeit, in der ich mich und meine Sinne verwöhne. Es mag seltsam klingen, aber für mich haben frisches Obst und auch Gemüse etwas sehr Ästhetisches an sich. Die Kompositionen aus Farben, Formen und Gerüchen inspirieren nicht nur meinen Magen, ich empfinde es als sinnlich, eine neue tropische Frucht zu probieren, einen Bauernapfel zu essen oder einen guten Wein zu zelebrieren. Da das Essen ein wichtiger Bestandteil meines Lebens ist, nehme ich mir Zeit dafür, dazu gehört natürlich auch die Zubereitung von Speisen, ich koche mit Spaß und probiere auch gern Neues aus. Ich habe das große Glück, dass ich tatsächlich so viel essen kann, wie ich will.

Da ich mich ebenso leidenschaftlich gerne bewege, passt das recht gut zusammen. Durch den abwechslungsreichen Sport bin ich gut bemuskelt, was auch mit einem erhöhten Energiebedarf einhergeht.

Ich möchte dich ermutigen, dir auch Zeit zum Essen zu nehmen, vielleicht versuchst du mal, einen Bissen zehnmal zu kauen und konzentriert zu schmecken und zu erfühlen, wie sich Konsistenz und Geschmack verändern. Abgesehen davon, dass die Verdauung ja schon im Mund anfängt, finde ich es auch spannend, Essen als Hauptsache zu erleben.

Ich habe immer eine Tüte mit einer ausgesuchten Mischung aus Nüssen und Trockenfrüchten in meinem Rucksack oder im Auto, falls ich Hunger kriege …

Falls du zu den Kochmuffeln gehörst und auch noch wenig Zeit hast: Mittlerweile gibt es Kochbücher, die dir helfen, fast im Handumdrehen gesunde Gerichte zu zaubern. Der kleine Hunger zwischendurch lässt sich einfach und gut mit leckerem rohem Gemüse stillen, etwa mit Kohlrabi, Karotten oder Paprika. Eine Alternative ist das Studentenfutter, natürlich hat es viele Kalorien, aber es enthält auch sehr gute Nährstoffe und sättigt anhaltend – besser als jeder Schokoriegel!

ALLGEMEINES UND BESONDERES ZUM THEMA ERNÄHRUNG

Über die „richtige" Ernährung existieren viel Wissen und Halbwissen, unbestrittene Tatsache ist allerdings, dass wir uns krank essen können. Umgekehrt können wir mit einer ausgewogenen Ernährung langfristig unsere Gesundheit und Leistungsfähigkeit stärken und dadurch unsere Lebensqualität verbessern.

Auf den folgenden Seiten informiere ich dich über:

1. **Ernährung – Was braucht dein Körper?**
2. **Gewichtsreduktion und Diät – Wie kannst du abnehmen und dein Gewicht halten?**
3. **Nahrungsergänzungsmittel – Was ist wann sinnvoll?**
4. **Ernährung in Wettkampf und Training – Was und wie viel davon brauchst du?**

WAS BRAUCHT DEIN KÖRPER?

Allgemein unterscheidet man zwischen **Bau-, Betriebs- und Energiestoffwechsel.** Durch den Baustoffwechsel werden verbrauchte Verschleißgewebe wie Haut und Schleimhaut oder auch Muskelbestandteile stetig erneuert. Hormone, Enzyme und Abwehrstoffe zur Aufrechterhaltung des Systems müssen über den Betriebsstoffwechsel ständig bereitgestellt werden.

All das ist notwendig, um dann auch noch den reibungslosen Energiestoffwechsel zu gewährleisten, hierfür kann der Körper sowohl Kohlenhydrate, Eiweiße als auch Fette verwerten und in Energie umwandeln. Wenn du regelmäßig trainierst, verändert dein Körper seinen Stoffwechsel und optimiert die Bereitstellung vorhandener Energieressourcen, außerdem finden Veränderungen und Umbauten zur Stärkung des Sehnen- und Knochenapparats statt, das sind allerdings länger dauernde Prozesse, da diese Gewebe weniger gut durchblutet werden. Wesentlich schneller setzen Muskelwachstum und die Prozessoptimierung in der Energiebereitstellung ein. Für diese Entwicklungen braucht unser Organismus die passenden „Baumaterialien", die wir über die Nahrung zu uns nehmen.

Ausdauertraining sorgt ebenfalls für einen verbesserten Fettstoffwechsel, der Triglycerid-Spiegel wird gesenkt, und das HDL-Cholesterin („gutes" Cholesterin) steigt an, außerdem erhöht sich die Insulinempfindlichkeit, das heißt, die Zellen sprechen besser auf das Insulin an, was bewirkt, dass Zucker (Glukose) schneller in die Muskelzelle eingeschleust wird und das Diabetesrisiko sinkt.

Basisstoffe und Stoffwechsel

Fette, Eiweiße und Kohlenhydrate bilden zusammen mit Wasser die Grundlage unserer täglichen Ernährung. Durch systematisches Ausdauertraining und ein entsprechendes Essverhalten kannst auch du deinen Stoffwechsel verändern und optimieren. Das bedeutet, die Glykogenspeicher (Kohlenhydrate/Glukose werden als Glykogen im Körper gespeichert) in den Muskeln und in der Leber werden erweitert, und dadurch kann dem Körper schnell mehr Energie zur Verfügung gestellt werden. Mit gezielten längeren Einheiten, vor denen du bewusst auf Kohlenhydrate verzichtest, kannst du dann auch deinen Fettstoffwechsel trainieren.

Das ist ein Anpassungsprozess, über den du auch bei längeren Trainingseinheiten oder Wettkämpfen (olympische Disziplin) auf die körpereigenen Fettreserven zurückgreifen kannst.

Fette

Fett hatte lange Zeit einen sehr schlechten Ruf, es galt allgemein als Dickmacher, weil es einen höheren Energieanteil hat als Eiweiß und Kohlenhydrate. In diesem Zusammenhang möchte ich dich unbedingt darauf hinweisen, dass Fett nicht gleich Fett ist. Es gibt Fette, die im Körper Entzündungsprozesse auslösen oder fördern (tierische Fette), und es gibt Fette, die wichtige essenzielle Fettsäuren enthalten, die unter anderem auch entzündungshemmend wirken.

Essenzielle Fettsäuren kann unser Körper nicht selber herstellen, sie fungieren als Träger der fettlöslichen Vitamine A, D, E, K und sind auch Bestandteil unserer Zellwände. Sie regulieren unsere Blutgefäße, haben einen positiven Einfluss auf unser Immunsystem und dämpfen Entzündungsreaktionen. Besonders herauszustellen sind in diesem Zusammenhang die langkettigen **Omega-3-Fettsäuren** (mehrfach ungesättigte Fettsäuren), sie scheinen auch dem Muskelkater entgegenzuwirken. Der höchste Anteil steckt in fetten Kaltwasserfischen (Makrele, Hering, Thunfisch, Lachs) wie auch in bestimmten Algen (eine gute Alternative für Veganer). Wer keinen Fisch, keine Meeresfrüchte und -gemüse mag, kann auf Lein-, Walnuss- oder Rapsöl zurückgreifen, diese Öle enthalten kurzkettige Omega-3-Fettsäuren, deren Wirkungskraft allerdings ein wenig hinter der „fischiger" Lebensmittel zurückbleibt. Lein- und Walnussöl sind kalte Öle, die nicht erhitzt werden sollten, sie eignen sich somit also hervorragend zum Würzen und für Salatdressings. Wenn du deinem Körper zusätzlich etwas Gutes tun willst, dann nimm jeden Tag 1 bis 2 EL hochwertiges Bio-Leinöl ein, das versorgt dich mit den guten Omega-3s.

Rapsöl gibt es als unraffiniertes kaltgepresstes Öl, das sich in Salatsaucen auch gut macht, und als raffiniertes, das man erhitzen kann, allerdings darf es keinesfalls anfangen zu rauchen. (Das gilt auch für die meisten anderen Öle, denn durch zu starkes Erhitzen entstehen höchst ungesunde Transfette.) Wer größere Hitze benötigt, sollte auf Kokosöl ausweichen, da es einen höheren Rauchpunkt hat. Grundsätzlich rate ich dir davon ab, deine Nahrungsmittel allzu stark zu erhitzen, weil die wertvollen Inhaltsstoffe (Vitamine, Enzyme etc.) schon ab etwa 49 °C Schaden nehmen und allmählich komplett absterben – und gerade diese Nährstoffe brauchen wir ja schließlich.

Ebenso wertvolle Fettlieferanten sind auch Avocados (hier aber bitte auch an die ökologische Seite denken, der Anbau verschlingt Unmassen Wasser!), Nüsse und gutes kaltgepresstes Olivenöl. Ein weiterer Vorteil gesunder Öle: Sie zögern die schnelle Zerlegung von Kohlenhydraten in Zuckermoleküle hinaus und sorgen so dafür, dass der Blutzuckerspiegel nicht so schnell ansteigt. Prima machen sich ein paar Tropfen Olivenöl oder eine Avocado als Aufstrich auf einem Stückchen gutem Brot.

Absolut ungesund sind die oben schon genannten sogenannten Transfette, ungesättigte Fettsäuren, die in „gehärteten" Fetten (wie etwa in Margarine) beziehungsweise Ölen enthalten sind. Sie stecken in Fertigprodukten wie Keksen, Back- und Süßwaren sowie in frittierten Speisen, Fertiggerichten und Chips, sie gelten als krebserregend und gefäßschädigend und erhöhen das Risiko, eine Herz-Kreislauf-Erkrankung zu entwickeln und vielleicht sogar daran zu sterben.

ÖL-ZIEHEN

Das ist eine uralte, aus der indischen Heilslehre des Ayurveda stammende Methode, um seinen Körper von krank machenden Bakterien, Gift- und anderen Schadstoffen zu befreien. Dazu sollte man auf nüchternen Magen, also noch vor dem Frühstück, 1 EL eines hochwertigen kaltgepressten Bio-Öls in den Mund nehmen und es dort 15 bis 20 Minuten lang hin und her bewegen, durch die Zahnzwischenräume ziehen und die ganze Mundhöhle damit reinigen. Da das Öl die Schadstoffe bindet, darf man es auf keinen Fall hinunterschlucken, sondern muss es ausspucken (am besten in ein Küchentuch und das dann im Abfall entsorgen). Danach die Mundhöhle gründlich mit Wasser ausspülen und die Zähne putzen. Als „Sekundärnutzen" hilft das Öl-Ziehen gegen Karies und Zahnstein, es kräftigt das Zahnfleisch und hellt auch noch die Zähne auf.

Eiweiße

Proteine haben sehr vielfältige Funktionen in unserem Körper. So sind sie nicht nur ein wesentlicher Bestandteil der Muskeln, vielmehr übernehmen sie auch zahlreiche wichtige Aufgaben in unserem Stoffwechselsystem, wie zum Beispiel das Einlagern von Eisen, den Sauerstofftransport, die Blutgerinnung, sie sind an der Regulierung des Hormon- und Enzymhaushalts beteiligt und beeinflussen nicht zuletzt auch unser Immunsystem. Unser Körper ist in der Lage, die Aminosäuren aus dem über die Nahrung zugeführten Eiweiß umzubauen und für die verschiedenen Prozesse zu nutzen. Das funktioniert aber nicht uneingeschränkt, so gibt es die sogenannten essenziellen Aminosäuren, die von außen zugeführt werden müssen, und die semiessenziellen, die der Körper zwar selber herstellen kann, die aber trotzdem nicht alle in ausreichendem Maß zur Verfügung stehen.

Bei starker sportlicher Beanspruchung oder bei einem geschwächten Immunsystem sollten wir auch sie ergänzen, um die Regeneration positiv zu unterstützen. In diesem Zusammenhang ist das **Glutamin** zu erwähnen, das die Regeneration deutlich beschleunigen soll, und ebenso das **L-Arginin**, das eine gefäßstabilisierende Wirkung hat und beispielsweise auch blutdrucksenkend wirkt (also nicht zu empfehlen, wenn du einen niedrigen Blutdruck hast). Natürlich kommt L-Arginin in Kürbiskernen, Walnüssen, Erdnüssen, Buchweizen, Hühnereiern und Hülsenfrüchten vor.

Allgemein kann der Körper tierisches Eiweiß leichter verwerten als pflanzliches Eiweiß. Sehr eiweißreich (Glutamin) ist zum Beispiel Quark, aber es steckt auch in anderen Lebensmitteln, wie in Soja, in Hülsenfrüchten allgemein, in Erdnüssen und magerem Fleisch. Du kannst dir auch sehr gute Kombinationen zubereiten, zum Beispiel Kartoffeln mit Kräuterquark, die nach langen und/oder anstrengenden Trainingseinheiten die „leeren Akkus" schnell und gründlich wiederauffüllen. Als Nachtisch gönnst du dir dann noch einen Mix aus verschiedenen Nüssen, Kürbiskernen und Trockenobst oder auch ein Porridge mit frischen Früchten.

Kohlenhydrate

Dazu gehören die verschiedenen Zuckerarten. Man unterscheidet zwischen den kurzkettigen (süßen) Einfach- beziehungsweise Zweifachzuckern. Zu den Einfachzuckern zählen Fruchtzucker (Fruktose) und Traubenzucker, zu den Zweifachzuckern der Haushaltszucker, aber auch Milch- und Malzzucker. Außerdem gibt es die langkettigen (nicht süßen) Mehrfach- und Vielfachzucker (Polysaccharide), die als Stärke in Weizenmehl, Mais oder Kartoffeln und auch Reis enthalten sind. Kohlenhydrate in Form von Einfach- und Zweifachzuckern werden vom Körper bei der Energiegewinnung und -bereitstellung als Erstes verbraucht. (Wenn mehr zugeführt als benötigt wird, werden sie allerdings – für „schlechte" Zeiten – als Fett eingelagert.) Der Körper wandelt kohlenhydratreiche Nahrung in Zucker um, die Folge ist ein Anstieg des Blutzuckerspiegels. Als Reaktion darauf wird die Insulinausschüttung erhöht, dadurch kann die Glukose aus dem Blut ins Zellinnere (in das Muskel- und Fettgewebe) gelangen. Dort wird sie dann entweder als Glykogen gespeichert oder direkt in Energie umgewandelt. Wenn der Blutzucker ansteigt (etwa nach dem Essen), erhöht sich auch die Insulinausschüttung. Je nach Zuckerart geht der Blutzucker schneller oder langsamer in die Höhe. Da Traubenzucker (Einfachzucker) nicht aufgespalten werden muss, steigt der Blutzuckerspiegel daraufhin sehr rasch an. Enthält unsere Nahrung (zum Beispiel Vollkornbrot) aber komplexe Kohlenhydrate, erhöht sich der Blutzuckerwert nur langsam, denn die langen Moleküle der Mehrfachzucker müssen erst einmal aufgespalten werden.

Noch besser ist es, wenn Stärke in Kombination mit **Ballaststoffen** (weitgehend unverdauliche Pflanzenanteile, meist Kohlenhydrate) aufgenommen wird. Die Energiefreisetzung wird verzögert, dauert aber auch länger, zudem werden schädliche Stoffe an die Ballaststoffe gebunden und mit ausgeschieden. In diesem Zusammenhang möchte ich das **Beta-Glucan** erwähnen, einen löslichen Ballaststoff, der vor allem in Hafer, Gerste und Pilzen vorkommt. Laut neueren Forschungen verzögert er nicht nur die Kohlenhydrataufnahme, sondern senkt auch den LDL-Cholesterin- sowie den Insulinspiegel und stärkt das Immunsystem. Darum verhelfen uns beispielsweise Haferflocken oder Porridge mit Obst zu einem guten Start in den Tag.

Grundsätzlich gibt es natürliche Kohlenhydrate (zum Beispiel: Kartoffeln, Karotten, Vollkornweizen) und andere Kohlenhydrate, die durch die industrielle Verarbeitung (Haushaltszucker, Weißmehl, Fruchtnektar u. ä.) verändert wurden. Bei Letzteren solltest du dich möglichst zurückhalten und sie nur sehr eingeschränkt konsumieren, denn man weiß mittlerweile, dass die dadurch verursachten Blutzuckerschwankungen dem Körper langfristig schaden und darüber hinaus für zahlreiche Krankheiten verantwortlich sind.

Den Gegensatz dazu bilden die natürlichen Kohlenhydrate aus überwiegend pflanzlichen Quellen kombiniert mit wertvollen Vitalstoffen, die wir brauchen, um gesund zu bleiben. Die Zufuhr von Kohlenhydraten sollte man seinem täglichen Bedarf anpassen, und der kann sehr unterschiedlich sein. Hier kommt es auf die Alltagslebens- und Arbeitsbedingungen und auf den allgemeinen Bewegungsumfang an.

Doch unabhängig davon, wie viel du dich bewegst, solltest du möglichst viele leckere bunte pflanzliche Nahrungsmittel mit reichlich Ballaststoffen auf deinen Speiseplan setzen. Sie haben eine große Nährstoffdichte, und die Ballaststoffe binden Schadstoffe und kurbeln auch den Verdauungsprozess an. (Siehe auch den Abschnitt „Sekundäre Pflanzenstoffe" auf S. 151.)

Wasser

Da unser Körper zu 50 bis 70 Prozent aus Wasser besteht, ist es wichtig, dass wir täglich genügend Flüssigkeit aufnehmen, denn durch Schweiß und Urin verlieren wir Flüssigkeit. Im Normalfall reichen 1,5 bis 2 Liter aus, um den täglichen Bedarf zu decken. Wenn du dich allerdings sportlich betätigst und dabei entsprechend schwitzt (das gilt auch fürs Schwimmen!), brauchst du mehr Flüssigkeit.

Am besten ist es tatsächlich, wenn du dich an Wasser oder ungesüßten Tee hältst, doch du kannst auch Kaffee oder eine Saftschorle in deine Bedarfsrechnung miteinbeziehen. Falls du allerdings Gewichtsprobleme hast, solltest du generell auf alle zuckerhaltigen Produkte verzichten, dann belastest du dich auch nicht mit unnötigen „leeren" Kalorien.

Wichtig zu wissen: Unser Körper kann nur 500 Milliliter Flüssigkeit pro Stunde aufnehmen, der Rest wird einfach ausgeschieden. Wenn du kein natürliches Durstgefühl mehr empfindest, wie es bei älteren Menschen häufig vorkommt, dann kannst du dir helfen, indem du dir eine volle (Wasser-) Flasche möglichst die Nähe stellst und sie über den Tag verteilt austrinkst.

Beim Training auf dem Rad, vor allem bei heißen Temperaturen, solltest du immer Wasser dabeihaben. Wenn es extrem heiß ist, kannst du dir zur Not auch mal etwas davon über den Kopf gießen und dich so abkühlen. Bei großer Hitze kannst du auch eine Prise Salz in dein Wasser geben, falls du ohne zusätzliche oder mit ungesalzener Nahrung unterwegs bist.

VITALSTOFFE

Zu den Vitalstoffen gehören Vitamine, Mineralstoffe, Spurenelemente und sekundäre Pflanzenstoffe. Über eine ausgewogene Ernährung kannst du deinen Organismus mit den notwendigen Substanzen versorgen.

Bei den Vitaminen unterscheidet man allgemein zwischen fett- und wasserlöslichen Vitaminen. Sie sind unverzichtbar, um die körpereigenen Funktionen aufrechtzuerhalten. Zu den fettlöslichen Vitaminen gehören E, D, K, A, der Körper kann sie nur in Kombination mit Fett aufnehmen und speichert sie in seinem Fett. Ein Zuviel an Vitaminen, etwa durch Nahrungsergänzungsmittel, kann im Organismus Probleme verursachen. So ist es generell am besten, möglichst naturbelassene, wenig verarbeitete Nahrungsmittel zu essen. Die Wirkung der Vitamine ist nicht unbedingt isoliert zu sehen, sie treten in Wechselwirkung (Interaktion) mit anderen Nahrungsbestandteilen (z. B. sekundäre Pflanzenstoffe). Wer sich abwechslungsreich und von vielen frischen Zutaten ernährt, wird ausreichend mit Vitaminen versorgt und muss sie nicht zusätzlich von außen zuführen. Es gibt allerdings einige Ausnahmen: Vegetarier und vor allem Veganer sollten ihren Vitamin-D- und den Vitamin-B12-Status im Blut messen lassen und die Spiegel gegebenenfalls aufstocken.

Vitamin D

Dieses Vitamin wird vom Körper über die Sonneneinstrahlung größtenteils selber gebildet, es ist aber auch in einigen tierischen und pflanzlichen Lebensmitteln enthalten, so etwa in Lachs, Aal, Käse, Eiern und Champignons. Die Fähigkeit der Haut, das Vitamin selber herzustellen, lässt leider mit zunehmendem Alter nach. Außerdem bekommen wir in unseren Breiten in den Wintermonaten oft (zu) wenig Sonne ab, was relativ häufig zu einem Vitamin-D-Mangel führt. Als weitere Einschränkung wirken Sonnenschutzmittel, auch sie verhindern die Produktion von Vitamin D in der Haut, sind allerdings sehr wichtig für die Hautkrebsprophylaxe. Die Folgen einer Unterversorgung mit Vitamin D sind nicht immer gleich zuzuordnen, da es an vielen Stoffwechselvorgängen beteiligt ist, unter anderem regelt es den Calciumstoffwechsel und ist zuständig für die Knochenstruktur. Unter einem Vitamin-D-Mangel leidet unter Umständen auch das Immunsystem, und es können Depressionen auftreten. Sollte eine Unterversorgung mit Vitamin D vorliegen, was man durch die Messung des Blutspiegels feststellen kann, wird der Arzt dir eine Dosierung empfehlen (Vorsicht: Ein Zuviel an hochdosierten fettlöslichen Vitaminen kann dem Körper schaden!) und vielleicht auch ein Produkt verordnen.

Vitamin B_{12} und andere Vitamine aus der B-Gruppe

Die B-Vitamine sind zuständig für Stoffwechselvorgänge und das Nervensystem.

Vitamin B_{12} ist das einzige wasserlösliche Vitamin, das der Körper über Jahre speichern kann, weshalb eine Unterversorgung erst relativ spät auffällt. Die Mangelerscheinungen zeigen sich in Form von Blutarmut, Konzentrationsschwierigkeiten, Gefühlsstörungen und Haarausfall, sind aber oft diffus und nicht eindeutig zuzuordnen.

Veganer leiden häufig unter einem deutlichen Mangel an Vitamin B_{12}, also solltest du dich als Anhänger dieser Lebensweise sehr überlegt ernähren und das Vitamin im Zweifelsfall auch substituieren. Die Vitamine der B-Gruppe können bei gesunden Menschen an sich nicht überdosiert werden, somit kannst du problemlos einem Mangel vorbeugen, indem du dich mit einem entsprechenden Präparat versorgst.

Natürlich ist Vitamin B_{12} fast ausschließlich in tierischen Produkten enthalten, dazu zählen auch Käse und Eier; in geringen Mengen steckt es in fermentierten Produkten wie Sauerkraut und Bier.

Sekundäre Pflanzenstoffe

Eine der interessantesten Gruppen der sekundären Pflanzenstoffe (bioaktive Substanzen, etwa Farb- und Geschmacksstoffe) bilden die Polyphenole; man unterteilt sie zunächst in die beiden großen Gruppen der Phenolsäuren und Flavonoide, die ihrerseits weitere Untergruppen umfassen, wie etwa die Anthocyane (wasserlösliche Pflanzenfarbstoffe), die im Zellsaft beispielsweise von Früchten und Blüten vorkommen und ihnen ihre intensiv rote, violette oder blaue Farbe schenken. Den Pflanzen dienen ihre bioaktiven Inhaltsstoffe als Schutz vor Fressfeinden oder auch als Lockstoffe für Insekten (Bestäubung). Bei uns Menschen sollen sie auf verschiedene Weise gesundheitsfördernd wirken, beispielsweise als „Radikalfänger" (Antioxidantien). Sie stecken in Obst (vor allem in dunklen Beeren wie Blau- und Brombeeren) und Gemüse (Rotkohl), Hülsenfrüchten, (Vollkorn-)Getreide, Kräutern und Gewürzen (Kurkuma), Pflanzenölen, Nüssen, Samen sowie Tees (Grüntee) und Kaffee. Zwiebeln, Kohl, Auberginen, Zitrusfrüchte und Weintrauben (sowie deren Kerne) sind reich an Flavonoiden. Zu dieser „Familie" gehören auch die Carotinoide, die in rotem und gelbem Obst und Gemüse zu finden sind, etwa in Karotten, Tomaten und Orangen, sie schützen vor Krebs, stärken die Gefäße und unterstützen die Sehkraft. Grundsätzlich gilt: Diese wertvollen Inhaltsstoffe sind in frischen, möglichst wenig verarbeiteten pflanzlichen Nahrungsmitteln enthalten und entfalten im Zusammenspiel mit Vitaminen und Mineralstoffen ihre positiven Wirkungen in unserem Körper.

Mineralstoffe

Diese Stoffe sind ebenso wichtig und unverzichtbar, um die Körperfunktionen aufrechtzuerhalten, dazu zählen Magnesium, Calcium, Kalium, Natrium, Phosphor.

Magnesium

Magnesium wird häufig substituiert, was sicher nur bedingt notwendig ist, denn Magnesium steckt reichlich in unserer täglichen Nahrung. Es erfüllt wichtige Aufgaben im Körper, so schützt es etwa vor Herz-Kreislauf-Erkrankungen und stärkt die Knochen, es ist in zahlreiche Stoffwechselprozesse eingebunden und unterstützt das Nervensystem. Wenn du bei großer Hitze trainierst und stark schwitzt, werden natürlich auch Mineralien ausgeschieden, deren Bestände wieder aufgefüllt werden sollten. Es ist nicht unbedingt notwendig, aber es schadet auch nicht, wenn du gegebenenfalls 300–400 mg Magnesium einnimmst. Es ist wasserlöslich, und ein Überschuss wird vom Körper über die Nieren ausgeschieden. Du solltest aber auf keinen Fall unmittelbar vor einem Wettkampf Magnesium einnehmen, da es eine verdauungsfördernde Wirkung haben kann, die dich dann in Schwierigkeiten bringt.

Magnesium ist reichlich enthalten in Nüssen – du kannst dir nach einem harten Training also auch mal einen Riegel Nussschokolade gönnen – und Samen (vor allem in Kürbis- und Sonnenblumenkernen) sowie in Gemüse und Hülsenfrüchten (getrocknete Sojabohnen), in Weizenkleie und Trockenbananen. Bei einer abwechslungsreichen vollkornhaltigen Ernährung ist ein Magnesium-Mangel auszuschließen.

Calcium

Zusammen mit Vitamin D ist Calcium ausgesprochen wichtig für unsere Knochen und Zähne, zudem beeinflusst es den Energiestoffwechsel, die Muskelkontraktionen, den Herzrhythmus, die Blutgerinnung und vieles mehr. Gerade junge Menschen im Wachstum und Frauen nach der Menopause brauchen unbedingt genügend Bewegung und eine calciumhaltige Ernährung. Die Demineralisierung der Knochen führt zur Osteoporose („Knochenschwund", Abnahme der Knochendichte), das heißt, die Knochen verlieren ihre Stabilität, werden spröde und brechen daher leicht. Wenn du dich vegan ernährst oder auf Milchprodukte verzichtest, solltest du besonders darauf achten, ausreichend calciumhaltige Nahrungsmittel zu dir zu nehmen. Calcium steckt in zahlreichen Lebensmitteln, vor allem in Milchprodukten (in Vollmilch und Käse wie echtem Parmesan und Emmentaler), aber auch in Kräutern wie Basilikum, Oregano, Thymian, in frischem Sesam und in Mohn, wie auch in Brennnesseln und Zwiebeln.

Kalium

Kalium sollte nicht ohne medizinische Veranlass ergänzt („substituiert") werden, da es die Herzfunktion (Blutdruck) beeinflusst. Zu Mangelzuständen kommt es nur selten. Zu finden ist es in Sojamehl, Trockenobst, Bananen, Aprikosen, Rosinen, Tomatenpüree, Kleie und in allen Kohlsorten.

Natrium

Ein wichtiger Mineralstoff, der im Kochsalz (Natriumchlorid) enthalten ist. Die meisten Menschen nehmen eher zu viel als zu wenig davon auf, was sich beispielsweise bei Bluthochdruck schädlich auswirkt. Aber auch eine Unterversorgung mit Natrium kann lebensbedrohliche oder gar tödliche Folgen haben, sie kann durch eine extreme Wasserzufuhr verursacht werden. Bei sehr langen Wettkämpfen, hohem Schweißverlust und ohne Mineralstoffzufuhr kann zu viel Trinken gefährlich sein.

Spurenelemente

In diese Gruppe gehören Eisen, Selen, Zink, Mangan und Jod.

Eisen

Dieses Element zählt auch zu den Substanzen, deren Blutspiegel du bestimmen lassen solltest. Das sogenannte Ferritin gibt Aufschluss über die gespeicherte Eisenmenge. Vor allem Frauen im gebärfähigen Alter und/oder Menschen, die wenig oder gar kein Fleisch essen, aber auch Personen, die Extremsportarten betreiben und sich entsprechend extrem belasten, leiden häufig unter Eisenmangel, wodurch die Leistungsfähigkeit stark eingeschränkt sein kann. Eine blasse Gesichtsfarbe und konstante Müdigkeit sind oft deutliche Anzeichen.

Eisen aus tierischen Quellen kann vom Körper leichter aufgenommen werden als pflanzliches, folglich sollten Vegetarier und Veganer verstärkt bei eisenhaltigen Lebensmitteln zugreifen oder Nahrungsergänzungsmittel einnehmen in Kombination mit Vitamin-C-haltigem Gemüse und/ oder Obst, denn dies verbessert die Eisenaufnahme im Organismus. Hier bieten sich Erdbeeren, Zitrusfrüchte, Kiwis, Papayas, Sanddorn sowie Grünkohl, Fenchel, Brokkoli, Paprika und Petersilie an.

Nach der Einnahme eisenhaltiger Präparate und/oder dem Verzehr entsprechender Nahrungsmittel sollte man mit dem Genuss von Milchprodukten, Kaffee und Tee ein bis zwei Stunden warten, da diese Lebensmittel die Eisenaufnahme zum Teil um 50 bis 60 Prozent blockieren. Gute Eisenquellen sind beispielsweise Sojamehl, Kürbiskerne, Pinienkerne, Hafer, Roggen, Linsen und Spinat.

Selen

Als Bestandteil von Enzymen (auch solcher mit antioxidativer Wirkung) ist Selen lebenswichtig für uns, weil an zahlreichen Körpervorgängen beteiligt. Es wirkt auf unser Immunsystem, auf die Schilddrüse wie auch auf unsere Haut und hilft dabei, uns vor Zellschäden durch freie Radikale zu schützen. Der Selengehalt der Pflanzen hängt ab vom Selengehalt der Böden, und da wir in Deutschland wenig Selen in den Böden haben, ist ein Mangel daran gar nicht selten.

Dem kann man allerdings sehr gut vorbeugen, indem man täglich Paranüsse, Steinpilze, Sonnenblumenkerne oder Linsen isst oder sich an tierische Lebensmittel wie Fleisch, Eier und Fisch hält.

Jod

Gerade im Süden Deutschlands kommt es häufig zu einer Unterversorgung mit Jod, nicht selten führt das zu Schilddrüsen-Problemen und -Unterfunktionen, wovon Frauen im Besonderen betroffen sind. Grundsätzlich solltest du auch den Jodspiegel in deinem Blut unbedingt einmal bestimmen lassen, denn ein Jodmangel kann zu Müdigkeit und Übergewicht und sogar zu Depressionen führen. Generell nutzt die Verwendung von Jodsalz, außerdem steckt es auch in Milchprodukten und Seefisch.

NAHRUNGSERGÄNZUNGSMITTEL ZUR LEISTUNGSSTEIGERUNG UND REGENERATION

Ich habe mich intensiv mit den verschiedenen Nahrungsergänzungsmitteln befasst und stehe der vermehrten Substitution kritisch gegenüber. Gerade im Sportbereich wird immer wieder Missbrauch getrieben, und nicht selten werden Mittel zugesetzt, die unter das Dopinggesetz fallen. Vor allem Präparate, die im Ausland hergestellt und über das Internet bezogen werden, sind nicht selten mit unerlaubten Zusätzen kontaminiert.

Solange du dich ausgewogen und gesund ernährst, brauchst du dir nicht zusätzlich Vitamine oder andere Substanzen zuzuführen. Wer reichlich bei frischem Obst und Gemüse zugreift, wenig Fleisch und wenn, dann mageres Bio-Fleisch isst, hochwertige kaltgepresste Öle, Seefisch und Milchprodukte (das können auch Erzeugnisse aus Mandel-, Hafer- oder Sojamilch sein) zu sich nimmt und wenig oder gar keine Weißmehlprodukte, Haushaltszucker und Wurst konsumiert, wird normalerweise nicht in eine Unterversorgung mit Mikronährstoffen hineingeraten.

Es kann jedoch durchaus Situationen geben, wo eine Substitution mit Nahrungsergänzungsmitteln notwendig wird. Gerade als Veganer bist du gut beraten, deine Blutwerte regelmäßig kontrollieren zu lassen, denn sowohl die B-Vitamine (B_{12}) als auch Eisen und Zink werden mit pflanzlicher Nahrung oft nur unzureichend aufgenommen und der Bedarf nicht gedeckt. Die B-Vitamine kannst du ohne Gesundheitsrisiken zusätzlich einnehmen, deine Blutwerte von Eisen und Zink solltest du gelegentlich messen lassen. Dasselbe gilt auch für Vitamin D, es gehört ebenso zu den Substanzen, die bei Bedarf zugeführt werden sollten (siehe auch S. 150). In unseren Breiten haben wir oft sonnenarme Winter, wo wir dann ohnehin mehr Zeit in Innenräumen verbringen, sodass sich die Vitamin-D-Speicher entleeren. Es macht also Sinn, seinen Vitamin-D-Blutspiegel regelmäßig bestimmen zu lassen (auch im Sommer!).

Koffein

Das Koffein nimmt eine Sonderstellung ein. Entgegen seinem traditionell schlechten Ruf gibt es inzwischen auch sehr viele Studien und Untersuchungen mit positiven Ergebnissen, die unser braunes Lieblingsgetränk quasi rehabilitieren. So hat man beispielsweise festgestellt, dass die Kombination von Koffein mit schmerzlindernden Stoffen deren Wirksamkeit erhöht und man dadurch die Dosis der Schmerzmittel herabsetzen kann, wobei das Koffein selber auch einen leicht schmerzstillenden Effekt haben soll. Es entfaltet definitiv eine anregende Wirkung, die sich auch im Verdauungstrakt bemerkbar macht.

Im Wettkampf kannst du dir den leichten Aufputscheffekt des Koffeins auf den Körper zunutze machen und dich mit Gels eindecken, die einen entsprechen Zusatz haben oder vielleicht zur Cola greifen. Aber auch das solltest du unbedingt vorher ausprobieren! Ein Körper, der nicht an eine regelmäßige Koffeinzufuhr gewöhnt ist, reagiert unter Umständen heftig darauf. Wer jedoch viel Kaffee oder Tee konsumiert, sollte auch immer ein Glas Wasser dazu trinken, denn Kaffee wirkt entwässernd.

Die basische Ernährung

Wenn du dich damit beschäftigst, was Sportler am besten essen sollten, wirst du früher oder später auch auf die basische Ernährung stoßen. Sie kam Anfang des 19. Jahrhunderts auf und gehört zur alternativen Ernährungslehre. Ohne jetzt sehr ins Detail gehen zu können: Grundsätzlich dreht es sich darum, dass wir unseren Körper mit unseren Aktivitäten (Stress!), unserer Lebensweise und der herkömmlichen Ernährung übersäuern. Es ist durch zahlreiche Studien belegt, dass häufiger, reichlicher Fleischkonsum sich negativ auf unsere Gesundheit auswirkt. Es heißt, dass die Ernährung mit stark säurebildenden Lebensmitteln für zahlreiche Krankheiten und Gesundheitsprobleme wie Osteoporose, Autoimmunerkrankungen, Krebs, Herz-Kreislauf-Erkrankungen, Allergien, Neurodermitis und anderes mehr verantwortlich ist und dass basenbildende Nahrungsmittel oder entsprechende Zusatzstoffe den Körper entsäuern.

Stark basenbildende Lebensmittel sind unter anderen: Spinat, Karotten, Sellerie, dunkle Blattsalate (etwa Rucola), Brechbohnen, Blumenkohl, Wirsing, frische Erbsen, Tomaten, Gurken, rote Rüben, weiße Bohnen und Bananen.

Die meisten (anderen) Obstsorten hingegen wirken nur schwach bis mittel basenbildend.

Säurebildende Lebensmittel sollen bei der basischen Ernährung möglichst außen vor gelassen werden, dazu gehören Milch (-produkte), Fisch, Fleisch, Eier, Süßigkeiten und Getreide.

Die Anhänger der basischen Ernährungsweise schwören auf die positiven Effekte. Es gibt zwar (bisher) keine wissenschaftlichen Untersuchungen mit belastbaren Ergebnissen, doch scheint es mir sinnvoll, sich beim Konsum säurebildender Lebensmittel zurückzuhalten und darüber hinaus aktiv etwas für den Stressabbau zu tun.

Ernährung in der Regeneration

Um deine Regeneration zu verbessern, musst du nicht unbedingt spezielle Pülverchen oder Shakes „einwerfen". Hier ist es wichtig, dass du dich nach dem Training (Ausdauertraining über 60–90 Minuten) möglichst gut versorgst.

Außer der Kenntnis der richtigen Nahrungsmittel brauchst du noch das Wissen, dass du in den ersten 60 Minuten nach längeren Sporteinheiten deine Speicher wieder auffüllen solltest, damit sich dein Körper möglichst schnell regeneriert beziehungsweise die sogenannten Superkompensations- und Anpassungsprozesse einsetzen können. Wer länger wartet, riskiert, dass nach längeren Trainingseinheiten (über eine Stunde) die Speicher nur verlangsamt wieder aufgefüllt werden und sich das Infektionsrisiko erhöht.

Die Kombination von Kohlenhydraten und Eiweißen zusammen mit einer entsprechenden Flüssigkeitsaufnahme helfen dem Körper dabei, sich schnellstmöglich wieder zu erholen.

Gute Alternativen zu Recovery-Produkten:

- **Haferflocken, Cornflakes, Sojajoghurt, Banane, Apfel sowie Mandel- oder Sojamilch**
- **Brötchen, Honig, Quark, Joghurt, Obst**
- **Kartoffeln, Quark und frische Kräuter**
- **Vollkornbrot, Zuckerrübensirup, Joghurt, Bananen**

Ernährung in Wettkampf und Training

Es ist sehr hilfreich, schon am Tag vor dem Wettkampf auf ballaststoffhaltige Lebensmittel zu verzichten und reichlich zu trinken. Am besten solltest du am Abend vor der Veranstaltung ein leicht verdauliches Essen aus weißen Nudeln, Reis oder Kartoffeln angereichert mit gedünstetem Gemüse und etwas magerem Geflügel, alternativ Fisch oder Tofu, zu dir nehmen.

Am Wettkampftag gibt es dann zum Frühstück ein weißes Toastbrot oder eine Semmel mit etwas Butter und Honig oder eine Banane und eine Tasse Tee oder Kaffee. Kurz vor dem Start schluckst du vielleicht noch ein Gel, und dann kann es losgehen. Die letzte Mahlzeit solltest du zwei bis drei Stunden vor dem Start einnehmen.

Für eine Volksdisziplin brauchst du dich nicht zusätzlich mit Proviant einzudecken. Bei einer olympischen Disziplin und natürlich auch bei längeren Einheiten geht es nicht ohne Verpflegung. Am besten probierst du schon vorher in den Trainingseinheiten einige Riegel oder Gels aus. Es gibt sie in diversen Geschmacksrichtungen mit unterschiedlichen Zusätzen, und es sind unzählige Produkte auf dem Markt. Sie enthalten hauptsächlich verschiedene Zuckerarten, die unterschiedlich schnell vom Körper aufgenommen werden und somit eine gleichmäßige Energiebereitstellung gewährleisten. Einige sind auch mit Koffein oder Aminosäuren kombiniert. Ich selber nehme inzwischen nur Gels und vertrage auch die Produkte aller Hersteller, ansonsten trinke ich einfach nur Wasser, da die Gels auch mit Mineralstoffen angereichert sind.

Bei den meisten olympischen Distanzen werden nur Wasser oder Iso gereicht, weshalb du dir deinen „Energievorrat“ vorher beschaffen und am Rad befestigen must. (Mehr zu diesem Thema findest du im Kapitel „Wettkampf“ auf S. 136.)

Beim Laufen macht es auch Sinn – vor allem bei Hitze –, seinen Körper in regelmäßigen Abständen mit Flüssigkeit (Wasser oder auch Cola) zu versorgen. **Mein dringender Rat**: Probier alles unbedingt vorher im Training aus, damit du im Wettkampf keine böse Überraschung erlebst!

MEIN LIEBLINGSFRÜHSTÜCK

- Früchte der Saison (Erdbeeren, Blaubeeren, Äpfel, Aprikosen, Weintrauben, Bananen, Mangos, Papayas, Ananas …)
- Leinsamen
- Nüsse (Walnüsse, Paranüsse, Mandeln, Cashewkerne, Sonnenblumenkerne, Kürbiskerne)
- Feine Haferflocken, Frühstücksbrei, Müsli
- Leinöl
- Chia- und/oder Basilikumsamen
- Trockenfrüchte (Rosinen, Mangos, Cranberrys, Datteln …)
- Soja- oder anderer Joghurt
- Mandel-, Kokos- oder Sojamilch
- Quark

Die Chia- und die Basilikumsamen weiche ich vorher so lange in reichlich Wasser ein, bis sie gut aufgequollen sind, und die Haferflocken bereite ich mit heißem Wasser zu wie ein Porridge, das ich auch etwas quellen lasse. Dann schneide ich die anderen Zutaten klein und vermische alles miteinander. Da die Zubereitung recht lange dauert, nutze ich die günstige Gelegenheit, gleichzeitig meine Balance zu verbessern, und so stehe ich dabei einbeinig auf einem Wackelkissen. Falls dir das zu aufwendig ist, kannst du auch einen Teil der Zutaten in den Mixer geben und dir einen Smoothie machen. Das ist zwar besser als gar nichts, aber generell kann der Körper gut gekaute Nahrung leichter verdauen.

GEWICHTSREDUKTION UND DIÄT – WIE DU AUF EIN GESUNDES GEWICHT KOMMST UND ES HALTEN KANNST

Wie ich schon am Anfang geschrieben habe, gehören Übergewicht und mangelnde Bewegung zu den Hauptursachen zahlreicher Erkrankungen, wie Bluthochdruck, Diabetes Typ 2 und in der Folge Atherosklerose („Arterienverkalkung") und Herz-Kreislauf-Erkrankungen.

Wenn du übergewichtig bist und vielleicht schon mit Folgeerscheinungen zu kämpfen hast, wirst du dich sicher nicht nur aus optischen Gründen dazu entschließen, dein Gewicht zu reduzieren. Über den BMI (Body Mass Index) kannst du dich schon mal grob einordnen.

DIE FORMEL LAUTET:

$$BMI = \frac{X}{(Y \cdot Y)}$$

(X ist dabei das Körpergewicht in Kilogramm und Y die Größe in Metern)

BEISPIEL FÜR 170 CM KÖRPERGRÖSSE UND 55 KG GEWICHT:
BMI = 55 GETEILT DURCH (1,70 • 1,70) = 19

Bei der Beurteilung, ob dein Gewicht ein Gesundheitsrisiko für dich bildet, ist vor allem auch die Verteilung von Fett und Muskelmasse von Bedeutung. Da Muskelmasse schwerer ist als Fett, kann ein schwererer, aber deutlich bemuskelter Mensch ein geringeres Risiko tragen als eine leichtere Person mit einem deutlichen Bauchumfang.

In diesem Zusammenhang spielt auch die Verteilung des Fetts eine Rolle. Gefährlich ist das sogenannte Viszeralfett, das Bauchfett – und zwar weniger die Rollen und Röllchen, die man äußerlich sieht –, als vielmehr das Fett, das sich um und zwischen die inneren Organe gelegt hat, denn es ist „stoffwechselaktiv", das bedeutet, es bildet Botenstoffe, die auf verschiedene Abläufe im Körper wirken, unter anderem initiieren sie Entzündungsprozesse, fördern Bluthochdruck und Insulinresistenz.

Bei Frauen ist ein Bauchumfang über 80 Zentimeter bedenklich, mit über 88 Zentimetern ist ein deutliches Gesundheitsrisiko verbunden.

Bei Männern ist ein Bauchumfang über 94 Zentimeter bedenklich, wer über 102 Zentimeter misst, trägt ein deutliches Gesundheitsrisiko.

Die Entscheidung, sich sportlich zu betätigen, ist sicher sehr sinnvoll und der erste Schritt in die richtige Richtung, der nächste, nicht weniger wichtige Schritt besteht in einer Ernährungsumstellung.

Durch eine abwechslungsreiche gesunde Ernährung in Kombination mit angemessener Bewegung verlieren die meisten Menschen überflüssiges Gewicht oder halten ihr Gewicht auf natürliche Weise, ohne sich groß einschränken zu müssen. Ich selber habe Glück und trage seit meinem 18. Lebensjahr (außer während meiner drei Schwangerschaften) immer dieselbe Hosengröße. Aus beruflichem Interesse habe ich mich dennoch mit dem Themenkomplex Übergewicht und Diäten beschäftigt.

Unabhängig von den Lebensmitteln, die du verspeist, spielt es eine Rolle, mit welcher

Einstellung du isst. Nimmst du dir Zeit und Ruhe zum Essen? Erlebst und genießt du das Essen? Hast du wirklich Hunger oder schiebst du dir nur aus Frust und Langeweile etwas rein? Je bewusster du dein Essen erlebst, und je mehr du darauf achtest, dir zum Essen die entsprechende Zeit zu nehmen, desto besser wird dein Gefühl für deinen eigenen Körper und seine Bedürfnisse. Probiere es mal aus: Beiß von einem Apfel ab und nimm bewusst wahr, wie er schmeckt und wie sich dieser Geschmack beim Kauvorgang verändert. Wie schaut dein Apfel aus? Wie fühlt sich das Hineinbeißen an? Und wonach schmeckt er ...?

Während all der Jahre, in denen ich mich mit den verschiedensten Diäten auseinandergesetzt habe, bin ich zu dem Ergebnis gekommen, dass der erste „Erfolg", der sich bei den meisten Diäten nach ein bis zwei Wochen einstellt, auf den Verlust von Flüssigkeit und Muskelmasse zurückgeht. Folgt darauf jedoch keine entsprechende Ernährungs- und Lebensumstellung, kommt es zu dem höchst unerwünschten Jo-Jo-Effekt mit entsprechendem Frust.

WAS HILFT ALSO WIRKLICH BEIM ABNEHMEN?

Wer unter deutlichem Übergewicht leidet, sollte sich erst mal von einem guten Arzt beraten lassen. Wenn du dich jedoch „nur" in deiner Haut unwohl fühlst oder unter dem „Rettungsring" um deinen Bauch leidest oder sogar schon unter gesundheitlichen Folgen, dann solltest du deine Ernährung auf Low-Carb-High-Fiber umstellen. Das bedeutet, dass der Fettanteil (siehe den Abschnitt „Gute Fette" auf S. 146) und der Proteinanteil in deiner Ernährung überwiegen und du deinem Körper keinen schnellen „Brennstoff" (Energiequellen) mehr zur Verfügung stellst. Das erleichtert die Gewichtsabnahme und verhindert gleichzeitig den gefährlichen Muskelabbau, zudem wird bei der Energiegewinnung aus Eiweiß Energie verbraucht und Glukagon gebildet, der „Gegenspieler" des Insulins. Indem es den Glykogen-Abbau in der Leber ankurbelt, erhöht das Glukagon den Blutzuckerspiegel, zugleich begünstigt es die Fettverbrennung. Steigt der Blutzuckerspiegel, wird die Freisetzung von Glukagon gedrosselt, ist er niedrig, wird Glukagon ausgeschüttet.

In dem Maß, in dem du dich mehr bewegst, kannst du dann auch mehr Kohlenhydrate mit hohem Ballaststoffanteil zu dir nehmen. Du versorgst deinen Körper mit den notwendigen Nährstoffen, ohne auch nur im Geringsten hungern zu müssen.

Ich habe sowohl Sportler als auch Nicht-Sportler kennengelernt, die mit dieser Ernährungsumstellung gesund abgenommen haben und ihr Gewicht auch dauerhaft halten konnten.

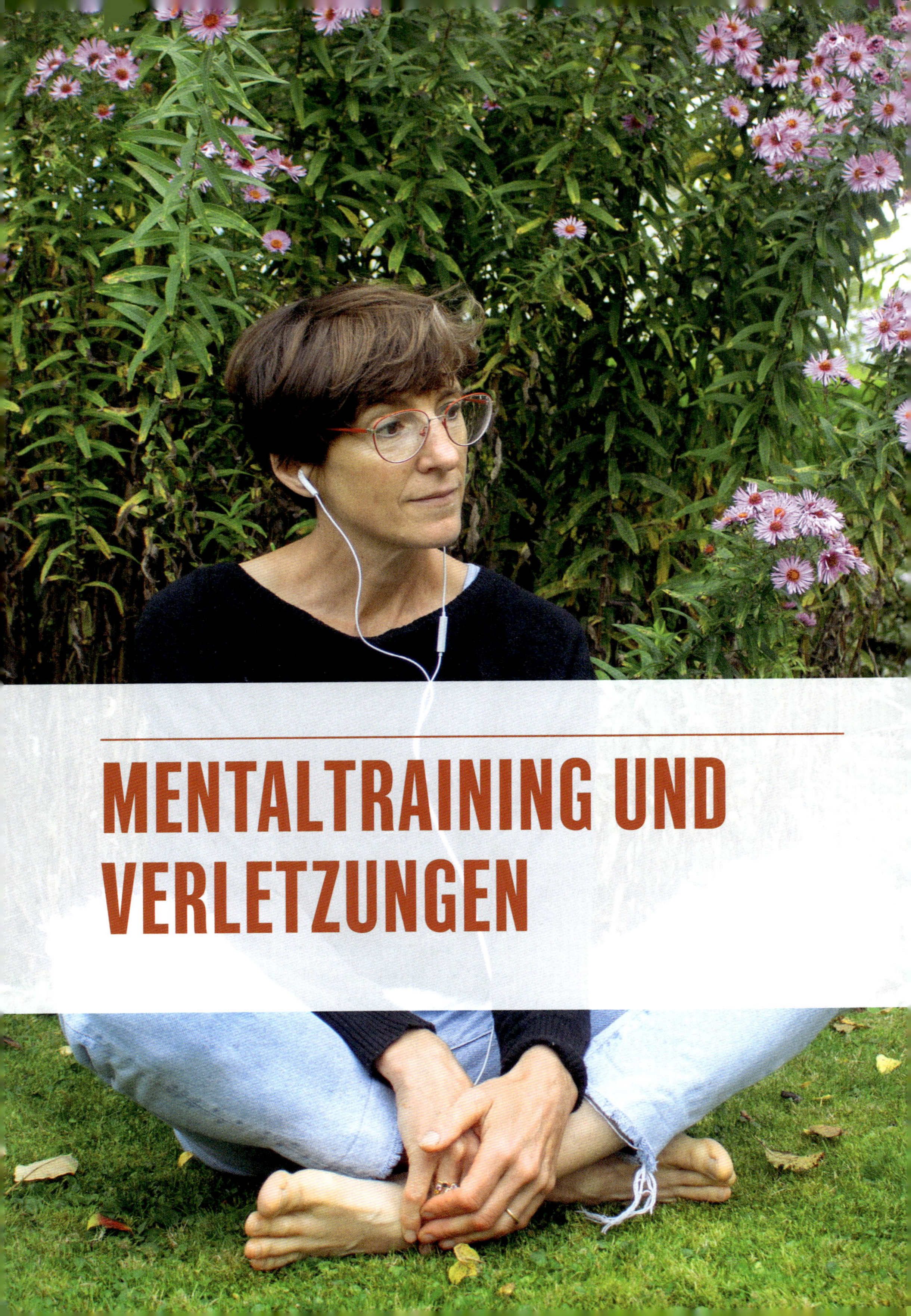

MENTALTRAINING UND VERLETZUNGEN

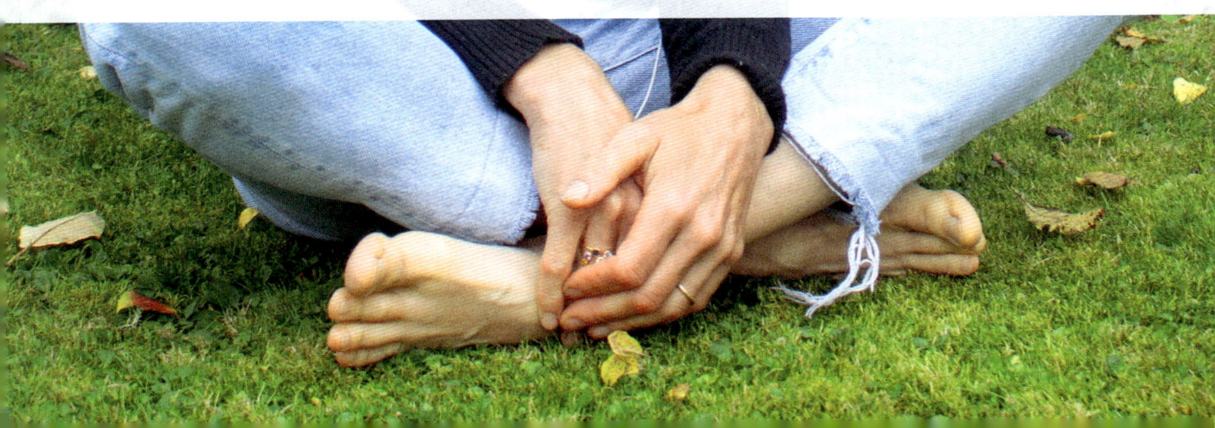

ALLGEMEINES ZUR >KRAFT DER GEDANKEN<

Im Leistungs- und Spitzensport wird es wohl kaum noch einen Sportler geben, der sich die positiven Wirkungen des Mentaltrainings nicht zunutze macht, um seine Leistung zu verbessern. Unabhängig davon, ob du dich zum ersten Mal an einem Triathlon versuchst, oder ob du ambitioniert bist, kannst du von den psychologischen Erkenntnissen profitieren und deine Leistungen durch gezieltes Mentaltraining verbessern. Da es in diesem Buch aber nicht in erster Linie um Leistung und Leistungssteigerung geht, sondern eher um Gesundheit und Life-Balance, habe ich das umfangreiche Thema „Mentaltraining" auf einige Bereiche reduziert, die sowohl für den Sport als auch für das ganz normale Alltagsleben wichtig sind; aber alles hat natürlich einen Bezug zum Sport.

SELBSTVERTRAUEN UND SELBSTBEWUSSTSEIN

Ein gutes Selbstgefühl erschafft das Vertrauen in die eigenen Fähigkeiten, und es entsteht das sichere Gefühl, der bevorstehenden Aufgabe gewachsen zu sein. Selbstbewusstsein ist nicht unbedingt vom Schicksal und deiner Biografie abhängig – du kannst selber etwas dafür tun und daran arbeiten. Das bringt dir Vorteile, die weit über den Sport hinausreichen. Damit du mit einem guten Selbstvertrauen in einen Wettkampf starten kannst, ist es ratsam, dir vorher realistische und angemessene Ziele zu setzen und dich dann auch entsprechend vorzubereiten. Unrealistisch wäre es beispielsweise für einen 65-jährigen bisher sportlich wenig aktiven Menschen, wenn er innerhalb weniger Wochen (!) an der olympischen Distanz teilnehmen wollte. Dieses Ziel zu verfolgen, hieße, das Risiko unnötiger oder gar gefährlicher Verletzungen einzugehen, und es wäre zudem ausgesprochen frustrierend.

Um dich und deine Situation realistisch einschätzen zu können, solltest du dich erst ärztlich durchchecken lassen, vor allem wenn du über 35 Jahre alt bist, eventuell Vorerkrankungen hattest oder (größeres) Übergewicht mit dir herumschleppst. Erst dann suchst du dir einen Wettkampf aus, der für dich passt.

Um am Beispiel unseres 65-Jährigen zu bleiben: Für ihn wäre in drei Monaten unter Umständen ein Schnupper-Triathlon machbar. Sobald du „deinen" Wettkampf gefunden hast, meldest du dich an. Jetzt hast du dein erstes großes Ziel vor Augen und dich auch gleich schriftlich gebunden.

Das große Ziel

Mit der Anmeldung solltest du dir überlegen, wie du dein Training in deinen Alltag integrieren kannst. Eventuell suchst du dir einen passenden Trainingsplan oder einen Trainer, der dich bei der Planung unterstützt. Dazu gehört auch, dass der Trainingsplan zu dir und deinen Lebensbedingungen und Möglichkeiten passt, wobei Partnerschaft, Familie und Arbeit auf jeden Fall mitberücksichtigt werden sollten.

Viele kleine Ziele

Plane diese Vorhaben nun realistisch in deinen Alltag ein. Hilfreich ist es, wenn du dir vorher **positive Anreize** setzt. Vielleicht hast du einen Laufpartner oder eine Gruppe, mit der du an einem festen Tag laufen kannst. Eventuell schließt du dich einer Rad- oder Triathlon-Gruppe an. Dabei ist wichtig, dass du dir „Mitstreiter" suchst, bei denen du nicht unter einen falschen Leistungsdruck gerätst, denn das gemeinsame Training sollte dir Spaß machen. Manche Trainingsgruppen haben so etwas wie einen konstanten Wettkampf-Charakter, und das kann sich negativ auf deine Motivation auswirken, denn es ist frustrierend, wenn man in einer Trainingsgruppe immer das Schlusslicht ist. Und obendrein ziehst du dir vielleicht infolge Überforderung auch noch unnötige Verletzungen zu.

Als kleines Ziel könntest du dir beispielsweise vornehmen, eine bestimmte Strecke durchzulaufen beziehungsweise sie in einer schnelleren Zeit zurückzulegen. Möglicherweise beschließt du auch, deinen Arm-

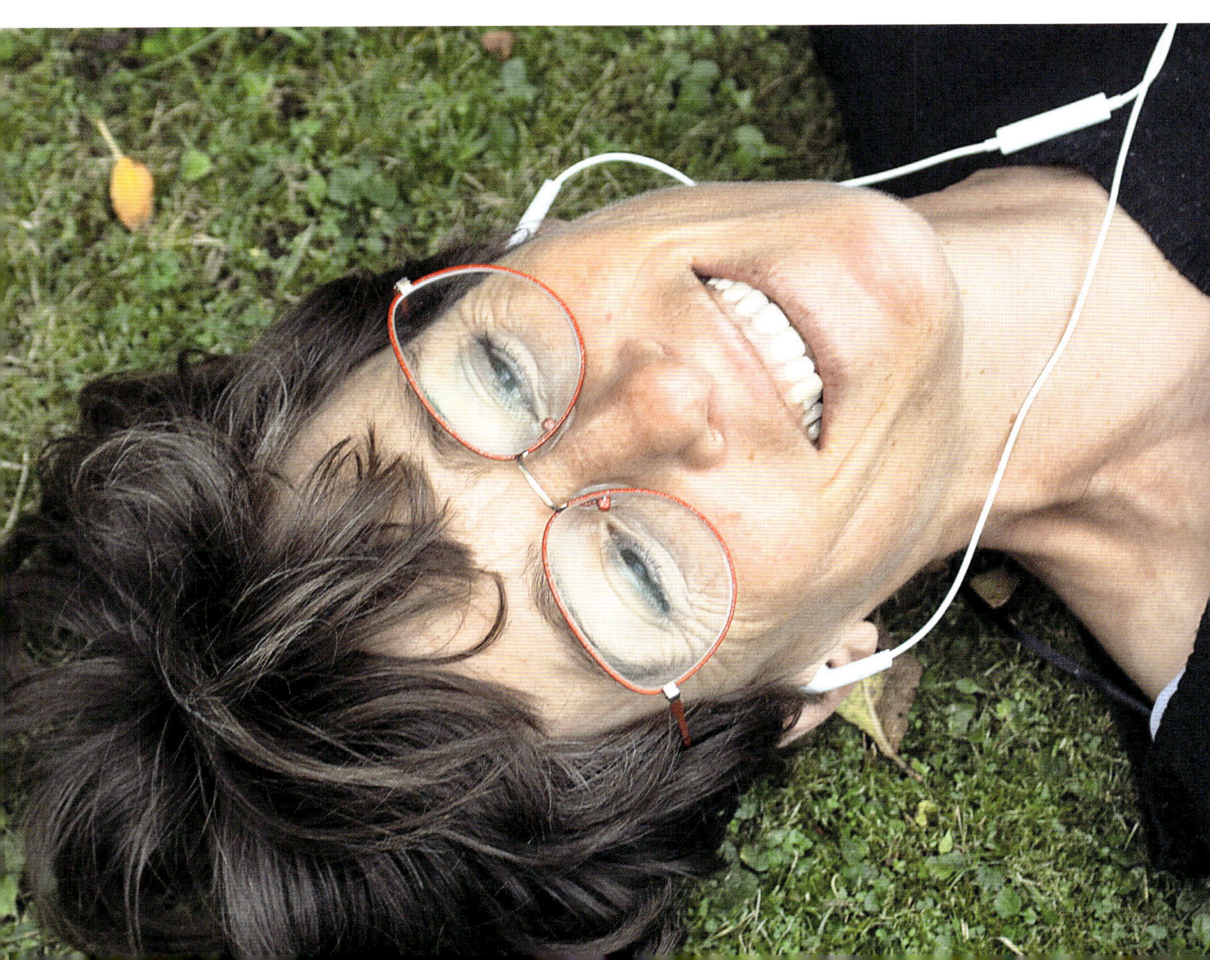

zug beim Kraulen zu verbessern oder dich beim täglichen Zähneputzen auf ein Bein zu stellen (Bein wechseln!).

Fokussierung und Konzentration

Steht dein Plan erst mal fest, heißt es nun für dich: **dranbleiben und dich voll und ganz auf dein Ziel konzentrieren**. Vielleicht hilft es dir und stärkt deine Motivation, wenn du das Wettkampfdatum auf einen Zettel schreibst und ihn an gut sichtbarer Stelle aufhängst. Manche Uhren besitzen die Funktion „Ereigniserinnerung", auch damit kann man sich positiv einstimmen. Teile deinen Freunden mit, was du vorhast, und baue das Training in deinen Terminkalender ein. Hast du erst mal angefangen, wächst deine Motivation mit dir und deinen Leistungen.

Du bist zu Recht stolz auf deine Erfolge, und das Training mit Freunden bei gutem Wetter kann dich regelrecht beflügeln. Aber es wird möglicherweise auch Tage geben, wo dir der innere Schweinehund dauernd einsagt, dass es draußen viel zu kalt und nass ist zum Trainieren oder dein Alltag mit Arbeit und Familie so nervig und anstrengend ist, dass du es verdient hast, eigentlich nur noch auf der Couch herumzuliegen. Vielleicht stellst du deine Pläne überhaupt infrage und schlägst dich mit Selbstzweifeln herum.

Es gibt viele verschiedene Möglichkeiten, um dich immer wieder neu zu motivieren. Egal, auf welcher Distanz du dich befindest oder in welcher Lebenssituation du auch gerade steckst, es ist ganz normal, dass du mal durchhängst oder schlicht und ergreifend keine Lust hast.

Motivation

Als Erstes solltest du dich fragen: „Warum mache ich Triathlon, welche Gründe und welche Motivation habe ich?" Am besten schreibst du dir die Antwort auf und hängst den Zettel irgendwohin, wo du ihn regelmäßig zu sehen bekommst, beispielsweise in der Toilette. Oder du wirst kreativ und entwirfst ein Motivationsplakat für dich, worauf du sämtliche dir bekannten Vorteile des Triathlons schriftlich oder in Form von Fotos und Zeichnungen festhältst (du kannst auch immer wieder welche ergänzen, wenn du neue entdeckst).

Positive Selbstgespräche und Glaubenssätze

Ich gehöre zu den Menschen, die gerne mit sich selbst reden. So wünsche ich mir einen guten Morgen und kann mich auch gut ermutigen. Dann spreche ich freundlich und verständnisvoll mit mir, als wäre ich mein bester Freund, oder aber ich ermahne mich, wenn mich meine eigene Trägheit einholt und lähmt.

Gerade wenn ich bei langen Rad- oder Laufeinheiten unterwegs war und bin, habe ich mithilfe dieser inneren Dialoge immer wieder Probleme lösen und manches schwierige Gespräch anschließend besser führen können. Der Start im Schwimmwettkampf ist für mich persönlich immer eine besondere Herausforderung, weil ich unter Platzangst leide. Es sind mir einfach zu viele Menschen im Wasser. Früher geriet ich dadurch in Panik und musste Brustschwimmen, wobei ich dann nicht in einen für mich passenden Rhythmus fand.

Mit der entsprechenden Strategie habe ich das mittlerweile gut in den Griff bekommen: Ich schwimme immer ganz außen und versuche, mich auf meine Technik zu konzentrieren. Mein Mantra lautet: „Lang, laang, laanger Zug". Das hilft mir, in einen langen und effizienten Zug zu kommen, was mich viel entspannter atmen lässt. Meine Aufmerksamkeit wird dadurch auf mich selbst gelenkt, sodass ich deutlich weniger unter der Platzangst leide, die mich in früheren Wettkämpfen immer wieder so sehr gehandicapt hat.

Ebenso hilfreich sind starke „Ich-Botschaften":

- **Ich habe mich super vorbereitet!**
- **Ich habe einen starken Armzug!**
- **Ich habe ein gutes Immunsystem! Schlechtes Wetter kann mir nichts anhaben!**
- **Ich habe Ausdauer und Biss, ich halte durch!**
- **Ich werde bei dem Regen jetzt gute Erfahrung sammeln, die ich im Wettkampf nutzen kann!**

Dies sind nur einige Beispiele positiver Botschaften. Du wirst für dich bestimmt noch andere Formulierungen finden. Falls sich negative und destruktive Sätze in deine Gedanken einschleichen und dort breitmachen, empfehle ich dir einen Gedankenstopp. **Das geht so**: Stell dir vor deinem geistigen Auge ein rotes Stoppschild vor. Halte dieses Bild für einige Sekunden fest und lass es dann mit den negativen Botschaften verschwinden. Auf diese Weise kannst du die Entstehung negativer Gedankenspiralen im Vorfeld verhindern.

Visualisieren, Kopfkino und Ankern

Die visuelle Vorstellungskraft ist individuell unterschiedlich ausgeprägt und lässt sich trainieren – wie alles andere auch. Vor dem Start beim Ironman auf Hawaii habe ich mit Unterstützung meines Mentaltrainers ein konkretes, lebendiges Bild meines Sieges entworfen. Ich habe mir in leuchtenden Farben und allen Einzelheiten ausgemalt, wie ich die Finish Line überquere und mit einem fetten Grinsen „meine" Siegerpose einnehme. Mit dieser Pose – mein Daumen zeigte nach oben – habe ich dieses Bild geankert. Ich kann es bis heute abrufen, und es vermittelt mir grundsätzlich ein Gefühl der Kraft und Stärke.

Alternativ kannst du auch den Wettkampf visualisieren, also dir das gesamte Geschehen bildlich vor Augen führen. Stell dir vor, wie du am Start stehst und beim Startschuss ins Wasser sprintest, wie du mit ruhigen Zügen durchs Wasser gleitest, genug Platz hast und anschließend erleichtert in die Wechselzone rennst. Dein Platz ist gut vorbereitet, und mit geübten, sicheren Griffen wechselst du aufs Rad, um anschließend den Fahrtwind zu genießen. Mit gleichmäßigen Pedaltritten überholst du andere Teilnehmer und erreichst nach einer erfolgreichen Rad-Runde die Wechselzone für das Laufen. Es ist deine Lieblingsdisziplin, und du freust dich schon auf den Einlauf, siehst die Ziellinie vor dir, deine Familie und Freunde feuern dich an. Du hast es geschafft, du lässt dich feiern und bist glücklich!

Bewegungsbilder und Hörbilder

Genauso wie ich mir den Ablauf eines Wettkampfs vor mein inneres Auge führen kann, kann ich mir auch einzelne Bewegungsmuster und Bewegungssequenzen intensiv vorstellen und sie sogar körperlich fühlen. Vor allem die Bewegungsbilder können mir helfen, meine Technik zu verbessern. Ich hole mir den Bewegungsablauf meines Armzugs vor mein inneres Auge und spüre jeder einzelnen Sequenz nach. Oder ich stelle mir vor, dass ein erfahrener Trainer meinen Arm führt, und ich spüre der Bewegung abschnittsweise nach. Manche Menschen profitieren auch sehr davon, wenn sie sich Lernvideos ansehen.

Darüber hinaus kann ich noch die auditive Kraft von Hörbildern oder auch Ohrwürmern für mich nutzen. Dabei stelle ich mir etwa vor, wie das Wasser in meinen Ohren rauscht, wie ich meinen eigenen Atem höre, wie meine Schritte rhythmisch den Takt angeben, oder ich höre das „Singen" der Laufräder. Mit alldem lässt sich meine Motivation verstärken.

Ebenso kannst du dich im Training oder auch vor dem Wettkampf mit passender Musik einstimmen. Meine Favoriten waren: *Heavy Cross* von Gossip, *Diggin' in the Dirt* von Stefanie Heinzmann und *Beggin* von Madcon. Bei strapaziösen Anstiegen lief die Musik bei mir im geistigen Hintergrund. Wenn ich beim Laufen Schmerzen hatte, schaltete ich in meinem Kopf komplett auf innere Musik um.

DER UMGANG MIT STRESS

Grundsätzlich ist es wichtig, sich im Alltag ein Gleichgewicht zwischen Be- und Entlastung zu schaffen. Dies kann individuell sehr unterschiedlich ausschauen, denn es spielen das Alter, der Fitnesszustand sowie die familiäre und die berufliche Situation eine Rolle. Übst du beispielsweise eine überwiegend sitzende Tätigkeit aus, kann ein Lauf in der Mittagspause dein Stresslevel senken. Nimmst du für den einen oder anderen Weg statt des Autos einfach mal das Fahrrad, hast du auch gleich eine Trainingseinheit absolviert.

Wenn dich deine Arbeit eher körperlich fordert, wäre es klug, dein Training dieser Anstrengung anzupassen und anstelle einer Laufeinheit vielleicht ein meditatives Training (Beschreibung folgt weiter unten) einzubauen, um dich gründlich zu erholen. Völlig unabhängig von deiner Lebenssituation solltest du unbedingt darauf achten, dass du ausreichend Schlaf bekommst. Auch die ausreichende Schlafdauer ist individuell unterschiedlich, sie kann zwischen sieben und neun Stunden variieren. Im Schlaf laufen umfassende Regenerationsprozesse ab, die für den Körper und die Psyche gleichermaßen wichtig sind.

Und last but not least solltest du dich an regelmäßige Essenszeiten halten und dich vor allem ausgewogen ernähren (Kapitel „Ernährung" ab S. 144). Es dürfte wohl kaum einen Menschen geben, der in seinem Leben nicht schon Stressphasen oder auch Zeiten extremer Anspannung durchgemacht hat. „Positiver" Stress (sogenannter Eustress) und eine gewisse Anspannung können sich in bestimmten Situationen durchaus vorteilhaft auswirken, beispielsweise wenn es gilt, unsere Leistungsbereitschaft im Wettkampf anzufachen.

Wenn wir jedoch unter Dauerstress stehen oder gar nicht mehr in der Lage sind, uns zu entspannen, macht uns das krank! Das Burn-out-Syndrom ist nur eine der zahlreichen negativen Konsequenzen für unsere Gesundheit, dazu zählen auch Bluthochdruck, Herzinfarkt, Hautprobleme, Schmerzen und eine erhöhte Infektionsgefahr.

Wenn du dich hier angesprochen fühlst, dann denk bitte einmal in Ruhe über deine aktuelle Lebenssituation nach und überleg dir, was daran zu ändern wäre, damit du dich öfter und tiefer entspannen kannst.

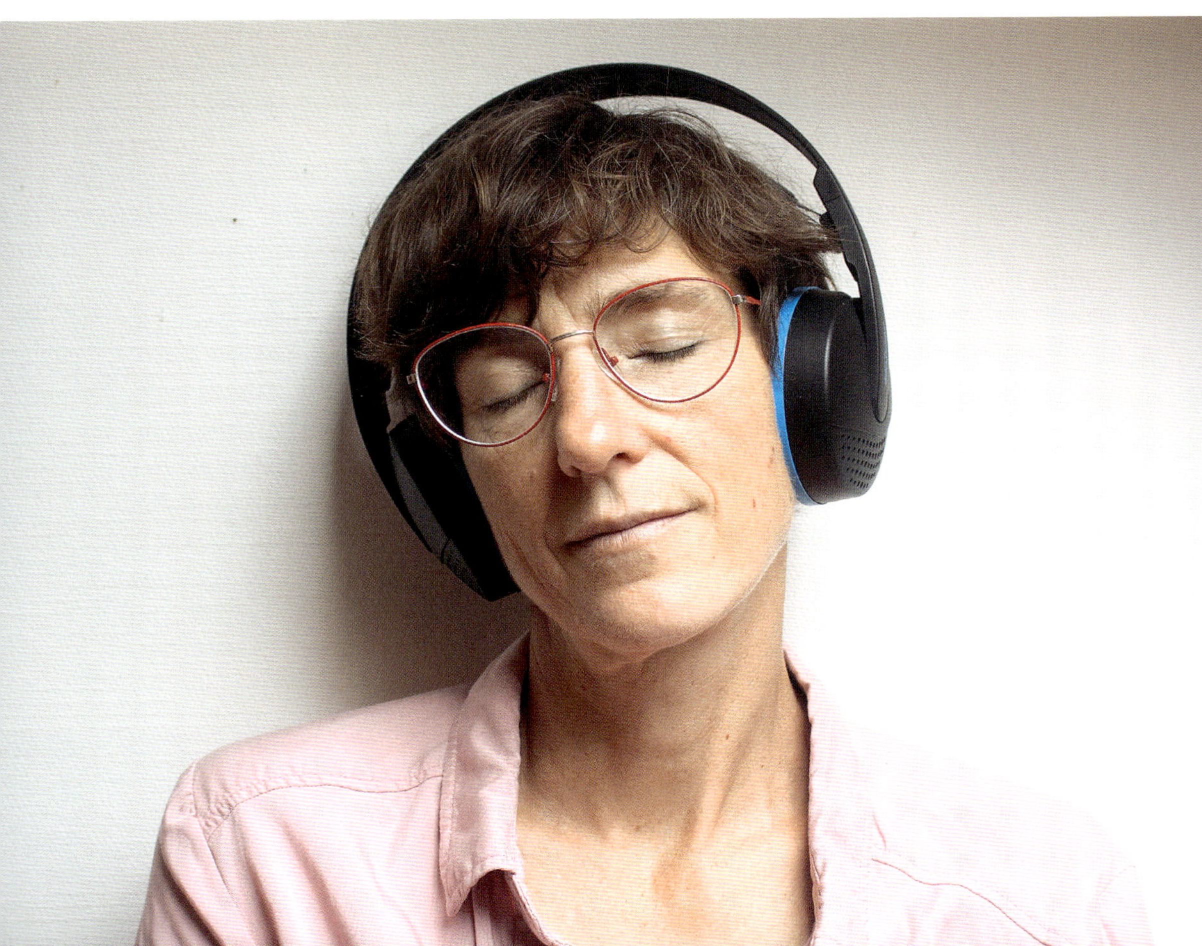

Deine Trainingspläne solltest du unbedingt deiner Gesundheitslage anpassen. Falls du feststellst, dass deine Herzfrequenz und dein Blutdruck erhöht sind, empfehle ich dir, einen Arzt aufzusuchen und deine Trainingseinheiten mit niedriger Intensität und geringem Umfang zu absolvieren. Es gibt verschiedene Entspannungstechniken, die dir helfen können, dein Stresslevel im Alltag zu senken. Für jede Form der aktiven Entspannung gilt: Du musst dir Zeit dafür nehmen!

1. PME (Progressive Muskelentspannung nach Jacobsen)
   Diese Methode bietet sich an, wenn du ein Mensch bist, der oft „unter Strom steht". Durch bewusstes Anspannen und anschließendes Entspannen deiner Muskulatur kannst du ihren Tonus herabsetzen. Dazu besorgst du dir entweder entsprechende Anleitungen aus dem Internet, wo sie reichlich vorhanden sind, oder du besuchst einfach einen Kurs.

- Autogenes Training
  Bei dieser Entspannungsmethode konzentrierst du dich auch auf deinen Körper, versuchst, deine Gliedmaßen zu spüren und dich ganz bewusst zu entspannen. Auch dafür werden Live-Kurse oder solche auf Hör-CDs angeboten, die dir helfen, einen Einstieg zu finden.

- Meditation
  Es gibt unterschiedliche Formen der Meditation. Ich habe beispielsweise eine CD mit einer geführten Meditation, bei der ich mich auf meine Atmung und meinen Körper konzentriere. Die Worte sind inzwischen so tief in mein Unterbewusstsein übergegangen, dass ich sie auch im Stillen in meinem Kopf abspielen kann. Bei Anspannung und Einschlafproblemen hilft mir das auch heute noch.

- Selbsthypnose
  Hypnose ist eine Art natürlicher Trance, die man auch als „Wachschlaf" bezeichnen könnte. Ich kann in diesem Zustand meine Aufmerksamkeitsregulation verändern, und meine Wahrnehmung kann sich anderen Kanälen öffnen. Die Selbsthypnose bietet mir die Möglichkeit, mich von meinem Bewusstsein abzuspalten, was mein Gehirn in eine „entspannte Wachheit" versetzt. Die Selbstsuggestion kann ich zur Tiefenentspannung nutzen oder auch um beispielsweise mit Schmerz besser umgehen zu lernen. Die Anwendungsgebiete für diese Technik sind vielfältig.

Allgemein gilt, dass dein Gehirn Zeit braucht, um neue „Pfade" anzulegen, bis du zu jeder Zeit auf jede einzelne deiner Entspannungstechniken zugreifen kannst.

Ich möchte dich ausdrücklich ermutigen, dir für das Mentaltraining viel Zeit zu nehmen. Es ist eine wunderbare Methode, um die Sorgen und Anspannungen des Alltags zur Ruhe zu bringen und loszulassen!

MENTALTRAINING I

WIE ICH DAZU KAM UND WELCHE ERFAHRUNGEN ICH DAMIT MACHTE

Als ich mit dem Triathlon anfing, habe ich dem Mentaltraining erst einmal keine größere Bedeutung beigemessen. Ich habe einfach wild drauflostrainiert.

Doch dann verlor ich mit den zunehmenden Erfolgen meine Lockerheit, und als ich den Startplatz für die Teilnahme am Ironman auf Hawaii in den Händen hielt, hatte ich überhaupt keine Lust mehr auf Triathlon. Auslöser waren einige Trainingsfehler sowie der wachsende Druck von innen und außen.

ICH HATTE MEINE MOTIVATION VERLOREN!

In Anbetracht meines Erfolges erschien das etwas grotesk, denn ich hatte alles erreicht, was ich erreichen wollte – und war nun keineswegs glücklich darüber.

Ich wünschte mir die Leichtigkeit und den Spaß am Sport wieder zurück, die ich über die vielen Jahre empfunden hatte, und die mir immer wieder neuen Antrieb gaben. Sieg und Erfolg standen bei mir nie an erster Stelle. Auf Empfehlung einer lieben Freundin habe ich mich dann an einen Sportcoach gewandt, ohne dass ich mir damals hätte vorstellen können, welch positiven Einfluss dieses Coaching insgesamt auf mein Leben haben könnte. Diese Entscheidung und die damit verbundenen Erfahrungen wirkten sich vielfältig auf mein Leben aus, und das Coaching war sicher einer der Grundsteine meines großen Erfolgs auf Hawaii.

Das eigentliche Ziel, wieder mit Freude und neuer Motivation ins Training und in weitere Wettkämpfe zu gehen, konnte ich mithilfe meines Mentaltrainers dann recht bald realisieren. Wir arbeiteten gemeinsam an verschiedenen Themen, eines davon war zum Beispiel die Entspannung.

Ich litt schon als Kind unter Prüfungsangst, was sich auch in meiner Sportkarriere bis ins Erwachsenenalter durchzog. So hatte ich oft schon eine Woche vor anstehenden Prüfungen mit Schlafstörungen und Durchfall zu kämpfen, völlig unabhängig von Größe und Bedeutung der Veranstaltung.

Beim Gedanken an den Ironman kam dann noch die Angst dazu, nicht über genügend Energiereserven zu verfügen, denn Schlaf ist einfach wichtig für die Erholung und die Regeneration. Das Gedankenkarussell drehte sich zunehmend schneller, und der psychische Druck stieg immer mehr an.

Anfangs nahm ich mir nur widerstrebend die Zeit für das Mentaltraining, denn ich empfand es als Zeitverschwendung, mich hinzulegen und gefühlt nichts zu tun. Doch mithilfe der verschiedenen Techniken gelang es mir immer besser, in einen Zustand innerer Ruhe zu finden und mich unabhängig vom äußeren Druck zu entspannen. Und die ersten Wettkämpfe zeigten mir schnell, dass es sich sehr wohl gelohnt hat, mir dafür Zeit zu nehmen, denn ich ging deutlich entspannter an den Start.

Von diesem Wissen und den Erfahrungen profitiere ich auch heute noch, denn ich habe gelernt, genauer auf meinen Körper zu hören. Wenn ich körperliche Beschwerden habe und beispielsweise mein Rücken zwickt, kann ich mich über die Selbsthypnose in eine Tiefenentspannung versetzen. Dieselben Techniken wende ich auch an, wenn mein Kopf nicht zur Ruhe kommen will oder die Muskulatur zu angespannt und hochtonisch ist.

Wir alle können lernen, unsere Selbstheilungskräfte zu mobilisieren und über die eigene Atmung innerlich zur Ruhe zu kommen. Allerdings ist auch das Übungssache und braucht einige Geduld! Und oft wäre ich lieber eine halbe Stunde zum Laufen gegangen, als mich hinzulegen und mir diese „Auszeit" zu nehmen.

Wie du siehst, ist das Thema Mentaltraining vielfältig, und ich gebe in diesem Buch die Dinge an dich weiter, die ich selbst sehr hilfreich und effektiv finde und die mich auch in meinem Alltag stärken. Ich möchte dir Anregungen geben, wie du mit dir in eine gute, gesunde Balance findest – in deinem Sport und im Leben.

Es ist gut, die eigenen Grenzen zu kennen, denn dann kann man sie auch ausdehnen.

Mentaltrainig kurz gefasst:

- **Definition und Visualisierung der eigenen Ziele**
- **Wie gehe ich mit Krisen (Traumen) und Verletzungen um?**
- **Selbsthypnose**
- **Tiefenentspannung**
- **Selbstmotivation und Selbstgespräche**
- **Kopfkino und innere Bilder**

Leistungssportler nutzen die Methode und Techniken des Mentaltrainings natürlich auch, um bewusst über ihre eigenen Grenzen hinauszugehen. „Gewonnen wird im Kopf", heißt es so schön.

Natürlich funktioniert das nur, wenn ich auch meinen Körper entsprechend auf die zu erbringende Leistung vorbereitet habe. Was das heißt, habe ich 2012 auf Hawaii selber erlebt.

MENTALTRAINING II

HÖHEN UND TIEFEN, MEIN PERSÖNLICHER BERICHT

Nach meinem Altersklassensieg auf Hawaii 2012, damals war ich immerhin schon 48, lebte ich einige Wochen wie im Rausch. Ich empfand Gefühle wie überströmende Dankbarkeit, aber zugleich war ich erfüllt von neuen Plänen, steckte voller Kraft und Energie. „Forever young", alles schien mir möglich …

Etwa acht Wochen nach dem Wettkampf machten sich dann bei mir unangenehm ziehende Schmerzen in der rechten Gesäßhälfte bemerkbar, die im wahrsten Sinne des Wortes immer „nerviger" wurden. Die Probleme hatte ich nur beim Gehen und Stehen, also mit aufrechtem Oberkörper. Der Gang zu meinem Orthopäden brachte leider nicht den nötigen Erfolg, die verordnete Physiotherapie und die Schmerzmittel halfen nicht.

Nach weiteren Untersuchungen ergab der Befund schließlich einen Bandscheibenvorfall und Vorwölbungen.

Es folgten weitere physiotherapeutische Behandlungen und eine medikamentöse Schmerztherapie. Mittlerweile konnte ich nicht mal mehr 50 Meter weit gehen und radelte fast nur noch. Die tägliche Hausarbeit konnte ich allenfalls noch auf „allen Vieren" erledigen, und auch beim Schwimmen hatte ich starke Beschwerden. Dieses Problem konnte ich allerdings dadurch lösen, dass ich zwei Badeanzüge übereinander trug und mir unter den zweiten ein aufblasbares Nackenhörnchen geschoben habe.

In einer Art von Galgenhumor witzelte ich mit meinen Töchtern, dass ich wahrscheinlich die erste Frau sein würde, die mit einem Rollator einen Marathon liefe, aber eigentlich war mir eher zum Heulen als zum Lachen zumute. Nicht gehen zu können, heißt auch, nicht mehr wirklich am öffentlichen Leben teilnehmen zu können.

Die sportlichen Erfolge waren mir völlig unwichtig geworden! Ich erinnere mich noch, wie ich mich im März in einem Trainingslager auf Mallorca mühsam über das Flughafengelände zum Hotel schleppte, mich unterwegs immer wieder hinhocken musste und später vom Balkon aus die vorbeispazierenden Rentner beneidete.

Das Radfahren war weiterhin kein Problem, sodass ich wenigstens an den Ausfahrten teilnehmen konnte.

Aber es war sehr frustrierend: Monat für Monat verging, und es wurde eher schlechter als besser. Langsam schwanden meine optimistische Einstellung und meine Lebensfreude! Zum Glück empfahl mir dann jemand einen Augsburger Professor, der sich mit Rückenproblemen sehr gut auskannte und auch selber Triathlet war. Doch auch er tappte zwei Monate im Dunkeln, bis er sich entschloss, mich in ein ganz neues MRT-Gerät zu schicken.

Die Aufnahmen zeigten mehrere Stenosen, von denen eine maßgeblich für meine Schmerzen verantwortlich war. Ich wurde eine Woche später operiert, dabei wurde der Nerv entlastet, und ich war schmerzfrei.

Es folgte ein Aufenthalt in der Rehaklinik, und nach acht Wochen durfte ich das erste Mal wieder – wenigstens für ein paar Minuten – aufs Laufband. Durch meinen Sieg auf Hawaii war ich für 2013 qualifiziert, und nun stellte sich mir die Frage, ob ein Start im Oktober medizinisch vertretbar war. „Go for Gold", lautete die Antwort meines Professors.

Hawaii 2013 wurde dann sicher zu meiner größten mentalen Herausforderung! Ich war die Favoritin, und obwohl ich wusste, dass ich nur mäßig vorbereitet war, wollte ich natürlich mein Bestes geben. Wollte es unter die ersten Zehn schaffen.

Beim Schwimmen wie auch beim Radfahren lief es ganz ordentlich, sodass ich als 23. aus dem Wasser kam und schließlich sogar als Erste auf die Laufstrecke ging, doch schon die ersten Laufkilometer fühlten sich grauenhaft an, und meine inneren Stimmen diskutierten, wie ich die restlichen 42 Kilometer bewältigen sollte.

Die negative Gedankenspirale drehte sich nach unten, und mich überkamen große Zweifel am Sinn dieser Unternehmung. Meine Beine wurden leider nicht leichter, und so holten mich die hinteren Läufer allmählich ein. Das war eine eher neue Erfahrung, und ich dachte schon ans Aufgeben.

Dann erlaubte ich mir an jeder Station, ein paar Meter zu gehen, um in Ruhe zu trinken und mich abzukühlen. Ich setzte mir kleinere Etappenziele, und so legte ich langsam einen Kilometer nach dem anderen zurück.

Die Selbstgespräche wurden freundlicher, und ich dachte an meine Kinder zu Hause. Nein, Aufgeben war jetzt keine Option mehr … Finishen war mein Ziel!

Als ich dann tatsächlich als zehnte Frau die Finish Line überquerte, war ich überaus stolz und dankbar. Nicht meine Beine, sondern mein Kopf hatte mir dies ermöglicht!

INNERE BILDER

Neurobiologisch funktioniert unser Gehirn über das Speichern innerer Bilder. Unsere sämtlichen Sinneseindrücke und Erfahrungen – sogar schon aus der Zeit vor der Geburt – werden als Bilder hinterlegt. Folglich besitzen wir eine „Datenbank" mit visuellen, aber auch akustischen, auditiven und taktilen Bilder. Das heißt, wir sehen, hören, riechen, schmecken und fühlen unsere Umwelt und Erfahrungen und speichern alle Bilder in Kombination mit unseren Empfindungen, ohne das unbedingt zu realisieren.

So existieren regelrechte „Autobahnen" in unserem Gehirn, Pfade, in denen verschiedene Erfahrungs- und auch Bewegungsmuster abgespeichert sind. Was bedeutet, dass viele Handlungen automatisiert werden und Neues mit Altem abgeglichen wird. Diese Fähigkeiten unseres Gehirns können einem natürlich auch im Weg sein, beispielsweise wenn man sich einen unökonomischen Schwimmstil angewöhnt und ihn verinnerlicht hat.

Um solche eingeschliffenen Fehler zu korrigieren, müssen die abgespeicherten Wahrnehmungsmuster, die unser Gehirn als „richtig" eingeordnet hat, aufgebrochen werden. Nun ist es Sache des Trainers, herauszufinden, wie du dich am besten selber spürst, welcher Sinneskanal bei dir am stärksten ausgeprägt ist. Wenn du ein visueller Typ bist, also gut über das Sehen lernst, sind Lernvideos oder auch die Beobachtung guter Schwimmer sehr nützlich. Wenn du ein taktiler Typ bist, also besser durch Berührungen lernst, dann bitte deinen Trainer, deinen Arm trocken zu führen. Neue Bewegungsmuster erlernst du am einfachsten, indem du bestimmte einzelne Sequenzen übst, beispielsweise die des Armzugs beim Kraulen. Mir persönlich hilft es auch, wenn ich mir Videoaufnahmen vom Schwimmen oder Laufen in Zeitlupe anschaue. Dann kann ich die einzelnen Phasen genau betrachten und Ungleichheiten bei den Bewegungen von rechts und links exakt analysieren und entsprechend angleichen oder verändern.

In der ersten Disziplin der Wettkampfsituation lasse ich ein akustisches Mantra in meinem inneren Ohr ablaufen. Ich höre mich selber sagen: „Laaang, laaang, laaang". Dadurch komme ich zu einem langen ruhigen Zug, aber noch zu viel mehr:

> Ich bin ganz bei mir im Innen
> und lasse mich nicht vom
> Außen ablenken, was mich
> sonst leicht verunsichert.

Ein anderes Konzept besteht darin, die eigene Vorstellungskraft bewusst einzusetzen. So habe ich mir bildlich ausgemalt, wie ich in meiner Lieblingspose (beide Daumen hoch), voller Erleichterung und Freude durchs Ziel laufe. Ich habe mich in meiner Wettkampfkleidung gesehen und mich in genau diesen Zustand hineingespürt. Ich konnte die Stimme des Wettkampfsprechers hören, als er meinen Namen aussprach: „Gabriela Harnischfeger, you are an Ironman!" Anschließend habe ich diese Szene in ein nahes Waldstück verlegt, das zu meiner gewohnten Laufstrecke gehört. Das hat mir vor allem bei schwierigen Situationen im Training geholfen, wenn mir die Motivation fehlte, beispielsweise bei sehr langen Läufen. Ich habe also die Szene visualisiert – und musste unwillkürlich grinsen. So erlangte ich eine gewisse Unbeschwertheit.

Noch heute fange ich an zu lachen, wenn ich an dieser Stelle im heimischen Wald vorbeilaufe.

Die Technik, das Bild meines Siegeslaufs mit dem gleichzeitigen Anheben meiner Daumen zu verknüpfen, bezeichnet man auch als „Ankern". Damit kannst du verschiedene Ressourcen bewusst abrufen. Du kannst sie vielfältig nutzen: um dich zu motivieren, dich zu beruhigen oder um deine Kräfte zu mobilisieren.

Unsere Spiegelneuronen (*Simulationsneuronen*), Nervenzellen in unserem Gehirn, bilden eine Art Resonanzsystem, das bei der (passiven) Betrachtung einer Handlung im Zuschauer dieselben Zellen, dieselben Gehirnareale aktiviert, wie es der Fall wäre, wenn er diese Handlung eigenhändig/selbst ausführte. Das Geschehen wird quasi in den Zuschauer „hineingespiegelt". (Indem sie Gefühle und Stimmungen anderer Menschen in uns nachbilden, ermöglichen die Spiegelneuronen uns die emotionale Empathie.) Übrigens: Rund ein Viertel unseres körperlichen Potenzials steht im Zusammenhang mit unserer Psyche.

Sprüche wie: „Gewonnen wird im Kopf" oder „Der Glaube kann Berge versetzen" verdeutlichen, wie stark unsere mentalen Fähigkeiten unsere körperlichen Möglichkeiten erweitern.

UMGANG MIT VERLETZUNGEN

Sowohl Verletzungen als auch Krankheiten können dich immer aus der Bahn werfen:

Du bist super motiviert und hast dich gut vorbereitet, und kurz vor dem sportlichen Ereignis fühlst du dich plötzlich krank.

Vielleicht läuft deine Nase oder der Hals schmerzt. Was kannst du tun? Jetzt geht es darum, dass du achtsam mit deinem Körper umgehst. Miss erst mal deinen morgendlichen Ruhepuls, und falls du feststellst, dass deine Herzfrequenz zehn Schläge über deinem normalen Wert liegt, dann sag erst mal jedes weitere Training oder auch einen Wettkampf ab, denn dein Körper hat mit einer Infektion zu kämpfen und braucht Zeit, um mit der Belastung fertigzuwerden. Ich rate dir dringend, die Signale deines Körpers nicht zu ignorieren, denn sonst kannst du dir selbst ernsthaften Schaden zufügen.

Nicht jedes Unwohlsein ist gleich eine aufkeimende Erkrankung, aber du solltest ein sicheres Empfinden dafür entwickeln, wann dein Körper Schonung braucht.

In meiner Sportlaufbahn habe ich wahrscheinlich hunderttausend Kilometer auf dem Rad zurückgelegt und hatte in dieser Zeit nur zwei größere Unfälle. Der erste ereignete sich 2010 und wurde von einem anderen Sportler verursacht, der zu dicht auf mich auffuhr, mich dabei seitlich touchierte und dadurch zu Fall brachte. Ich stürzte ziemlich unglücklich, und die Folgen waren ein zertrümmertes Schlüsselbein, eine Bandruptur am Daumen, eine Platzwunde und eine Gehirnerschütterung. Der Helm hatte zum Glück Schlimmeres verhindert, mein Fahrrad war allerdings ein Totalschaden. Ich hatte noch Glück im Unglück, dass der Unfall am Ende der Saison passierte. So konnte ich mich gut regenerieren, hatte allerdings im darauffolgenden Frühjahr im Trainingslager Angst, in der Gruppe zu fahren. Sie verging dann aber schnell, nachdem ich mich bewusst und gezielt dafür entschieden hatte, neben einem langjährigen, sehr erfahrenen Radpartner zu trainieren. Im selben Jahr gewann ich die AK in der Worldchampionship der Longdistance in Henderson und wurde Gesamtdritte bei der deutschen Meisterschaft der Langdistanz in Köln. Diesen Unfall hatte ich also gut „wegstecken" können.

Ganz anders hingegen erging es mir im Winter 2016: Die Schnellschlussschraube an meinem Mountainbike hatte sich gelöst, und auf einer steilen Abfahrt, kurz vor meinem Haus, rutschte das Vorderrad dann noch auf einer vereisten Stelle weg. Ich verlor komplett die Kontrolle über das Rad und hatte auf dem kurvenreichen Radweg keine Chance. Ich erinnere mich noch, wie ich den Aufprall vor meinem inneren Auge kommen sah. Der Sturz war unausweichlich. Wie in Zeitlupe flog ich durch die Luft und landete mit meinem Gesicht im Schotter. Nach dem Aufschlag war ich erst erleichtert, da ich dachte, es sei nicht viel passiert – bis meine Zunge die Zahnlücken ertastete. Ein Kieferbruch mit drei betroffenen Frontzähnen und einer Platzwunde ließ mich denkbar schlecht aussehen. Meine Behandlung nach diesem schweren Sturz zog sich langfristig hin, und es war eine absolut traumatische Erfahrung, die mich über viele Monate nicht losließ. So versteifte ich mich panisch bei den ersten Abfahrten auf meinem Zeitfahrrad und hielt krampfhaft den Lenker fest, wenn auch nur ein Hauch von Luft in die Speichen kam. Meine Lieblingsdisziplin war für mich zum Albtraum geworden, und vor jeder Ausfahrt überlegte ich genau, welche Strecke ich mir, je nach Windverhältnissen, zutrauen konnte.

Ich fragte mich ernsthaft, ob ich überhaupt noch Wettkämpfe würde machen können und auch Lust dazu hätte.

Andererseits wollte ich mich selbst und meine Leidenschaft aber auch nicht einfach aufgeben, und so meldete ich mich kurzerhand zu den Europameisterschaften der olympischen Disziplin in Lissabon an. Die Wettkampfstrecken waren für mich neu, und als dann bei der Wettkampfbesprechung auf die Notwendigkeit des vorsichtigen Fahrens bei einer steilen Abfahrt hingewiesen wurde, bereitete mir das schon vorher schlaflose Nächte. Im Wettkampf verlor ich dann nach der zweiten Runde meine Panik. Das half mir auch in den darauffolgenden Wettkämpfen, sodass ich etwas zuversichtlicher wurde.

Der größten Herausforderung dieses Jahres stellte ich mich dann gegen Ende der Saison. Ich hatte mich zu den deutschen Meisterschaften in Immenstadt im Allgäu angemeldet. Die rund 45 Kilometer lange Radstrecke mit 600 Höhenmetern gehört zu den anspruchsvollsten und schönsten Strecken in dieser Disziplin.

Der Wettkampftag begann kalt und regnerisch mit böigem Wind. Völlig gestresst kam ich dann wegen eines Missverständnisses auch noch fast zu spät. Das waren keine guten Voraussetzungen für einen erfolgreichen Tag. Nachdem ich in der Wechselzone hektisch alles hergerichtet hatte, eilte ich zitternd an den Start, und dann lief alles – trotz der erschwerten Umstände – viel besser und leichter, als ich es je erwartet hätte. Das Beste jedoch war, dass ich meine Ängste beim Radfahren, vor allem bei den Abfahrten, komplett ablegen konnte. Zu meiner großen Freude wurde ich am Ende des Tages auch noch Deutsche Meisterin in meiner Altersklasse!

KRANKHEITEN UND VERLETZUNGEN

Unser Körper verfügt über ein hervorragendes Abwehrsystem, und wir sind mit einem gut funktionierenden Unterbewusstsein ausgestattet, das uns häufig frühzeitig vor Gefahren warnt, wenn wir uns darauf sensibilisieren. Dennoch gehören Krankheiten und Verletzungen leider immer wieder zum Alltag, und wir können es nicht immer verhindern, dass unser Körper uns ausbremst. Aus eigener Erfahrung weiß ich, wie frustrierend es sein kann, wenn eine Verletzung einem die Pläne durchkreuzt.

Ich werde ein paar Dinge wiederholen, die wichtig sind, um Krankheiten zu vermeiden, und dir dabei helfen, wieder schneller auf die Beine zu kommen. Wenn du dich müde und erschöpft fühlst und deine Beine schwer sind, braucht dein Körper möglicherweise einfach eine Pause.

- **Nimm hochwertige Nahrung zu dir! (Mehr dazu im Kapitel „Ernährung“ auf S. 144.)**
- **Sorge für genügend Schlaf – möglichst nicht weniger als acht Stunden, schieb nötigenfalls einen Mittagsschlaf ein!**
- **Im Falle eines Infekts: Pausieren!**
- **Nie mit Fieber trainieren!**
- **Auf ausreichend Sonnenschutz achten!**
- **Einnahme von Medikamenten mit dem Arzt besprechen!**
- **Schmerzen nicht ignorieren!**

GESUNDHEITSCHECK

Die Empfehlung der Ärzte lautet, dass du dich unabhängig vom Alter einmal im Jahr untersuchen lassen solltest; spätestens ab dem Alter von 35 Jahren gehört ein Gesundheitscheck zur jährlichen Routinekontrolle. Am besten gehst du gleich zu einem Sportmediziner, wo außer der Blutuntersuchung sowohl ein Ruhe- als auch ein Belastungs-EKG von dir gemacht wird. Falls du in irgendeiner Hinsicht genetisch vorbelastet bist, solltest du dies auch gleich mit ihm abklären. Zu den genetischen Prädispositionen gehören unter anderem Diabetes Typ 1, Fettstoffwechselstörungen und orthopädische Fehlstellungen.

Wichtige Blutwerte:
Blutzucker (nüchtern), Homocystein (ein indirekter Check der Versorgung mit Vitamin B_6, B_{12} und Folsäure), TSH (Schilddrüse, vor allem bei Übergewicht), Gesamteiweiß, Leber- und Nierenwerte, Cholesterin (HDL, „gutes“, und LDL, „schlechtes“), Triglyceride (Blutfette), Harnsäure, Ferritin, Magnesium, Vitamin D sowie die roten und weißen Blutkörperchen.

Krämpfe

Muskelkrämpfe können sehr schmerzhaft sein. Mit zunehmendem Alter treten sie häufiger auf, wobei Frauen davon stärker betroffen sind als Männer. Wer sehr oft unter Krämpfen leidet, kann durch eine ärztliche Untersuchung abklären lassen, ob eine ernsthafte Krankheit dahintersteckt. Manchmal handelt es sich auch um die Nebenwirkungen von Medikamenten (etwa Arzneimittel gegen erhöhte Blutfette, Bluthochdruck oder Asthma).

Als mögliche Ursachen von Krämpfen kommen Störungen des Hormonhaushalts (Schilddrüse), Darmerkrankungen, Diabetes und anderes infrage. Als eine Folge dieser Erkrankungen wird die Mineralstoffbalance beeinträchtigt. Insbesondere Raucher (auch ehemalige) laufen Gefahr, Durchblutungsstörungen in den Beinen zu entwickeln, die das Risiko einer gefährlichen Thrombose in sich tragen. Falls du zu dieser Risikogruppe gehörst, konsultierst du am besten einen Venenfachmann (Phlebologe) und lässt dich daraufhin untersuchen, er wird dann (hoffentlich!) Entwarnung geben können.

Meistens stecken aber weniger schwerwiegende Ursachen hinter den lästigen Beschwerden. In vielen Fällen handelt es sich auch keineswegs um einen Magnesiummangel, obwohl das immer wieder gerne behauptet wird. Die häufigsten Auslöser von Krämpfen sind Unterversorgungen mit Flüssigkeit oder auch mit Elektrolyten.

Falls du bisher wenig Sport getrieben hast, reagiert deine Muskulatur auf die Überlastung, was sich auch in Form von Krämpfen äußern kann. So bekommen beispielsweise die meisten Schwimmer beim Erlernen der Kraultechnik anfangs häufig Krämpfe. Kalte Wassertemperaturen und die ungewohnten Bewegungen verursachen immer wieder Verkrampfungen der Fuß- und Wadenmuskulatur.

Natürlich spielt auch die Ernährung eine wesentliche Rolle, und damit verbunden ein ausgeglichener Mikronährstoff-Haushalt, wichtig sind vor allem Magnesium, Natrium, Kalium und Calcium. Wer unter nächtlichen Wadenkrämpfen leidet, kann hier möglicherweise durch die Einnahme von Magnesiumpräparaten Abhilfe schaffen (siehe dazu im Kapitel „Ernährung" S. 151). Treten bei dir im Zusammenhang mit Belastungen oder Wettkämpfen Krämpfe auf, solltest du vor allem die Zufuhr von genügend Flüssigkeit und der entsprechenden Mineralstoffe sicherstellen. Bekommst du dagegen beim Radfahren Krämpfe, macht es Sinn, deine Sitzposition und/oder die Rahmengröße deines Fahrrads zu überprüfen (siehe im Kapitel „Radfahren" auf S. 70).

Allgemeine Tipps zur Vorbeugung von Krämpfen:

- **Regelmäßig dehnen!**
- **Bei kühlen Temperaturen warm anziehen!**
- **Eventuell orthopädisch abklären, ob Beinlängendifferenzen oder Fehlstellungen vorliegen!**
- **Ausgewogen ernähren und ausreichend trinken!**
- **Alkohol und andere Genussgifte meiden!**
- **Stress meiden und genügend schlafen!**

Atemwegserkrankungen und Infekte der Atemwege

Wer kennt es nicht, das plötzliche Kratzen im Hals, die belegte Stimme und die lästige laufende Nase ... Dein Wettkampf rückt näher, und gemäß deinem Trainingsplan solltest du heute einen anstrengenden Intervall-Lauf absolvieren. Geht schon, denkst du dir, und am nächsten Tag hat dich die Erkältung voll erwischt. Nicht hinter jedem Schnupfen oder jedem Kratzen im Hals muss sich gleich ein grippaler Infekt verbergen, denn durch regelmäßigen Sport und eine ausgewogene Ernährung stärkst du dein Immunsystem. Aber du solltest deinen Körper nicht überstrapazieren! Ein harter Lauf stresst deine körpereigenen Abwehrkräfte, und in der Folge kann das System den Erregern nicht mehr standhalten. Ein an sich banaler Virusinfekt kann sich dann zu einer ausgewachsenen bakteriellen Erkrankung entwickeln, mit der nicht zu spaßen ist. Selbst bei einem leichten Infekt ohne Fieber und ohne ausgeprägtes Krankheitsgefühl können auch lockere Trainingseinheiten bereits Schaden anrichten, da immer die Gefahr einer Herzmuskelentzündung besteht.

Wann du definitiv auf Sport verzichten solltest:

- **Bei Fieber**
- **Während der Einnahme von Antibiotika**
- **Bei deutlichem Krankheitsgefühl, Abgeschlagenheit und Müdigkeit**
- **Bei Husten und Schwierigkeiten mit der Atmung**
- **Bei einer Erhöhung der Ruheherzfrequenz deutlich über zehn Schläge**

Nach einem überstandenen Infekt solltest du erst langsam wieder mit dem Training beginnen, auch in Abhängigkeit von der Schwere der Erkrankung. Insbesondere wenn deine Belastungsherzfrequenz noch deutlich höher ist als gewohnt, darfst du nur im Grundlagenausdauerbereich trainieren und musst dich an deinem Körpergefühl orientieren. Eventuell kannst du dem Muskelverlust mit moderatem Krafttraining entgegenwirken, das du in ganz kleinen Einheiten in deinen Alltag einbaust, damit auch dein Herz-Kreislauf-System nicht so stark in Anspruch genommen wird.

Wenn du alle Zweifel ausräumen möchtest, lässt du dich am besten noch mal von deinem Arzt untersuchen und beraten.

Wer mit einem ernsthaften fiebrigen Infekt weitertrainiert, geht das Risiko ein, an einer Herzmuskelentzündung zu erkranken, die leider tödlich ausgehen kann!

Asthma

Leidest du unter allergischem Asthma oder Belastungsasthma, solltest du spezielle Lungenfunktionstests von einem Facharzt durchführen und dich auf die entsprechenden Medikamente einstellen lassen.

Zähne

Eine regelmäßige Kontrolle deiner Zähne und des Zahnfleischs (ein bis zwei Mal im Jahr), sollte für dich selbstverständlich sein, inklusive einer Prophylaxe. Entzündungen in der Mundhöhle oder schlecht behandelte Zähne können sich sehr negativ auf unsere Gesundheit und die Leistungsfähigkeit unserer Organe auswirken. Mittlerweile weiß man, dass Paradontitis in engem Zusammenhang mit Herzerkrankungen steht und unbedingt behandelt werden sollte.

Aus eigener Erfahrung weiß ich leider auch, dass Zahnwurzelerkrankungen nicht zwingend mit großen Schmerzen einhergehen müssen. So wurde auf einem Panorama-Röntgenbild meiner Kieferhöhle zufällig eine Entzündung an einer Zahnwurzel im Oberkiefer festgestellt. Der Arzt riet zur Entfernung des Zahns. Da ich das nicht glauben mochte, holte ich mir eine zweite Meinung ein. Ich konnte mich dann auch daran erinnern, dass mir Monate zuvor eine dünne grüngelbe Flüssigkeit aus der Nase gelaufen war, die ich ignoriert hatte. Der Zahn war tatsächlich nicht mehr zu retten.

Nicht nur die Zähne, sondern auch der Biss haben Einfluss auf den Rest unseres Körpers. Wer zum Beispiel nachts die Zähne aufeinanderpresst oder damit knirscht, kann tagsüber unter Kopfschmerzen oder Nacken- und Rückenschmerzen leiden, ohne die eigentliche Ursache zu kennen. Eine Knirscherschiene (JIG-Schiene) sorgt möglicherweise für Erleichterung. Wer seinen Stress nachts verarbeitet, sollte sich vielleicht zusätzlich noch für eine Entspannungstechnik entscheiden.

Fehlsichtigkeit

Bei allen drei Sportarten ist einwandfreies Sehen absolut wesentlich, da wir es zum Schutz vor Verletzungen und für die notwendige Orientierung brauchen. Eine verminderte Sehfähigkeit beeinflusst auch unser Gleichgewichtsorgan, was zu verlangsamten und unsicheren Reaktionen auf dem Rad führen kann.

BRILLE ODER KONTAKTLINSEN?

Grundsätzlich ist es wichtig, die Augen von Zeit zu Zeit durchchecken zu lassen, da sie nicht nur für das scharfe Sehen, sondern auch für die Orientierung und den Gleichgewichtssinn mitverantwortlich sind. Ich erlebe immer wieder, dass auch Sportler allzu leichtfertig auf eine entsprechende vom Arzt oder Optiker angepasste Sehhilfe verzichten, weil sie zum Beispiel beim Radfahren lieber die schicke Sportbrille tragen.

Wie gefährlich das sein kann, ist mir selbst deutlich bewusst geworden, als ich nach einer Lidrand-OP unbedacht glaubte, mit dem Fahrrad heimfahren zu können. Mein linkes Auge war abgeklebt, und ich realisierte, dass mein Gesichtsfeld extrem eingeschränkt und auch mein Gleichgewichtssinn deutlich gestört war. Ich habe damals grob fahrlässig gehandelt und sowohl mein Leben als auch das anderer leichtfertig in Gefahr gebracht. Ich kann von Glück sagen, dass niemandem etwas passiert ist!

Ich selber trage im Alltag immer eine Brille, je nach Sonneneinstrahlung mit entsprechendem UV-Schutz. Falls du zu unterschiedlichen Tageszeiten unterwegs bist, solltest du unbedingt entsprechende deinen Augen individuell angepasste Brillen (!) dabeihaben. Denn es ist ziemlich blöd für dich, wenn du bei Dunkelheit immer noch auf deine Sonnenbrille angewiesen bist.

Im Wettkampf trage ich dann Tages- oder Monats-Kontaktlinsen, die ich mit entsprechenden Brillen kombiniere. Wer mit Kontaktlinsen Schwierigkeiten hat, kann auch auf Schwimmbrillen mit entsprechender Stärke zurückgreifen.

Falls du dich für das Tragen von Kontaktlinsen im Wettkampf entscheidest, solltest du sie unbedingt vorher im Training ausprobieren.

Probleme mit dem Bewegungsapparat

Die wohl häufigsten Beschwerden bei Triathleten sind solche des Bewegungsapparats. Zu schnelle Leistungssteigerungen oder auch orthopädische Einschränkungen können Überlastungsreaktionen hervorrufen, die möglichst frühzeitig erkannt und rasch behoben werden sollten, damit kein dauerhafter Schaden entsteht. Um dem vorzubeugen, rate ich dir, bei schon bekannten Schwierigkeiten (z. B. einer Beinlängendifferenz) frühzeitig am besten einen sporterfahrenen Orthopäden aufzusuchen. Dir und deinen Füßen angepasste Sporteinlagen und entsprechendes Schuhwerk (Rad- und Laufschuhe) können dich vor Verletzungen schützen, wenn du zusätzlich noch deine Muskulatur aufbaust und deinen Defiziten gezielt entgegenwirkst (siehe auch im Kapitel „Rumpfstabilisation" auf S. 99).

Wenn Verletzungen oder Schmerzen auftreten, ist es ratsam, einen Arzt zu konsultieren, der dann hoffentlich gleich als Erstes die richtige Diagnose stellt. Anschließend können akute Verletzungen oder Entzündungen sinnvoll behandelt werden – mit Medikamenten, die den Heilungsprozess fördern. Dann allerdings ist es wichtig, dass du dir Aufschluss über die Ursachen verschaffst und darauf abgestimmt an der Kraft und der Beweglichkeit deiner Extremitäten arbeitest, um langfristig gesund zu bleiben.

Der Rücken

Rückenschmerzen zählen zu den häufigen, oftmals eher harmlosen Beschwerden und verschwinden, wenn du (d)eine Balance zwischen Bewegung und Entspannung gefunden hast. Nackenverspannungen wie auch Schmerzen im unteren Rücken können die Lebensfreude stark einschränken. Die drei Sportarten solltest du immer in der Kombination mit der Rumpfstabilität trainieren, sodass die Rumpfmuskulatur schützend und stützend wirkt. Solltest du dennoch Beschwerden haben, rate ich dir, eine Laufanalyse machen zu lassen und auch die Einstellungen deines Rads zu überprüfen. Plötzlich auftretende starke Schmerzen, die eventuell mit einem Kribbeln oder Taubheitsgefühlen in den Extremitäten einhergehen, musst du sehr ernst nehmen und unverzüglich einen Facharzt aufsuchen, denn es könnte ein **Bandscheibenvorfal**l sein.

Diagnose und Therapie:

Zur Abklärung, ob es sich tatsächlich um einen Bandscheibenvorfall handelt, musst du unbedingt einen guten Orthopäden mit Erfahrung und den entsprechenden Diagnosemöglichkeiten aufsuchen. Das bildgebende Diagnoseverfahren der MRT (MagnetResonanzTomografie) wird deutlich zeigen, ob und wenn ja wo und wie stark und in welcher Form die Bandscheibe herausgetreten ist. Entsprechend dem Beschwerdebild entscheidet der Arzt darüber, ob eine OP notwendig ist, um bleibende Schäden zu verhindern, oder ob ambulante Maßnahmen ausreichen, um den Körper bei seiner Selbstheilung zu unterstützen. Nur wenige Vorfälle müssen wirklich operiert werden! Unabhängig davon, ob du eine OP brauchst oder nicht, solltest du dir allerdings bewusst machen, dass du dich besser um dich und deinen Körper kümmern musst.

Als weitere Ursache für Beschwerden im Bereich des unteren Rückens kommt eine **Blockade im Iliosakralgelenk** infrage, die plötzlich auftreten oder sich allmählich „einschleichen" kann und sich teilweise ähnlich anfühlt und auswirkt wie ein Bandscheibenvorfall. In der Regel geht das mit Beinlängendifferenzen einher. Ein erfahrener Physiotherapeut kann die Blockaden manuell lösen und wird dich auf weitere muskuläre Dysbalancen hin untersuchen und dir dann helfen, mit verschiedenen stabilisierenden Übungen in ein muskuläres Gleichgewicht zu kommen.

Diagnose und Therapie:
Am besten gehst du erst einmal zum Facharzt, er wird gegebenenfalls eine ernste Erkrankung (z. B. Morbus Bechterew) ausschließen und dich dann zu einem Sportphysiotherapeuten überweisen, der dich entsprechend behandelt. So wird er dich beim Aufbau deiner Hüft- und Rumpfmuskulatur unterstützen und eventuell auch mit einer Laufbandanalyse an deinem Laufstil arbeiten.

In diesem Zusammenhang solltest du abklären, ob deine Laufschuhe die richtigen für dich sind, und ob du vielleicht Einlagen benötigst. Falls sich herausstellt, dass du Probleme mit der Stabilität der Beinachsen hast, können speziell darauf zugeschnittene Übungen deinen Bewegungsablauf verbessern.

Auch das sog. **Piriformis-Syndrom** ruft Beschwerden und Schmerzen durch den Ischiasnerv hervor. Hierbei handelt es sich um eine Verspannung des birnenförmigen Piriformis-Muskels, der über den Ischiasnerv verläuft und normalerweise weich und elastisch ist. Wenn er sich allerdings verdickt und verhärtet, drückt er direkt auf den Ischiasnerv und reizt ihn, die Folgen können Nervenschmerzen und ein Kribbeln und Taubheitsgefühl in den Füßen und Beinen sein.

Diagnose und Therapie:
In einem solchen Fall sollte der Sportmediziner zunächst einmal ernstere Erkrankungen ausschließen. Dann kann dein Physiotherapeut die Verspannungen durch manuelle Therapie lösen. In diesem Fall helfen auch die Blackroll, Übungen mit Bällen und entsprechende Dehn- und Entspannungsübungen.

Die „Schwimmerschulter"
Die sogenannte Schwimmerschulter ist ein Sammelbegriff, der das Beschwerdebild im Bereich des Kapsel-Band-Apparats, der Muskeln und Sehnen des Schultergelenks beschreibt. Ein typisches Anzeichen ist die Schmerzhaftigkeit sämtlicher Überkopfbewegungen. Das Schultergelenk ist das beweglichste unserer Gelenke und wird durch unterschiedliche Sehnen und Muskeln stabilisiert. Hierbei spielt die Rotatorenmanschette eine wichtige Rolle.

Wenn ein Ungleichgewicht in der Kräfteverteilung auftritt, hat der Gelenkkopf in der Pfanne zu viel Spiel, und es entsteht ein Einklemmungssyndrom, ein sogenanntes Impingement. Darauf folgt häufig eine schmerzhafte Schleimbeutelentzündung, die schließlich zu einer deutlichen Bewegungseinschränkung führt. Wenn du die Schmerzen ignorierst und über längere Zeit weiterschwimmst, riskierst du Schäden und Mikrotraumen an deinem Sehnenapparat. Versuche, deine Umfänge beim Schwimmen langsam und vorsichtig zu steigern, vor allem dann, wenn dir die Kraultechnik neu ist. Meide große Paddels, da sie immer wieder zu akuten Überlastungen beitragen.

Wenn du dich vor dem Schwimmen etwas aufwärmst und dich im Techniktraining übergangsweise mehr auf deine Beine konzentrierst oder auch in unterschiedlichen Lagen schwimmst, entlastest du die angegriffenen Strukturen und musst gleichzeitig nicht ganz auf das Schwimmen verzichten.

Diagnose und Therapie:

Bei leichteren Beschwerden wird dir der Arzt eine Trainingspause und eventuell schmerzstillende, entzündungshemmende Arzneimittel verordnen. In Kombination mit Enzympräparaten können sie die Heilung beschleunigen. Falls die Beschwerden trotzdem anhalten, wird ein MRT Aufschluss über die Ursachen und den weiteren Therapieverlauf geben. Unabhängig davon, wie stark das Krankheitsbild ausgeprägt ist, musst du dich darum bemühen, dein muskuläres Gleichgewicht wiederzuerlangen. Ein erfahrener Physiotherapeut kann dich anleiten und dir Übungen zeigen, die langfristig zur Stabilisierung des Gelenks beitragen.

Die Knie

Im Bereich der Knie kann eine Vielzahl von Beschwerden entstehen, die dich in deiner sportlichen Aktivität einschränken. Bei plötzlich auftretenden stechenden Schmerzen solltest du sofort zum Facharzt gehen, um die Ursache aufzudecken. Bei Ausdauersportlern erscheinen die Probleme oft unterschwellig, und du schenkst ihnen anfangs vielleicht gar keine Beachtung.

Du denkst, mal ein kleines Zwicken beim Laufen oder beim Radfahren wird schon nicht so schlimm sein – bis die Schmerzen schleichend chronisch werden, oder sich im Knie plötzlich ein Erguss (Wassereinlagerungen) bildet. Aus eigener Erfahrung klug geworden, rate ich dir, frühzeitig zum Arzt zu gehen, um größeren Schaden zu vermeiden. Wenn du die richtige Diagnose bekommen hast, kannst du deinem Körper gezielt helfen. Versuche, frühzeitig auf die Signale deines Körpers zu hören und sensibel darauf einzugehen, um unnötigen Schwierigkeiten vorzubeugen.

Rät man dir sofort oder sehr rasch zu einer OP, ist grundsätzlich Vorsicht geboten, im Zweifelsfall solltest du unbedingt eine Zweit- und notfalls auch eine Drittmeinung einholen. Die häufigsten Probleme entstehen durch Überbelastungen wie:

DAS LÄUFERKNIE (TRACTUS-ILIOTIBIALIS-SYNDROM)

Beim Läuferknie handelt es sich um einen Überlastungsschmerz, der durch eine Reizung der sehnenartigen Muskelfaszie der Knieaußenseite hervorgerufen wird. Begleitend dazu kann sich noch der Schleimbeutel entzünden. Die Folge ist ein heftiger Schmerz an der Knieaußenseite, der sich sowohl während oder nach dem Laufen oder Radfahren als Druckschmerz äußert.

Mögliche Ursachen können muskuläre Dysbalancen sein, beispielsweise wenn der beckenstabilisierende Po-Muskel zu schwach ausgeprägt ist oder deutliche Knieachsenfehlstellungen (O-Beine) vorliegen.

Therapie:
Sowohl eine Laufpause als auch entzündungshemmende Präparate (auch Enzympräparate) können erst einmal Linderung bringen. Anschließend solltest du allerdings dringend eine entsprechende Ursachenforschung betreiben. Neben den oben erwähnten Faktoren können auch Fußfehlstellungen oder eine schwache Fußmuskulatur eine Rolle spielen. Ein erfahrener Physiotherapeut sollte mit dir ein stimmiges Konzept erarbeiten, das auch die für dich passenden Schuhe und eine Bewegungsoptimierung beinhaltet.

PATELLASPITZENSYNDROM

Die Beschwerden machen sich rund um das Kniescheibengleitlager bemerkbar beziehungsweise an der Patellaspitze, wo der Sehnenansatz infolge einer Reizung entzündlich und schmerzhaft reagiert. Manchmal kommt noch ein Erguss dazu.

Eine mögliche Ursache kann beispielsweise eine zu tiefe Sitzposition beim Radfahren sein, wodurch ein zu starker Anpressdruck der Kniescheibe erzeugt wird.

Als Auslöser kommen aber auch eine schlecht ausgebildete Hüftstreckung und eine zu schwache Po-Muskulatur infrage.

Therapie:
Im Akutfall können entzündungshemmende Salben, Quarkwickel und Enzympräparate den entzündlichen Prozess aufhalten. Entscheidend für den Erfolg einer nachhaltigen Therapie ist jedoch die Abklärung der Ursachen, um langfristig weiterem Schaden vorzubeugen. Dann solltest du dir für das Einstellen deines Fahrrads Unterstützung holen, gezielte Dehnübungen machen und an einer stabilen Laufbewegung arbeiten. Viele Höhenmeter auf dem Fahrrad und häufiges Bergablaufen sind erst mal nichts für dich.

Arthrose

Dauerhafte Fehlbe- und Überlastungen, Übergewicht, aber auch eine ungünstige genetische Veranlagung sowie Bewegungsarmut können einen frühzeitigen Verschleiß unserer Gelenke, genauer gesagt, einen Knorpelverlust oder Abrieb der Knorpel bewirken. Die Folge: Der Knorpel im Gelenk verdünnt sich oder wird brüchig und verliert dadurch seine Pufferfunktion. Bei der Diagnose „Gelenksarthrose" muss man darauf achten und berücksichtigen, wie stark der Knorpel bereits geschädigt ist. Wenn es sich noch nicht um eine großflächige Knochenglatze handelt, muss man seine Gelenke unbedingt ausgewogen belasten, denn nur durch die Bewegung wird die nährstoffreiche Gelenksflüssigkeit gebildet, die den Knorpel aufbaut und versorgt. Wer schon ausgeprägtere Beschwerden hat, sollte zum Beispiel bei der Aquafitness oder dem Aquajogging den Auftrieb des Wassers nutzen, um seine Gelenke zwar zu belasten, sie jedoch nicht überzubeanspruchen. Zudem muss unbedingt an der Beweglichkeit gearbeitet werden: je größer der Bewegungsumfang des Gelenks, desto besser die Versorgung. Entscheidend ist, dass die Be- und Entlastung es Gelenks in einem ausgewogenen Verhältnis erfolgt. Bei Arthrose spielt im Übrigen auch die Ernährung eine sehr zentrale Rolle. Der möglichst vollständige Verzicht auf Wurst (Nitritpökelsalz!) und Fleischprodukte, der eingeschränkte Konsum von Milchprodukten und die Zufuhr hochwertiger kaltgepresster Öle (Omega-3-Fettsäuren) tragen zum Erhalt und zur Schmerzfreiheit der Gelenke bei.

Diagnose und Therapie:

Der Arzt wird mithilfe bildgebender Verfahren feststellen, wie stark die Gelenke geschädigt sind. Im Röntgen kann man nur feststellen, ob sich der Gelenkspalt verkleinert hat, und das MRT gibt Aufschluss über den Knorpelzustand. Die (ärztliche) Behandlung richtet sich dann nach dem Befund. Zusätzlich rate ich dir, dich in ausgewogener Form zu kräftigen und zu dehnen.

Als ich mich 2014 für die WM in der Mitteldistanz qualifizieren wollte, spürte ich über Wochen immer wieder leichte Beschwerden im rechten Knie, die mit einem kleinen Erguss einhergingen. Es tat nicht wirklich weh, wurde aber nach und nach immer deutlicher spürbar, sodass ich mich schließlich entschied, einen befreundeten Orthopäden aufzusuchen, um die Ursachen abzuklären. Das im Zuge der Diagnosestellung gemachte MRT bereitete meinen Plänen anschließend ein jähes Ende! Gerade mal sechs Wochen vor meinem entscheidenden Wettkampf erhielt ich die Schock-Diagnose: Knorpelabsprengung mit einem Knochenmarksödem! Der Radiologe erklärte mir, dass ich das operieren lassen müsse, man könne den Knochen anbohren, und dann würde sich dort eine Art Knorpelschicht bilden. Ich müsste mit einer Sportpause von bis zu einem Jahr rechnen und würde sicher nicht mehr laufen können.

Daraufhin war ich erst mal ziemlich fertig, fing dann aber an, mich selbst schlauzumachen. Der befreundete Arzt riet mir erst mal zum Abwarten und überwies mich nach München in die Sportorthopädie Rechts der Isar. Drei andere Orthopäden rieten mir unabhängig voneinander zur baldigen OP. Ich war damals ziemlich verunsichert und beschloss, die Münchner Fachärzte aufzusuchen. Dieses Ärzteteam entschied sich erst mal dafür, das Knochenmarksödem zu behandeln. Ich durfte sechs Wochen lang nur mit Krücken laufen. Anschließend wurden in sechs- bis achtwöchigen Abständen Kontrollaufnahmen gemacht, bis das Ödem komplett ausgeheilt war. Nachdem ich dann auch schmerzfrei war, fing ich sehr langsam wieder mit dem Laufen an, allerdings in Begleitung eines Physiotherapeuten, der mir half, meinen Laufstil umzustellen, und der mir Übungen zeigte, die meine Stabilität (Hüft- und Po-Muskel) deutlich verbesserten. Mein Ziel war es, in der Zukunft rund zehn Kilometer problemlos laufen zu können. Die Reaktion des Radiologen auf mein letztes MRT war dann großes Erstaunen darüber, was er auf den Bildern sah: Es hatte sich eine neue, zarte Knorpelschicht gebildet, und dies trotz der leichten Belastung. Er meinte, das sei medizinisch nicht erklärbar. Das ist nun fünf Jahre her, und ich bin seitdem schmerzfrei.

Allerdings achte ich auch sehr auf eine ausgewogene Belastung, und wenn ich spüre, dass ich an meine Grenzen stoße, mache ich dann einfach eine Einheit im Wasser oder vielleicht auch einfach mal gar nichts. Unser Körper verfügt über großartige Selbstheilungskräfte, die zur Entfaltung allerdings ihre Zeit brauchen.

Mit meiner eigenen Geschichte möchte ich dich ermutigen, die Ansichten von Ärzten durchaus kritisch zu hinterfragen und letztlich auch deiner Intuition zu folgen. Aber jede Geschichte und jeder Mensch ist natürlich individuell zu betrachten!

Beine und Füße

Eine mögliche Ursache für ein Schienbeinkantensyndrom sind vor allem zu schnelle Belastungssteigerungen, ein ausgeprägter Fersenlauf oder auch die falschen Laufschuhe sowie erblich bedingte Fußfehlstellungen wie Knick- oder Senkfuß. Es äußert sich als zuweilen starker Druckschmerz an der inneren oder vorderen Schienenbeinkante und kann mit Schwellungen und einer verhärteten Muskulatur einhergehen.

Diagnose und Therapie:
Der Facharzt sollte erst mal andere Erkrankungen wie eine Tibia-Stressfraktur oder ein Kompartmentsyndrom ausschließen. Akutmaßnahmen können unter anderem eine wechselnde Wärme- und Kältetherapie, Quarkwickel und Einreibungen

mit Franzbranntwein sein. Du solltest mit dem Training bis zum Abklingen der Reizung pausieren. Neben der Versorgung mit genau angepassten orthopädischen Einlagen solltest du dringend und gezielt auf eine Kräftigung deiner Fußmuskulatur hinarbeiten, um möglichst alle biomechanischen Ursachen zu beseitigen. Anschließend kannst du die Belastungen behutsam (!) steigern. Vielleicht magst du auch eine Aquajogging-Einheit als alternatives Training in dein Programm einbeziehen.

Achillessehnenreizung

Die Achillessehnenentzündung gehört zu den Verletzungen, die am häufigsten beim Laufen entstehen können. Auch hier ist die Ursachenforschung elementar und maßgeblich dafür, dass du eine dauerhafte Schmerzfreiheit erlangen kannst. Muskuläre Dysbalancen, Fußfehlstellungen wie auch die falschen Schuhe, Beinfehlstellungen und vieles mehr können zu einer akuten und später auch chronisch verlaufenden Entzündung beitragen. Die Sehne schwillt manchmal an, kann gerötet sein, und das ist teilweise sehr schmerzhaft. Wenn sich kleine Anzeichen einer Reizung zeigen, solltest du diese auf keinen Fall ignorieren, sondern vorbeugend deine Wadenmuskulatur dehnen und gleichzeitig kräftigen.

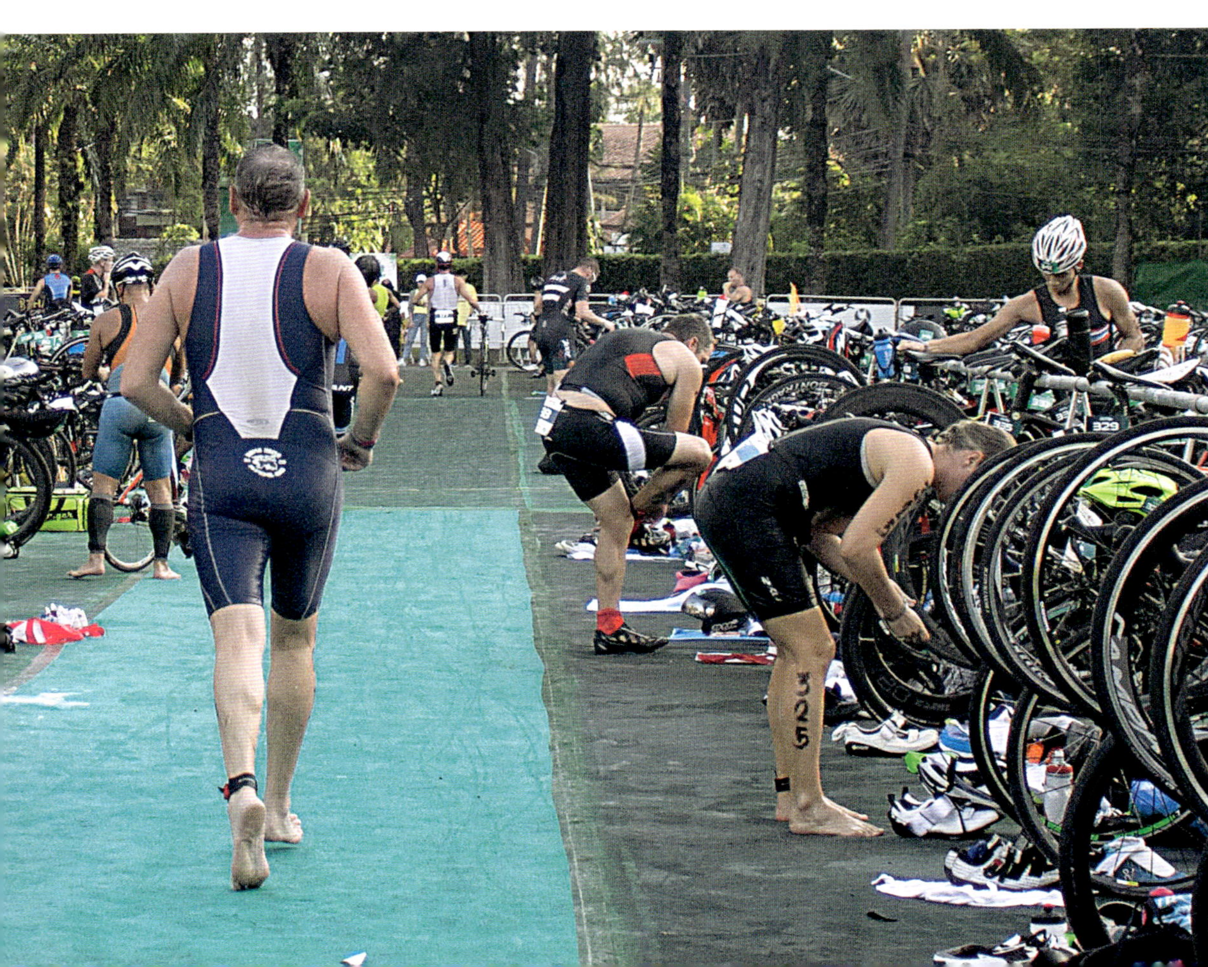

Therapie:

Vorsicht! Auf keinen Fall sollte Kortison in die Sehne gespritzt werden, da dies zum Reißen der Sehne führen kann. Ebenso riskant ist die gleichzeitige Gabe bestimmter Antibiotika (Chinolone bzw. Gyrasehemmer), zu deren Nebenwirkungen mögliche Knorpelschäden mit dem Risiko eines Risses der Achillessehne gehören. Falls du also parallel unter einem bakteriellen Infekt leidest, der antibiotisch behandelt werden muss, wäre es sehr wichtig, deinen Arzt sofort über deine Sehnenbeschwerden zu informieren, damit er dir das passende Antibiotikum verordnen kann!

Handelt es sich um eine akute Entzündung, hilft es, entzündungshemmende Salben mit einer mittelweichen Zahnbürste einzumassieren. Auch Behandlungen mit Eiswürfeln oder Coldpads können bei einer akuten Entzündung Linderung verschaffen. Bei starken Schmerzen musst du zwingend eine Laufpause einlegen.

In dieser Zeit bietet sich als alternatives Training etwa das Aquajogging an, es unterstützt das Abklingen der Beschwerden und hält dich trotzdem in Bewegung.

Dann solltest du zusätzlich deine Laufstatik kontrollieren und verbessern und auch deine Schuhe entsprechend anpassen. Durch ein regelmäßiges vorbeugendes Training über mindestens zwölf Wochen kannst du dein Sehnen- und Fasziengewebe kräftigen (siehe auch im Kapitel „Rumpfstabilisation" den Abschnitt „Faszien" auf S. 101).

Fersensporn (*Plantarfasziitis*)

Ein plötzlich auftretender oder langsam zunehmender Schmerz im Bereich der Fußsohle und des Fersenbeins deuten auf einen Fersensporn hin, der mit Röntgenaufnahmen zweifelsfrei diagnostiziert werden kann. Die Plantarfaszie entzündet sich durch Überlastung am Fersenansatz, was sich auch als Schwellungen und Rötungen zeigen kann. Gerade bei Knick-Senkfüßen und einer zu schwach ausgeprägten Muskulatur der Füße solltest du die Laufumfänge sehr langsam steigern.

Therapie und Vorbeugung:

Auch hier musst du als Allererstes die akute Entzündung zum Abklingen bringen und dir vielleicht entsprechend entlastende Einlagen anfertigen lassen. Anschließend sollte ein Barfußprogramm mit regelmäßig ausgeführten Kräftigungs- und Dehnungsübungen für die Füße zum festen Bestandteil deines Trainingsalltags werden. Das muss gar nicht viel Zeit kosten: Wenn du dir zum Beispiel auf den Zehenspitzen wippend die Zähne putzt, trainierst du gleichzeitig deine Füße.

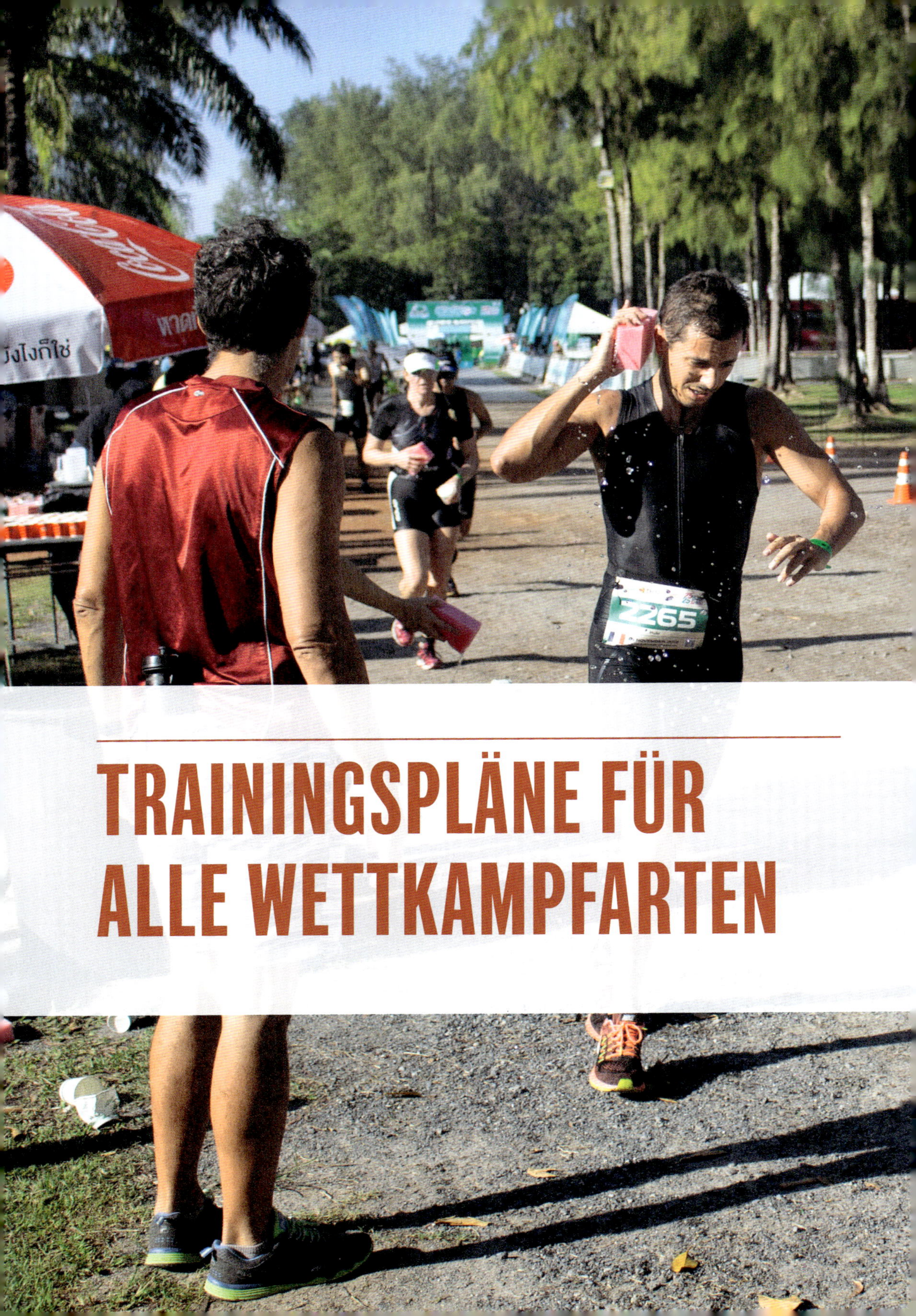

TRAININGSPLÄNE FÜR ALLE WETTKAMPFARTEN

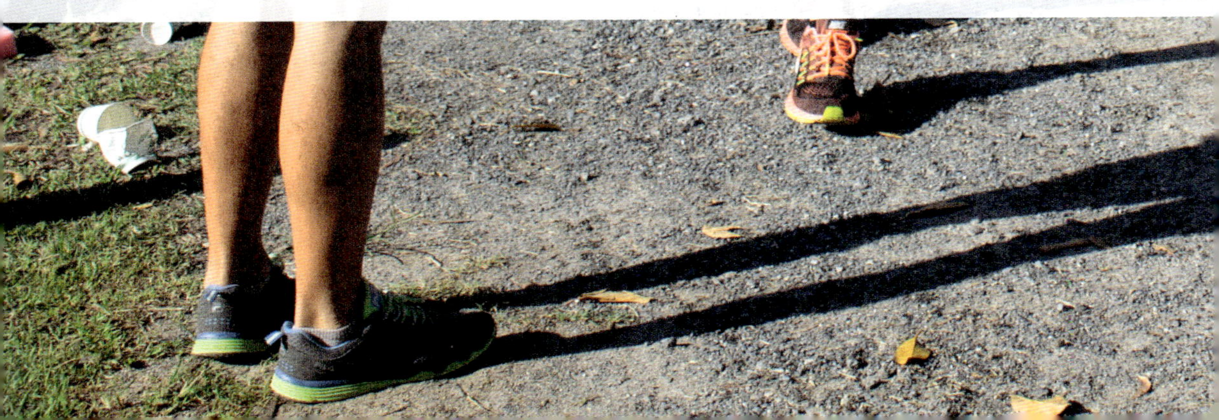

PLAN FÜR DEN EINSTEIGER IN DIE VOLKSDISZIPLIN

Diesen Plan habe ich für Menschen entworfen, die in den letzten Monaten oder Jahren wenig bis gar keinen Sport getrieben haben. Bei der Volksdisziplin ist es auch nicht unbedingt notwendig, den Kraulstil vorher zu erlernen, darum bin ich auch nicht speziell auf die Technik eingegangen.

Obwohl es nicht um Bestzeiten geht, habe ich – nach einer Eingewöhnungszeit – auch schnellere Einheiten in das Training miteingebaut. Das bereitet dich optimal auf den Wettkampftag vor und schützt dich vor Verletzungen.

Ganz wichtig ist es mir auch, dich noch einmal auf die Gymnastik, das Dehnen und deine Rumpfstabilität hinzuweisen, nimm dir die Zeit für diese Übungen!

Ich habe den Trainingspuls überwiegend beim Laufen berücksichtigt, da dies auch die verletzungsträchtigste Sportart ist. Falls du auch beim Radfahren mit einer Pulsuhr trainierst, was grundsätzlich sinnvoll ist, liegt die Herzfrequenz grob 10 Schläge unter der des Laufens. Lockeres Radfahren sollte auch bei 60–70 Prozent der HFmax stattfinden (dann aber 10 Schläge tiefer als beim Laufen).

Ich empfehle dir, mit der Pulsuhr zu trainieren, falls du aber noch keine besitzt und bisher nur wenig Sport getrieben hast, lass es erst mal ruhig angehen. Gib deinem Körper die Zeit, sich an die neuen Trainingsreize zu gewöhnen, und du wirst sehen, wie positiv sich dein Leben verändert.

Falls du den Kraulstil beherrschst, rate ich dir, auch an deiner Technik zu arbeiten und wenigstens einmal in der Woche auch ein kleines Technikprogramm zu absolvieren (siehe im Kapitel „Schwimmen" auf S. 32).

Wer schon länger regelmäßig Sport treibt, kann die Pläne natürlich dementsprechend anpassen.

Nun kann's losgehen.
Ich wünsche dir viel Spaß bei deinem Abenteuer Triathlon!

TRAININGSPLAN EINSTEIGER VOLKSDISZIPLIN 1. WOCHE

	MONTAG	DIENSTAG	MITTWOCH	DONNERSTAG	FREITAG	SAMSTAG	SONNTAG
SCHWIMMEN		10 x 25 Meter Schwimmen, so viel Pause wie nötig		12 x 25 Meter, 1 Min. Pause		Ruhetag	
LAUFEN	3 km Gehen und Laufen im Wechsel: ca. 1 Min. Laufen, 1 Min. Gehen						3 km Gehen und Laufen im Wechsel: ca. 2 Min. Laufen, ca. 1 Min. Gehen
RADFAHREN			5 km Radfahren, evtl. zur Arbeit		7 km Radfahren		5 km Radfahren
DEHNEN UND KRAFT-TRAINING		3–7 Übungen Rumpf-stabilisation	Dehnen		3–7 Übungen Rumpf-stabilisation		

GEFÜHL ____________ **SCHLAF** ____________ **RUHEPULS** ____________

TRAININGSPLAN EINSTEIGER VOLKSDISZIPLIN 2. WOCHE

	MONTAG	DIENSTAG	MITTWOCH	DONNERSTAG	FREITAG	SAMSTAG	SONNTAG
SCHWIMMEN	Ruhetag	18 x 25 m, so viel Pause wie nötig		12 x 25 m, 1 Min. Pause		Ruhetag	
LAUFEN			4 km Gehen und Laufen im Wechsel: 3 Min. Laufen, 1 Min. Gehen				5 km Gehen und Laufen im Wechsel: ca. 3 Min. Laufen, ca. 1 Min. Gehen
RADFAHREN				6 km Radfahren	10–12 km Radfahren		
DEHNEN UND KRAFT-TRAINING		3–7 Übungen Rumpf-stabilisation	Dehnen		3–7 Übungen Rumpf-stabilisation		

GEFÜHL ____________ **SCHLAF** ____________ **RUHEPULS** ____________

TRAININGSPLAN EINSTEIGER VOLKSDISZIPLIN 3. WOCHE

	MONTAG	DIENSTAG	MITTWOCH	DONNERSTAG	FREITAG	SAMSTAG	SONNTAG
SCHWIMMEN	20 x 25 m, Pause 1:30 Min.			10 x 25 m, 20 Sek. Pause		Ruhetag	10 x 25 m ohne Pause
LAUFEN			4 km Gehen und Laufen im Wechsel: 5 Min. Laufen, 1 Min. Gehen				5 km Gehen und Laufen im Wechsel: ca. 6 Min. Laufen, ca. 1 Min. Gehen
RADFAHREN		6 km Radfahren		12 km Radfahren	5–10 km Radfahren		
DEHNEN UND KRAFT-TRAINING		3–7 Übungen Rumpf-stabilisation	Dehnen		3–7 Übungen Rumpf-stabilisation		

GEFÜHL __________ **SCHLAF** __________ **RUHEPULS** __________

TRAININGSPLAN EINSTEIGER VOLKSDISZIPLIN 4. WOCHE

	MONTAG	DIENSTAG	MITTWOCH	DONNERSTAG	FREITAG	SAMSTAG	SONNTAG
SCHWIMMEN	Ruhetag	10 x 25 m locker, 3 x 25 m zügig		15 x 25 m ohne Pause		Ruhetag	
LAUFEN			3 km Gehen und Laufen im Wechsel: 10 Min. Laufen, 1 Min. Gehen				5 km Gehen und Laufen im Wechsel: ca. 12 Min. Laufen, ca. 1 Min. Gehen
RADFAHREN			5 km Radfahren	12 km Radfahren	5–10 km Radfahren		
DEHNEN UND KRAFT-TRAINING	Dehnen	3–7 Übungen Rumpf-stabilisation			3–7 Übungen Rumpf-stabilisation		

GEFÜHL ____________ SCHLAF ____________ RUHEPULS ____________

TRAININGSPLAN EINSTEIGER VOLKSDISZIPLIN 5. WOCHE

	MONTAG	DIENSTAG	MITTWOCH	DONNERSTAG	FREITAG	SAMSTAG	SONNTAG
SCHWIMMEN	20 x 25 m ohne Pause		10 x 25 m locker, 5 x 25 m zügig			Ruhetag	
LAUFEN		5 km Laufen und Gehen im Wechsel: 15 Min. Laufen, 1–2 Min. Gehen					3–4 km Laufen Puls (70 % HFmax)
RADFAHREN				18 km Radfahren			5 km Radfahren
DEHNEN UND KRAFT-TRAINING	Dehnen		3–7 Übungen Rumpf-stabilisation		3–7 Übungen Rumpf-stabilisation		

GEFÜHL ________ **SCHLAF** ________ **RUHEPULS** ________

TRAININGSPLAN EINSTEIGER VOLKSDISZIPLIN 6. WOCHE

	MONTAG	DIENSTAG	MITTWOCH	DONNERSTAG	FREITAG	SAMSTAG	SONNTAG
SCHWIMMEN	Ruhetag	20 x 25 m ohne Pause, Fahrtenspiel		10 x 25 m locker 6 x 25 m (10 m sehr schnell Anschwimmen, 15 m locker)		Ruhetag	Wechseltraining
LAUFEN		4–5 km Laufen Puls (70 % HFmax)			**Lauf-ABC** 3 km Laufen Puls (70 % HFmax)		2 km Laufen Puls (80 % HFmax)
RADFAHREN			15 km Radfahren mit Fahrtenspiel	10 km Radfahren locker			10 km Radfahren
DEHNEN UND KRAFT-TRAINING	Dehnen		3–7 Übungen Rumpf-stabilisation		3–7 Übungen Rumpf-stabilisation		

GEFÜHL ____________ **SCHLAF** ____________ **RUHEPULS** ____________

TRAININGSPLAN EINSTEIGER VOLKSDISZIPLIN 7. WOCHE

	MONTAG	DIENSTAG	MITTWOCH	DONNERSTAG	FREITAG	SAMSTAG	SONNTAG
SCHWIMMEN	30 x 25 m Dauerschwimmen				100 m Einschwimmen 400 m im Wechsel: 25 m schnell, 25 m locker 100 m Ausschwimmen	Ruhetag	
LAUFEN				**Lauf-ABC** 5 km Laufen Puls (70 % HFmax)			
RADFAHREN		5 km Radfahren					20–25 km Radfahren
DEHNEN UND KRAFT-TRAINING	Dehnen		3–7 Übungen Rumpf-stabilisation **Dehnen**		3–7 Übungen Rumpf-stabilisation		

GEFÜHL ____________ **SCHLAF** ____________ **RUHEPULS** ____________

TRAININGSPLAN EINSTEIGER VOLKSDISZIPLIN 8. WOCHE

	MONTAG	DIENSTAG	MITTWOCH	DONNERSTAG	FREITAG	SAMSTAG	SONNTAG
SCHWIMMEN			600 m Dauer-schwimmen		100 m Einschwimmen 400 m im Wechsel: 50 m schnell, 25 m locker 100 m Ausschwimmen	Ruhetag	Wechseltraining
LAUFEN		5 km Laufen, nach 1 km Einlaufen Fahrtenspiel über 2 km danach bei Puls (70 % HFmax)		**Lauf-ABC** 5 km Laufen Puls (70 % HFmax)			2 km zügig Laufen Puls (80-85 % HFmax)
RADFAHREN			5–10 km Radfahren				12–18 km lockeres Radfahren
DEHNEN UND KRAFT-TRAINING	Dehnen		3–7 Übungen Rumpf-stabilisation **Dehnen**		3–7 Übungen Rumpf-stabilisation		

GEFÜHL ____________ **SCHLAF** ____________ **RUHEPULS** ____________

TRAININGSPLAN EINSTEIGER VOLKSDISZIPLIN 9. WOCHE

	MONTAG	DIENSTAG	MITTWOCH	DONNERSTAG	FREITAG	SAMSTAG	SONNTAG
SCHWIMMEN		100 m Einschwimmen 4 x 25 m Sprint 6 x 50 m Sprint, je 1 Min. Pause 200 m Ausschwimmen		500–700 m Dauerschwimmen		Ruhetag	500 m Dauerschwimmen inkl. 5-mal zügig Anschwimmen
LAUFEN			6 km lockerer Dauerlauf Puls (65–70 % HFmax)		**5 km Laufen** 2 km locker Einlaufen, 3 x 1 Min. Puls (85-90 % HFmax), jeweils 3–5 Min. sehr locker Traben oder Gehen, Rest bei 70 % HFmax Auslaufen		3 km Laufen mit Fahrtenspiel Puls (70–85 % HFmax)
RADFAHREN				20 km Radfahren			10–15 km lockeres Radfahren
DEHNEN UND KRAFT-TRAINING	Dehnen		Übungen Rumpf-stabilisation		Übungen Rumpf-stabilisation		

GEFÜHL ____________ **SCHLAF** ____________ **RUHEPULS** ____________

TRAININGSPLAN EINSTEIGER VOLKSDISZIPLIN 10. WOCHE

	MONTAG	DIENSTAG	MITTWOCH	DONNERSTAG	FREITAG	SAMSTAG	SONNTAG
SCHWIMMEN	Ruhetag	500–700 m Dauerschwimmen		100 m Einschwimmen 4 x 25 m Sprint 3 x 100 m Sprint, je 1 Min. Pause 100 m Ausschwimmen		Ruhetag	500 m Dauerschwimmen inkl. 5-mal zügig Anschwimmen
LAUFEN			**5 km Laufen** 2 km locker Einlaufen 5 x 1 Min. Puls (85–90 % HFmax), jeweils 3–5 Min. sehr locker Traben oder Gehen, Rest bei 70 % HFmax Auslaufen		6 km Laufen inklusive Lauf-ABC Puls (70-75 % HFmax)		
RADFAHREN				10–15 km Radfahren			20–25 km lockeres Radfahren
DEHNEN UND KRAFT-TRAINING		Dehnen			Übungen Rumpf-stabilisation		

GEFÜHL ___________ **SCHLAF** ___________ **RUHEPULS** ___________

TRAININGSPLAN EINSTEIGER VOLKSDISZIPLIN 11. WOCHE

	MONTAG	DIENSTAG	MITTWOCH	DONNERSTAG	FREITAG	SAMSTAG	SONNTAG
SCHWIMMEN	Ruhetag	100 m Einschwimmen 4 x 25 m Sprint 2 x 50 m Sprint 3 x 100 m Sprint, je 30 Sek. Pause 100 m Ausschwimmen		100 m Einschwimmen 4 x 25 m Sprint 3 x 100 m Sprint, je 1 Min. Pause 100 m Ausschwimmen		Ruhetag	Wechseltraining
LAUFEN			**5 km Laufen** 2 km locker Einlaufen 3 x 2 Min. Puls (85-90 % HFmax), jeweils 3–5 Min. sehr locker Traben oder Gehen, Rest bei 70 % HFmax Auslaufen				4 km Laufen Puls (80–90 % HFmax)
RADFAHREN		10 km lockeres Radfahren			10–15 km Radfahren 3 x 5 Min. zügig mit 5 Min. Pause		20 km Radfahren
DEHNEN UND KRAFTTRAINING			Übungen Rumpfstabilisation	Dehnen	Übungen Rumpfstabilisation		

GEFÜHL ____________ **SCHLAF** ____________ **RUHEPULS** ____________

TRAININGSPLAN EINSTEIGER VOLKSDISZIPLIN 12. WOCHE

	MONTAG	DIENSTAG	MITTWOCH	DONNERSTAG	FREITAG	SAMSTAG	SONNTAG
SCHWIMMEN	Ruhetag		Ruhetag	100 m Einschwimmen 4 x 25 m Sprint 2 x 50 m Sprint, je 1 Min. Pause 100 m Ausschwimmen	Ruhetag		**Wettkampf** 500 m Schwimmen
LAUFEN		**5 km Laufen** 2 km locker Einlaufen 3 x 2 Min. Puls: (85–90 % HFmax), jeweils 3–5 Min. sehr locker Traben, Rest bei 70 % HFmax Auslaufen				1–2 km locker Laufen, mit 3 x 100 m zügig Anlaufen	5 km Laufen
RADFAHREN				10 km Radfahren, 5-mal zügig Anfahren			20 km Radfahren
DEHNEN UND KRAFT-TRAINING			Dehnen		Dehnen		

GEFÜHL ____________ **SCHLAF** ____________ **RUHEPULS** ____________

PLAN FÜR DEN FORTGESCHRITTENEN EINSTEIGER IN DIE OLYMPISCHE DISZIPLIN

Diesen Plan habe ich für Personen entworfen, die in einer der Einzeldisziplinen schon mehr Erfahrungen gesammelt haben und die regelmäßig Ausdauersport betreiben. Soll heißen, dass du ohne Schwierigkeiten auch mal eine Stunde am Stück schwimmst, radelst oder läufst. Ich bin in dem Plan davon ausgegangen, dass du den Einstieg in die Kraultechnik schon gefunden hast. Sollte dem nicht so sein, ist es ratsam, dir einen Trainer zu suchen und es mit dem Kraulen zu probieren, denn bei einer Strecke von 1500 Metern ist das zum einen sinnvoll, und zum anderen erweitert es auch deinen sportlichen Horizont. Wenn du die erste Disziplin mit der Kraultechnik bestreitest, hast du auch bessere Voraussetzungen für die nachfolgenden Disziplinen, da die Beine beim Kraulen weniger stark beansprucht werden als beim Brustschwimmen.

Ich habe in diesem Plan Distanzvorgaben gemacht, die oft einen Spielraum haben. Falls dein Alltag gerade sehr anstrengend ist, hältst du dich besser an die niedrig(er)-en Vorgaben, spüre einfach in dich hinein und orientiere dich auch an deinem morgendlichen Ruhepuls (siehe auch im Kapitel „Allgemeine Trainingslehre" auf S. 25). Die Kilometervorgaben beim Radfahren sind für das Rennrad ausgelegt. Natürlich kannst du dein Rennrad auch immer wieder durch ein Mountainbike ersetzen, dann reduzierst du die jeweiligen Kilometervorgaben ein bisschen.

Damit du optimal trainieren kannst, müsstest du deine HFmax vor Trainingsbeginn ermitteln; prima ist es auch, wenn du ein Trainingstagebuch führst, in dem du deine Pulswerte – auch den morgendlichen Ruhepuls – und deine Befindlichkeiten einträgst. Das wird dir langfristig helfen, dich selber immer besser zu spüren, und es ist auch sehr motivierend, wenn du schwarz auf weiß siehst, was du alles schon geschafft hast.

Die angegebenen Kürzel bedeuten:

(RE) REGENERATION	ca. 60 % HFmax	Regeneratives Training
(GA 1) GRUNDLAGEN-AUSDAUER 1	65–75 % HFmax	Grundlagenausdauer-training, Ökonomisierung Herz/Kreislauf Fettstoffwechseltraining
(GA1/2) GRUNDLAGEN-AUSDAUER 1–2	75–85 % HFmax	Verbesserung der Grundlage Leistungssteigerung
(GA2/WK) GRUNDLAGEN-AUSDAUER 2 / WETTKAMPF	80–95 % HFmax	Intensives Intervalltraining Wettkampftempo

Nun kann's losgehen.
Ich wünsche dir viel Spaß bei deinem
Abenteuer Triathlon!

TRAININGSPLAN EINSTEIGER OLYMPISCHE DISZIPLIN 1. WOCHE

	MONTAG	DIENSTAG	MITTWOCH	DONNERSTAG	FREITAG	SAMSTAG	SONNTAG
SCHWIMMEN		200 m Einschwimmen 2 x 25 m Beine 2 x 25 m Arme 4 x 25 m Einarmig 4 x 25 m Abschlag vorne 500 m Dauerschwimmen 100 m Ausschwimmen		100 m Einschwimmen Pyramide 25/50/100/200/ 100/50/25 GA2, Pause 30–60 Sek. 300 m Ausschwimmen		Ruhetag	
LAUFEN	5–7 km lockerer Dauerlauf GA1				**Lauf-ABC** 8 km Laufen 3 x 50 m Steigerungslauf		3 km Laufen GA1
RADFAHREN			10–15 km Radfahren, evtl. zur Arbeit GA1				20–30 km Radfahren GA1
DEHNEN UND KRAFT-TRAINING		Mindestens 7 Übungen Rumpf-stabilisation	Dehnen		Übungen Rumpf-stabilisation		

GEFÜHL ____________ **SCHLAF** ____________ **RUHEPULS** ____________

TRAININGSPLAN EINSTEIGER OLYMPISCHE DISZIPLIN 2. WOCHE

	MONTAG	DIENSTAG	MITTWOCH	DONNERSTAG	FREITAG	SAMSTAG	SONNTAG
SCHWIMMEN	Ruhetag	1200 m Dauerschwimmen		100 m Einschwimmen 600 m Fahrtenspiel 300 m Ausschwimmen	200 m Einschwimmen 4 x 25 m Beine 2 x 25 m Achseltippen 4 x 25 m Einarmig 4 x 25 m Abschlag hinten/vorne 600 m Dauerschwimmen 100 m Ausschwimmen	Ruhetag	
LAUFEN			8–9 km Laufen GA1		**Lauf-ABC** 5 km Laufen 3 x 50 m Steigerungslauf		
RADFAHREN		10–15 km Radfahren, evtl. zur Arbeit GA1					30–35 km Radfahren GA1
DEHNEN UND KRAFT-TRAINING	Dehnen	Übungen Rumpfstabilisation	Dehnen		Übungen Rumpfstabilisation		

GEFÜHL ___________ **SCHLAF** ___________ **RUHEPULS** ___________

TRAININGSPLAN EINSTEIGER OLYMPISCHE DISZIPLIN 3. WOCHE

	MONTAG	DIENSTAG	MITTWOCH	DONNERSTAG	FREITAG	SAMSTAG	SONNTAG
SCHWIMMEN	1500 m Dauerschwimmen				200 m Einschwimmen 4 x 25 m Beine 2 x 25 m Achsel-tippen 4 x 25 m Einarmig 4 x 25 m Abschlag hinten/vorne 600 m Dauerschwimmen 100 m Ausschwimmen	Ruhetag	Wechseltraining
LAUFEN		**Lauf-ABC** 5 km Laufen GA1 3 x 50 m Steigerungslauf		9–10 km Laufen GA1			4 km Laufen GA1
RADFAHREN		10–15 km Radfahren, evtl. zur Arbeit GA1					20 km Radfahren GA1
DEHNEN UND KRAFT-TRAINING	Dehnen	Übungen Rumpf-stabilisation	Dehnen		Übungen Rumpf-stabilisation		

GEFÜHL ____________ **SCHLAF** ____________ **RUHEPULS** ____________

TRAININGSPLAN EINSTEIGER OLYMPISCHE DISZIPLIN 4. WOCHE

	MONTAG	DIENSTAG	MITTWOCH	DONNERSTAG	FREITAG	SAMSTAG	SONNTAG
SCHWIMMEN		200 m Einschwimmen 4 x 25 m, davon 15 m zügig Anschwimmen, Rest locker 4 x 50 m Sprint 3 x 100 m Sprint 200 m Ausschwimmen			200 m Einschwimmen 4 x 25 m Beine 2 x 25 m Achsel-tippen 4 x 25 m Einarmig 2-mal Wasser-schmeißen 4 x 25 m Abschlag vorne 500 m Dauer-schwimmen 100 m Aus-schwimmen	Ruhetag	
LAUFEN				**Lauf-ABC** 8 km Laufen GA1 4 x 100 m Steige-rungslauf gegen Ende			10 km Laufen GA1
RADFAHREN			20–25 km Radfahren, Fahrtenspiel einbauen GA1/2		30–35 km Radfahren GA1		15–20 km Radfahren GA1 2 x 5 Min. GA2
DEHNEN UND KRAFT-TRAINING	Dehnen	Übungen Rumpf-stabilisation	Dehnen				

GEFÜHL ____________ **SCHLAF** ____________ **RUHEPULS** ____________

TRAININGSPLAN EINSTEIGER OLYMPISCHE DISZIPLIN 5. WOCHE

	MONTAG	DIENSTAG	MITTWOCH	DONNERSTAG	FREITAG	SAMSTAG	SONNTAG
SCHWIMMEN	1500 m Dauerschwimmen		200 m Einschwimmen 4 x 25 m Sprint 4 x 50 m Sprint 6 x 100 m Sprint 200 m Ausschwimmen		200 m Einschwimmen 2 x 25 m Kopf/Schulter/Po 2 x 25 m Wasserschmeißen 4 x 25 m Abschlag vorne 600 m Dauerschwimmen 100 m Ausschwimmen	Ruhetag	
LAUFEN		**Lauf-ABC** 8 km Laufen GA1 4 x 100 m Steigerungslauf gegen Ende		8–10 km Dauerlauf GA1			
RADFAHREN					10–20 km Radfahren, lockeres Fahrtenspiel		40–50 km Radfahren GA1
DEHNEN UND KRAFT-TRAINING	Übungen Rumpfstabilisation **Dehnen**		Übungen Rumpfstabilisation				

GEFÜHL ____________ **SCHLAF** ____________ **RUHEPULS** ____________

TRAININGSPLAN EINSTEIGER OLYMPISCHE DISZIPLIN 6. WOCHE

	MONTAG	DIENSTAG	MITTWOCH	DONNERSTAG	FREITAG	SAMSTAG	SONNTAG
SCHWIMMEN			200 m Einschwimmen 10 x 100 m Sprint 200 m Ausschwimmen		1000–1500 m Freiwasser	Ruhetag	Wechseltraining
LAUFEN		**Lauf-ABC** 8 km Laufen GA1 4 x 100 m Steigerungslauf gegen Ende		8–10 km Dauerlauf GA1			6–8 km Laufen GA1/2
RADFAHREN					10–20 km lockeres Radfahren		40 km Radfahren GA1
DEHNEN UND KRAFT-TRAINING	Übungen Rumpf-stabilisation **Dehnen**		Übungen Rumpf-stabilisation				

GEFÜHL ____________ **SCHLAF** ____________ **RUHEPULS** ____________

TRAININGSPLAN EINSTEIGER OLYMPISCHE DISZIPLIN 7. WOCHE

	MONTAG	DIENSTAG	MITTWOCH	DONNERSTAG	FREITAG	SAMSTAG	SONNTAG
SCHWIMMEN		100 m Einschwimmen Pyramide 25/50/100/200/ 100/50/25 GA2, Pause 30–60 Sek. 300 m Ausschwimmen	Ruhetag	200 m Einschwimmen 2 x 25 m Ente 2 x 25 m Abschlag vorne, 4 x 25 m 3er-Rolle 200 m Ausschwimmen		Ruhetag	1500–2000 m Dauerschwimmen
LAUFEN	10–12 km Laufen 5 x 2 Min. GA2, dazwischen 2 Min. Traben				**Lauf-ABC** 10–11 km Dauerlauf GA1 3 x 100 m Steigerungsläufe		
RADFAHREN					20–30 km Radfahren GA1 Bergfahren in schwerem Gang		30–40 km Radfahren GA1, 5 x 5 Min. GA2
DEHNEN UND KRAFT-TRAINING		Übungen Rumpf-stabilisation **Dehnen**		Übungen Rumpf-stabilisation			

GEFÜHL ____________ **SCHLAF** ____________ **RUHEPULS** ____________

TRAININGSPLAN EINSTEIGER OLYMPISCHE DISZIPLIN 8. WOCHE

	MONTAG	DIENSTAG	MITTWOCH	DONNERSTAG	FREITAG	SAMSTAG	SONNTAG
SCHWIMMEN	Ruhetag		200 m Einschwimmen 2 x 25 m Ente 2 x 25 m Abschlag vorne 4 x 25 m 3er-Rolle 200 m Ausschwimmen		1500 m Dauerschwimmen, evtl. auch Freiwasser mit Neo	Ruhetag	Wechseltraining
LAUFEN		10–12 km Laufen 10 x 1 Min. GA2, dazwischen 1 Min. Traben		**Lauf-ABC** 6–8 km Dauerlauf GA1 3 x 100 m Steigerungsläufe			3 km Laufen GA2/WK
RADFAHREN			20 km Radfahren, davon 10 km GA2/WK				40–50 km Radfahren GA1
DEHNEN UND KRAFT-TRAINING		Übungen Rumpfstabilisation **Dehnen**			Übungen Rumpfstabilisation		

GEFÜHL ____________ **SCHLAF** ____________ **RUHEPULS** ____________

TRAININGSPLAN EINSTEIGER OLYMPISCHE DISZIPLIN 9. WOCHE

	MONTAG	DIENSTAG	MITTWOCH	DONNERSTAG	FREITAG	SAMSTAG	SONNTAG
SCHWIMMEN	Ruhetag		200 m Einschwimmen 2 x 25 m Ente 2 x 25 m Abschlag vorne 4 x 25 m 3er-Rolle 200 m Ausschwimmen		200 m Einschwimmen 4 x 25 m Sprint 10 x 100 m Sprint 4 x 25 m Sprint, 30 Sek. Pause 100 m Ausschwimmen	Ruhetag	Wechseltraining Freiwasser 1500 m GA1/2
LAUFEN		10–12 km Laufen 5 x 5 Min. GA2, dazwischen 2 Min. Traben		**Lauf-ABC** 8–9 km Dauerlauf GA1 3 x 100 m Steigerungsläufe			
RADFAHREN			25–35 km Radfahren GA1				40 km Radfahren GA1, davon 10–15 km GA2/WK
DEHNEN UND KRAFT-TRAINING		Rumpf-stabilisation **Liegestütz** **Seitstütz** **Bauch**		Dehnen	Übungen Rumpf-stabilisation		

GEFÜHL ____________ **SCHLAF** ____________ **RUHEPULS** ____________

TRAININGSPLAN EINSTEIGER OLYMPISCHE DISZIPLIN 10. WOCHE

	MONTAG	DIENSTAG	MITTWOCH	DONNERSTAG	FREITAG	SAMSTAG	SONNTAG
SCHWIMMEN	200 m Einschwimmen 10 x 100 m Sprint, 30 Sek. Pause 100 m Ausschwimmen		200 m Einschwimmen 2 x 25 m Abschlag vorne, bewusst langen Zug üben 4 x 25m 3er-Rolle 500 m Dauer-schwimmen 200 m Ausschwimmen		1500 m Freiwasser Fahrtenspiel	Ruhetag	
LAUFEN		10–12 km Laufen 10 x 3 Min. GA2, dazwischen 2 Min. Traben		**Lauf-ABC 5 km Dauerlauf GA1 3 x 100 m Steigerungsläufe**			8 km Laufen, davon 4 km GA1/2
RADFAHREN			25–35 km Radfahren GA1 5 x 2 Min. GA2		15 km Radfahren		40 km Radfahren GA1, davon 10 km GA2/WK
DEHNEN UND KRAFT-TRAINING	Übungen Rumpf-stabilisation			Dehnen	Übungen Rumpf-stabilisation		

GEFÜHL ____________ **SCHLAF** ____________ **RUHEPULS** ____________

TRAININGSPLAN EINSTEIGER OLYMPISCHE DISZIPLIN 11. WOCHE

	MONTAG	DIENSTAG	MITTWOCH	DONNERSTAG	FREITAG	SAMSTAG	SONNTAG
SCHWIMMEN	Ruhetag		200 m Einschwimmen 2 x 25 m Abschlag vorne, bewusst langen Zug üben 4 x 25m 3er-Rolle 500 m Dauer-schwimmen 200 m Ausschwimmen	Ruhetag	1500 m Freiwasser Fahrtenspiel	Ruhetag	
LAUFEN		10 km Laufen 5 x 5 Min. GA2, dazwischen 2 Min. Traben					
RADFAHREN			25–35 km Radfahren GA1				40–50 km Radfahren GA1, davon 5 km GA2/WK
DEHNEN UND KRAFT-TRAINING	**Dehnen**			Dehnen	Übungen Rumpf-stabilisation		

GEFÜHL ____________ **SCHLAF** ____________ **RUHEPULS** ____________

TRAININGSPLAN EINSTEIGER OLYMPISCHE DISZIPLIN 12. WOCHE

	MONTAG	DIENSTAG	MITTWOCH	DONNERSTAG	FREITAG	SAMSTAG	SONNTAG
SCHWIMMEN	Ruhetag		Ruhetag	500 m locker Schwimmen 3 x 15 m zügig Anschwimmen	Ruhetag		**Wettkampf** 1500 m
LAUFEN		4–5 km Laufen 5–10 Min. GA2/WK				2 km lockeres Laufen 3 x 100 m Steigerungsläufe	10 km
RADFAHREN		10 km Radfahren 5–10 Min. GA2/WK		10–15 km sehr locker Radeln			40 km Radfahren
DEHNEN UND KRAFT-TRAINING	Dehnen			Dehnen			

GEFÜHL ____________ **SCHLAF** ____________ **RUHEPULS** ____________

NACHWORT

Die Erfahrungen, die ich selber im Lauf der Jahre im und mit dem Sport gemacht habe, haben mich verändert und dazu motiviert, dieses Buch zu schreiben. Ich habe die Grenzen meines Körpers kennengelernt und auch akzeptiert, dass sie sich mit zunehmendem Alter verschieben. Es sind nicht die Siege und Pokale, die mich im Alltag zufrieden und glücklich leben lassen, sondern vielmehr das Gefühl für mich selbst und die intensivere Wahrnehmung meiner Umwelt.

Der Sport gibt mir Kraft und motiviert mich und lässt mich auch gleichzeitig entspannen und das Leben in vollen Zügen genießen! Ich hoffe, dass ich dich mit meiner Begeisterung ein wenig anstecken konnte und du deine ganz eigenen persönlichen Erfahrungen mit dir und deinem Leben im Sport machen wirst – und sich neue Horizonte für dich eröffnen.

Es macht Spaß, im „Lifechanging Triathlon" zu leben!

Über deinen Besuch auf meiner Website/Youtube-Channel würde ich mich freuen.

irongabi-motivation.com
youtube.com/channel/UCGLIyN1DBn295_QfNSMELqg

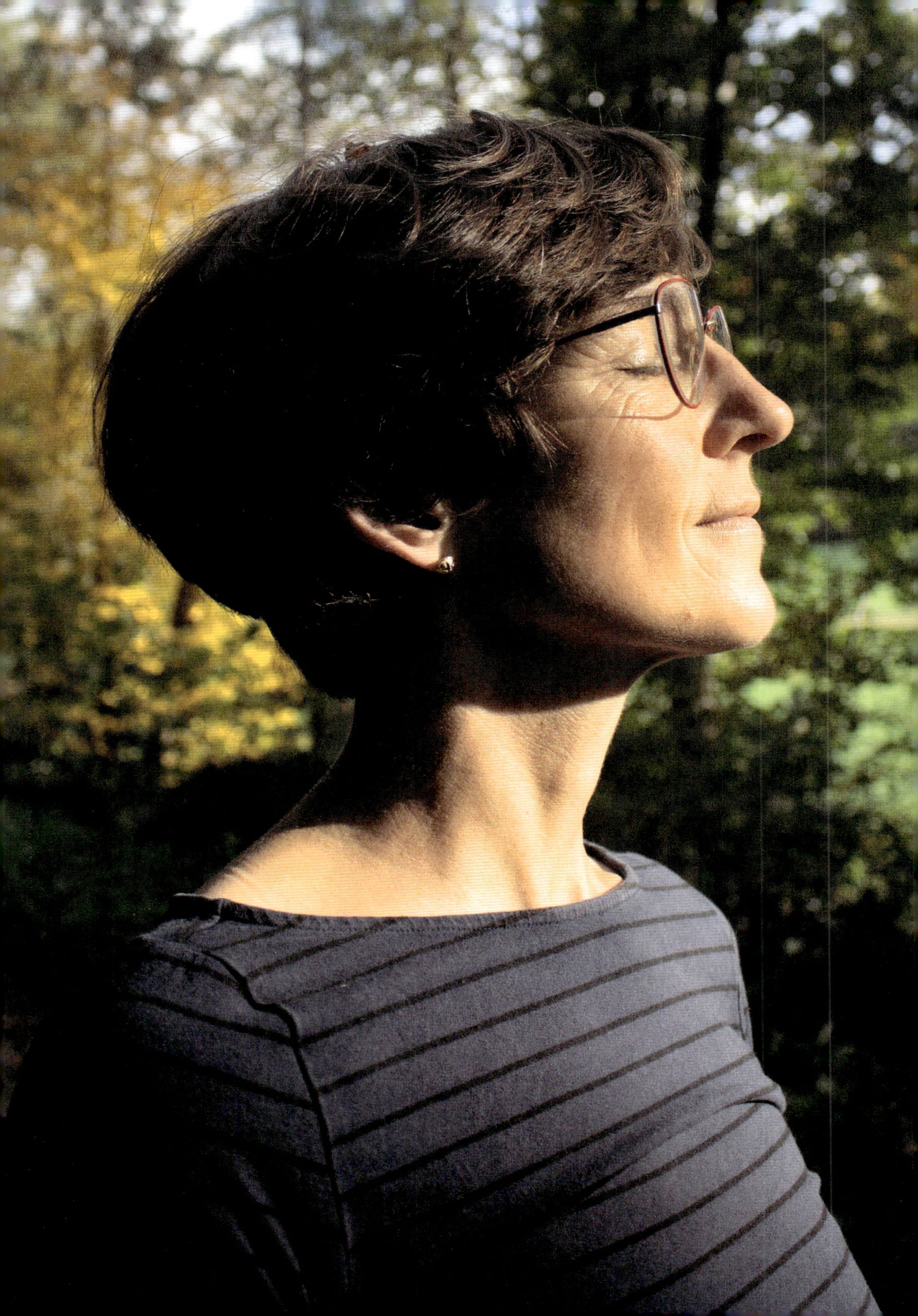

REGISTER

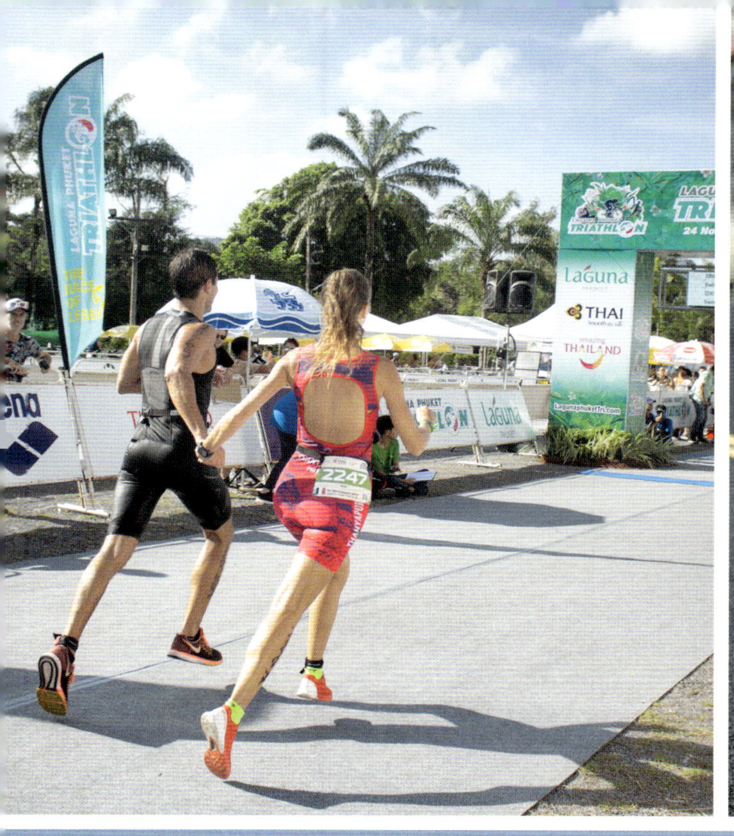
TRIATHLON
LAGUNA PHUKET TRIATHLON
LaGuna
THAI
THAILAND
2247

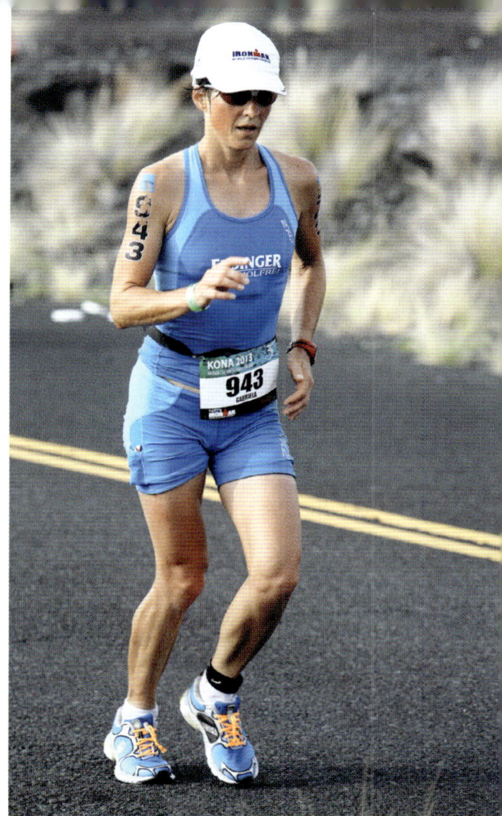
IRONMAN
KONA 2013
943

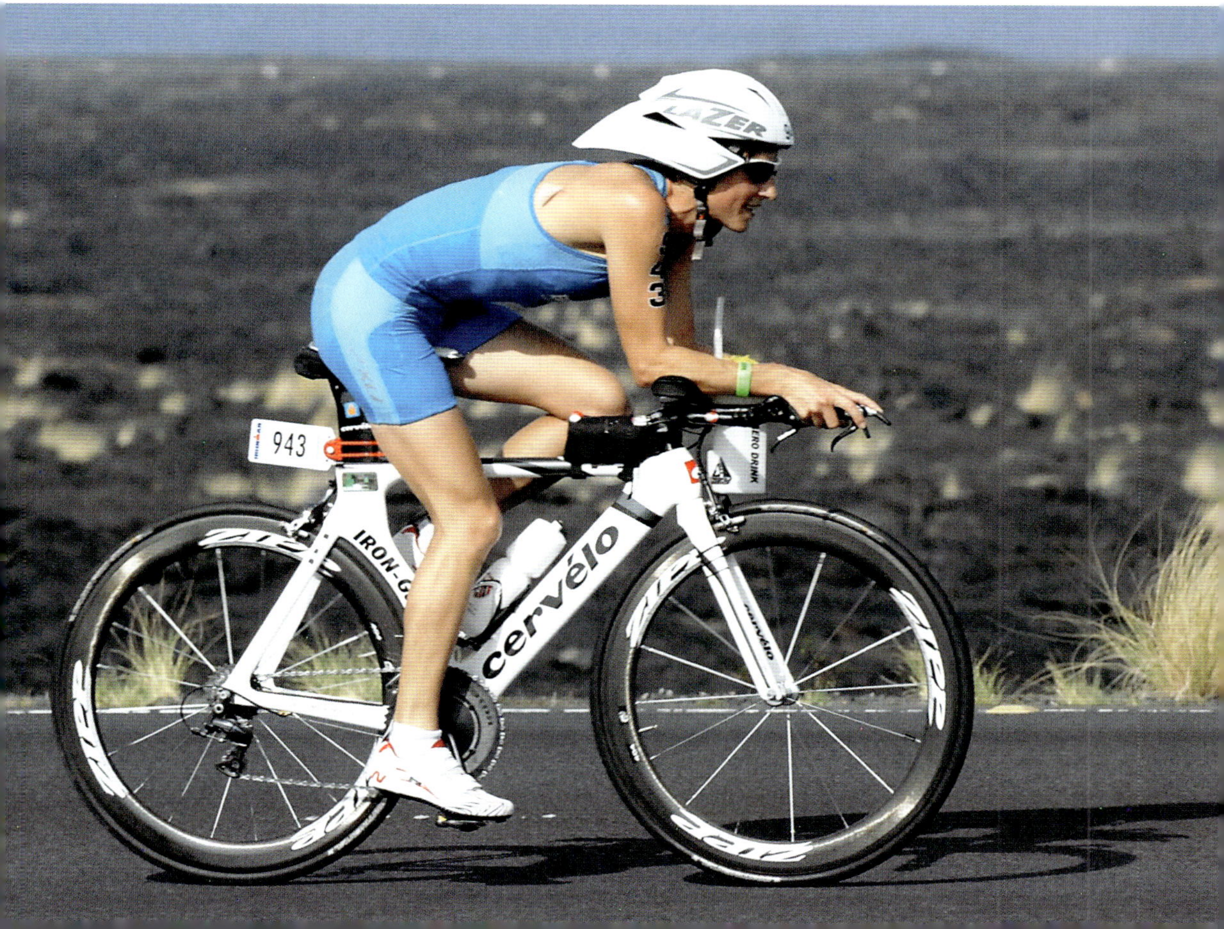

IMPRESSUM

ISBN: 978-3-517-09898-2

1. Auflage 2021

BILDNACHWEIS: Fotografie: Adina Harnischfeger
Mit Ausnahme von: Gabriela Harnischfeger: 58; Peter Harnischfeger: 11, 17, 54, 76, 128, 222 o.re. und u.; Shutterstock: U1 (kstudija, elmm, lfH)
BILDREDAKTION: Sabine Kestler
PROJEKTLEITUNG: Hannes Frisch
REDAKTION: Claudia Fritzsche
COVERGESTALTUNG: Vera Schlachter, Veruschkamia, München unter Verwendung eines Motivs von sshutterstock/kstudija, elmm, lfH
LAYOUT, SATZ & DTP: www.layer-cake.de, Jürgen Kiermeier, Glonn
HERSTELLUNG: Timo Wenda
DRUCK UND BINDUNG: Alcione, Lavis
Printed in Italy

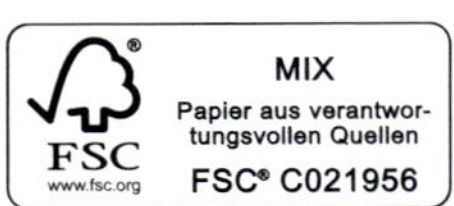

Penguin Random House Verlagsgruppe FSC® N001967